Ihrer Zeit voraus

cbj ist der Kinder- und Jugendbuchverlag
in der Verlagsgruppe Random House

Mix
Produktgruppe aus vorbildlich bewirtschafteten
Wäldern und Recyclingholz oder -fasern
FSC
www.fsc.org Zert.-Nr. SGS-COC-004980
© 1996 Forest Stewardship Council

Verlagsgruppe Random House FSC-DEU-0100
Das für dieses Buch verwendete FSC-zertifizierte Papier
LuxoSamt Offset von Biberist liefert SchneiderSöhne.

1. Auflage 2009

Lektorat: Gerd Rumler
Bildredaktion: Jürgen Lindenburger, TopicMedia, Ottobrunn (für interConcept)
Umschlaggestaltung: Init. Büro für Gestaltung, Bielefeld
Umschlagfotos: siehe Bildnachweis S. 284
AW • Herstellung: WM
Layout und Gestaltung: interConcept Medienagentur, München
Koordination und Abwicklung: interConcept Medienagentur, München
Druck und Bindung: Polygrafprint
ISBN 978-3-570-13403-0
Printed in the Slovak Republik

www.cbj-verlag.de

Petra Gerster
Andrea Stoll

unter Mitarbeit von Corinna Schattauer

Ihrer Zeit voraus

Frauen verändern die Welt

cbj

Inhaltsverzeichnis

Der Neuanfang nach 1945

Das neue Jahrtausend

Männer
Frauen

Vorwort

Könige und Kaiser, Feldherren und Politiker, Erfinder und Forscher, Maler und Bildhauer, Schriftsteller und Komponisten – »große Männer« waren es vor allem, von denen wir in der Schule hörten. Frauen? Kamen auch vor – als »Gretchen«, Opfer und Kindsmörderin, oder als »Circe«, die Liebeshexe des Odysseus, also entweder als Heilige oder als Hure, als treue Gefährtin oder Verderben bringende Femme fatale, aber vor allem als jenes vom Dichter gepriesene Wesen, über das es heißt: »... und drinnen waltet die züchtige Hausfrau«.

Daran, so schien es, sollten wir uns ein Beispiel nehmen. Und an Madame Curie? Nur die weibliche Hälfte eines Paares. Lise Meitner? Die Gehilfin von Otto Hahn. Rosa Luxemburg? Zu radikal. Die Sufragetten? Tragische bis lächerliche Figuren. So war das zu Ende der Sechzigerjahre, als die Jungs noch ungebrochen an ihre natürliche Überlegenheit glaubten und sich ganz selbstverständlich als das starke, das produktive und schöpferische Geschlecht betrachteten.

Aber dann passierte etwas und dieses »etwas« ist in Deutschland mit dem Namen Alice Schwarzer und in der Welt mit dem Begriff »Feminismus« verknüpft. Seitdem ist es vorbei mit der »züchtigen Hausfrau«, seitdem wird Geschichte auch – in noch geringem, aber wachsendem Maß – von Frauen gemacht und geschrieben. Und seitdem wissen wir auch mehr über frühere Frauen, die stark und schöpferisch waren und ihre Zeit geprägt haben, aber von der männlichen Geschichtsschreibung einfach übersehen oder an den Rand gedrängt worden sind. Von solchen Frauen wollen wir erzählen. Natürlich gibt es weit mehr Frauen, die »ihrer Zeit voraus« waren als hier versammelt. Klar, dass wir, Andrea Stoll und ich, uns dabei auch von persönlichen Vorlieben leiten ließen, und naturgemäß stammen die meisten Frauen aus dem deutschsprachigen Raum, denn sie haben uns ja entscheidend in unserem weiblichen Selbstverständnis geprägt.

Trotzdem waren wir selbst immer wieder überrascht, wie alt die Geschichte des weiblichen Kampfes um Selbstbehauptung ist; wie schwer es zu allen Zeiten war, sich als Frau eine Stimme zu verschaffen, die über die eigenen vier Wände hinausdrang; und wie mutig Frauen für ihre Ideen, ihre Forschung oder ihre künstlerische Arbeit eingetreten sind – trotz der Anfeindungen, denen sie ausgesetzt waren. Daran können junge Mädchen von heute Maß nehmen. Und für junge Männer sicher gut zu wissen.

Petra Gerster

Hier siegt der Mann: Der griechische Krieger Achill tötet die Amazonenkönigin Penthesilea. Die Szene findet sich auf einer etwa 2500 Jahre alten Keramikamphore.

Der Mythos weiblicher Stärke

Frauenbilder der Antike

Die Gegensätze zwischen dem Alltag der Frauen und den Bildern, die uns Dichtung und Kunst vom Mythos antiker Frauenfiguren überliefert, fasziniert die heutigen Betrachter.

Zeit des Umbruchs

Die gut tausend Jahre, die wir heute als Antike kennen, müssen eine aufregende Zeit gewesen sein. In den Jahren 500 v. Chr. bis 600 n. Chr. erhält die Welt ein neues Gesicht. Fürstentümer vergehen, Staaten entstehen, die sich rasch zu komplexen sozialen und wirtschaftlichen Gemeinwesen entwickeln. Die Verschiebungen zwischen den neuen Machtzentren und die Grenzbeziehungen der Länder beeinflussen Handel und Verkehr. Die rasant wachsenden Sozialgesellschaften verlangen nach Spezialisten mit besonderen Fertigkeiten: Baumeister und Denker, Künstler und Dichter arbeiten daran, die neue Welt zu schaffen, zu erklären und abzubilden. Doch welche Bedeutung haben die Frauen für die antike Welt, in welcher Weise haben Frauen unser Bild von der Antike geprägt?
Ohne Frage gehören beide Geschlechter unterschiedlichen Lebenswelten an. Die Frau zeigt sich dem Manne körperlich unterlegen, sie gilt in jeder Hinsicht als das »schwache Geschlecht«. In der Alltagswelt der antiken Gesellschaften dominieren die Männer das öffentliche Leben und prägen die kulturelle Entwicklung ihres Landes. Die wichtigsten Zeugnisse dieser Epoche stammen aus dem antiken Griechenland und der Blütezeit des Römischen Reiches. Unzählige Bildnisse, die uns Bauwerke und Skulpturen, Alltagsgegenstände und Kunstwerke übermitteln, zeigen uns eine kriegerische Welt, in der körperliche Kraft, politische Macht und Wissen besonderes Ansehen genießen.

Kraftvolle Figuren

Auf den ersten Blick ist es eine Welt der Männer. Doch auf den zweiten Blick vermitteln uns diese überlieferten Zeugnisse eine Fülle fantastischer, kraftvoller und äußerst eigenwilliger Frauenfiguren, die bis heute in Dichtung und Kunst unser Bild der Weiblichkeit prägen. Es besteht also ganz offensichtlich ein großer Unterschied zwischen den historischen Lebensumständen der antiken Frau und den Bildern, die uns Dichtung und My-

Das etruskische Relief eines Familienreisewagens gibt einen Einblick in die Rollenverteilung: Vorne der Hauslehrer mit einem Knaben, der Vater auf dem Pferd, hinter dem Wagen gehen eine Sklavin und ein Mädchen mit Gepäckstücken.

thos von den Möglichkeiten des Weiblichen vermitteln. Der Riss zwischen Realität und Mythos ist eine aufregende Entdeckung. Und es ist spannend, diesen Unterschied genauer zu betrachten.

Ehe und Alltagsleben

Das normale Alltagsleben einer Frau besteht zumeist aus dem Leben in der Familie, dem Haus, zu dem auch die Sklaven und Bediensteten gerechnet werden. Eine Ehe wird im Regelfall vom Vater oder einem Vormund der Braut beschlossen, der auch für die Mitgift sorgt und im Falle einer Scheidung die Gewähr bietet, dass die Mitgift zurückgegeben werden muss. Bildnisse und Dichtung überliefern, dass der Bräutigam meist ein erwachsener Mann in den besten Jahren ist, die Braut jedoch häufig noch ein halbes Kind. Eine Eheschließung mit einem 15-jährigen Mädchen ist keine Seltenheit. In einem Epigramm des Antipatros von Sidon aus dem 3. Jahrhundert v. Chr. heißt es: »Fülle von krausen Locken hat Hippe gewidmet; das Mädchen/ hat mit duftendem Öl feucht sich die Schläfe genetzt, / da ihr die Hochzeit nun nahte…/ Artemis, gib, dass der Tochter des Lykomedeides, die gerne/ Würfel noch spielt, zugleich Hochzeit und Mutterschaft kommt.«

Im öffentlichen und politischen Leben der Stadt sind die Frauen kaum präsent, auch wenn die Verwaltung und Organisation des Hausstands zu ihren eigenverantwortlichen Bereichen zählt. Doch das heißt eben nicht, dass die Frauen auch voll geschäftsfähig sind; wenn sie Handel treiben oder Geschäftsbeziehungen eingehen wollen, müssen sie immer erst die Erlaubnis des Ehemannes einholen oder, wenn dieser fehlt, einen anderen männlichen Vormund bemühen. In großen Häusern leben die Frauen und kleinen Kinder im oberen Stockwerk oder im nach hinten gelegenen Teil des Hauses. Auf zahlreichen antiken Darstellungen finden sich Szenen aus solchen Frauengemächern, wir finden die Frauen im Umgang mit ihren Dienerinnen, beim Verrichten von praktischen Aufgaben oder einer musischen Beschäftigung , wie etwa dem Leierspiel. Der Unterschied zwischen den männlichen und weiblichen Lebenswelten wird besonders augenfällig in der Darstellung von Abschiedsszenen, hier die zurückbleibende Frau und dort der aufbrechende Mann, der häufig als ausziehender Krieger gezeigt wird.

Dichterin, Priesterin, Hetäre

Die Frau bleibt dem häuslichen Leben verhaftet, und die antike Öffentlichkeit

Flötenspielerin und Hetäre: Die griechische Vasenmalerei aus dem 4. Jahrhundert v. Chr. spiegelt das Frauenbild der Antike wider.

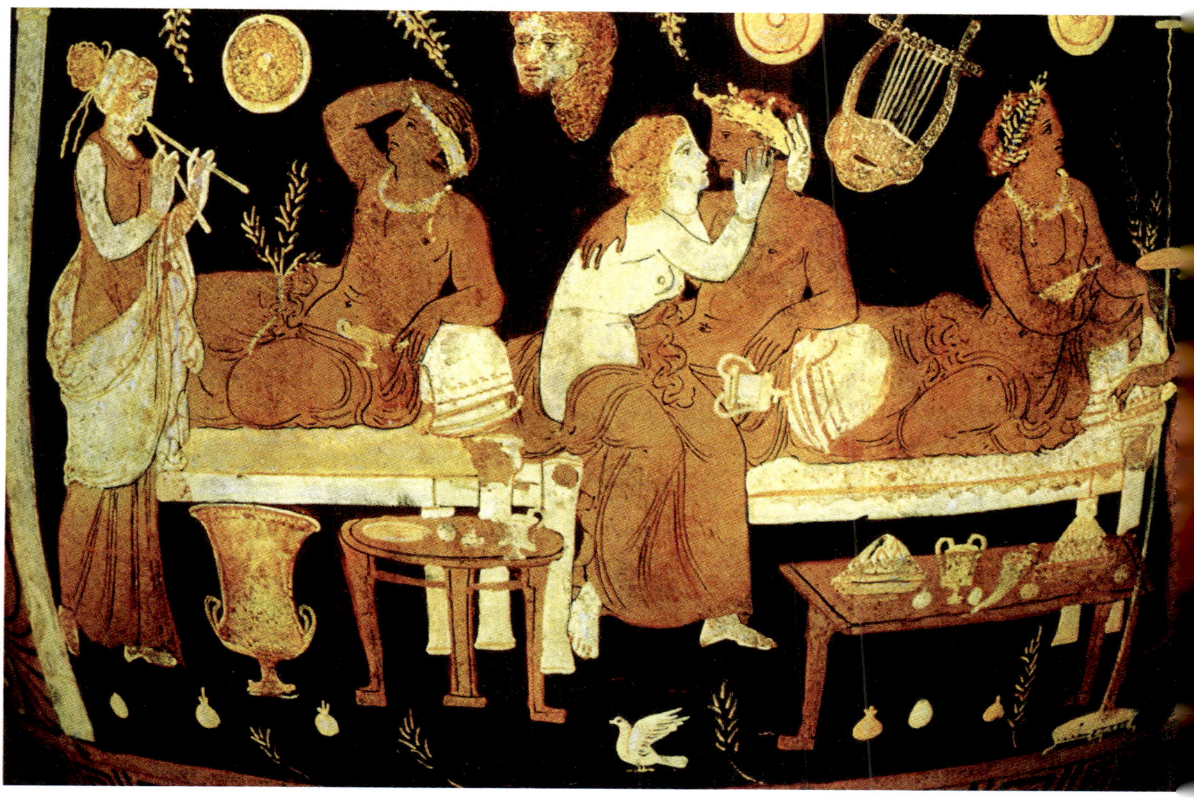

kennt nur zwei Bereiche, in denen der Frau öffentliche Präsenz gestattet ist: In ihrer Funktion als Priesterin bei religiösen Kulthandlungen oder als Hetäre, die in ihrer Rolle als gebildete Geliebte auch an den sonst Männern vorbehaltenen Trinkgelagen teilnimmt und dabei Künste unterschiedlichster Art offen zur Schau stellt, wie etwa die Fähigkeit zu Gesang und Tanz oder zur geistvollen Konversation. Unzählige Vasenbilder von lesenden Frauen mit Namensgravur machen deutlich, dass weit mehr Frauen aus dem Bürgertum der griechischen Antike lesen und schreiben können, als wir mitunter annehmen. Doch es sind bis heute nur wenige Frauen, deren Botschaften uns erreichen. Einer Dichterin wie Sappho gelingt es, mit ihrer tief emotionalen und unmittelbaren Sprache, die Welt der Antike für die heutigen Leser lebendig zu machen. Auch wenn die Darstellung von Stärke und Mut bei einzelnen historischen Frauen noch die Ausnahme bleibt, so finden sich unzählige Beispiele weiblicher Stärke, enormer List, außerordentlicher Schönheit und außergewöhnlichem Mut in den großen Mythen der antiken Welt.

Zwei Mädchen aus Korinth: die eine ernst und aufrecht, die andere spielerisch angelehnt an ihre Freundin

Im Mythos sind die Frauen stark

Dabei geht es nicht um die weibliche Gottheiten wie Hera, Athene oder Demeter, die den Menschen in allem überlegen sind. Nein, es geht um die mythischen Überlieferungen sterblicher Menschenfrauen, die von der äußeren Gestalt scheinbar wie andere Frauen und doch so ganz anders sind. Da gibt es die Sagen von den Amazonen, dem kriegerischen Frauenvolk am Rande der damals bekannten Welt, die Bilder entfesselter Mänaden im Gefolge des Gottes Dionysos, die Dichtungen tragischer Heldinnen von Antigone bis Medea. In all diesen Mythen spiegeln sich eine Fülle faszinierender, aber auch beängstigender Weiblichkeitsbilder, die uns bis heute beeinflussen. Die große Zeit der Amazonenbilder beginnt um 500 v. Chr., und bis heute wird darüber diskutiert, ob es einen Amazonenstaat mit weiblichen Kriegerinnen wirklich gegeben hat. In der tragischen Liebe des Griechenhelden Achill zur Amazonenkönigin Penthesilea oder in der Liebesgeschichte von Antiope und Theseus ist der Amazonenmythos unsterblich geworden. Den in der Überlieferung immer schönen und edelmütigen Kriegerinnen entsprechen auf dem Gebiet der Jagd die

Bildnisse kraftvoller Jägerinnen wie etwa Atalante und Prokris. Im Krieg und auf der Jagd gehört der Umgang mit der Waffe zur selbstverständlichen Existenzform.

In der antiken Götterwelt haben Frauen einen eigenen Rang: die Göttin Minerva auf einer edlen römischen Silberschale.

Selbstvernichtung als Strafe für den untreuen Gatten

Seine dämonische Kraft entfesselt der weibliche Waffengebrauch erst bei den Kindsmörderinnen Medea und Prokne. Der Tod der eigenen Kinder wird bei beiden Frauen zur grausig-moralischen Tat. Indem sie den untreuen Gatten strafen wollen, vernichten sie einen Teil ihrer selbst. In ihrer ohnmächtig-machtvollen Gewalt bleiben sie doch auf verzweifelte Weise an ihre weibliche Rolle gebunden. Bei den entfesselten Frauen im Gefolge des Weingottes Dionysos, den Mänaden, gewinnt das Spiel mit der weiblichen Ekstase als lustvolles Bekenntnis zur weiblichen Hysterie eine eigene magische Kraft.

Widerständig und kraftvoll kann aber auch das Beharren auf sittlichen Werten sein. Die Heldinnen der antiken Dichtung wie Alkestis, Antigone und Iphigenie verletzten nicht die Norm wie die Kindsmörderinnen, sondern begründen die normative Kraft der Sittlichkeit, die sie als Frauen auch in der Stunde der Not zu bewahren haben. Alkestis opfert sich für ihren Mann, Iphigenie opfert sich für ihren Vater, Antigone möchte sich zunächst nicht opfern, doch stellt sie schließlich ihre Pflicht, den toten Bruder dem Ritus gemäß zu bestatten, höher als die Staatsräson.

Die antike Bilderwelt lässt keinen Zweifel daran, dass hinter der starren Fassade traditionellen Frauenverhaltens ungeahnte weibliche Kräfte schlummern. Im Mythos bewahrt sie das Wissen von der anderen Frau, die stolz und frei, ungezähmt und selbstbewusst ihr Wesen bewahrt und gegen alle männlichen Angriffe und sozialen Bestimmungen tapfer verteidigt. Die weibliche Freiheit, die der Mythos beschwört, bedeutet das Gegenteil von Verantwortungslosigkeit. Die Freiheit der antiken Heldin besteht in der Annahme ihres Schicksals, in dem sie sich mitunter von der Wirklichkeit entfernen muss, um ganz und gar sie selbst zu sein.

Hatschepsut

»Mein Geist sinnt über die Zukunft. Das Herz Pharaos muss an die Ewigkeit denken.«

»… er hat vergessen, dass an der Stelle, wo sie getilgt ist, doch sie stehen geblieben ist. Sie ist abzulesen, weil sie nicht mehr zu lesen ist.«
Ingeborg Bachmann zu Hatschepsut

Was für eine Zerstörungswut! Die ausgekratzten Zeichen verfolgen uns, die Auslöschung ihrer Gesichtszüge im Tempel des Gottes Amun in Karnak ist ein Symbol für die Auslöschung des Weiblichen. Der blinde Fleck in der Geschichte, die uns die Leistungen der Frauen in Politik, Kunst und Gesellschaft nicht oder nur ungenügend überliefert hat, findet in der Überlieferungsgeschichte der Hatschepsut ihr Gleichnis.

Selbstbewusste Weiblichkeit und männliche Macht

Hatschepsut muss eine außergewöhnliche Frau gewesen sein. Doch die altägyptische Prinzessin, deren Name in der Übersetzung »die erste der vornehmen Damen« bedeutet, ist weit mehr als das selbstbewusste Mitglied einer einflussreichen Dynastie, sie ist auch eine Frau, die die Attribute ihrer Weiblichkeit einzusetzen weiß. Die bei Ausgrabungen gefundenen und mit ihrem Namen gravierten Besitztümer wie ein Alabastergefäß für Augenschminke und das dazugehörige Bronzestäbchen belegen diese Vermutung. In einer alles andere als bescheidenen Selbstdarstellung heißt es: »Schöner war sie anzusehen als alle Dinge … Ihre Gestalt war göttlich. Ihre Art war göttlich. Alles was sie tat, war göttlich. Ihre Majestät wurde ein schönes junges Mädchen.«

Als älteste Tochter von König Thutmosis I. geboren, heiratet sie wie damals üblich ihren Halbbruder Thutmosis II. Geschwisterehen gelten im alten Ägypten als nützliches Mittel, um die Verbindung zwischen dem Pharao und den Göttern zu stärken, auf die der Herrschaftsanspruch der ägyptischen Könige beruht. Doch der Bruder und Gatte stirbt im Alter von kaum 30 Jahren. Ihre zwei Töchter Neferu-Re und Merit-Re haben kein Anrecht auf den Thron. Offizieller Nachfolger wird Thutmosis III., der drei- bis vierjährige Sohn des Königs und Spross einer Nebenfrau. Hatschepsut handelt rasch. Sie erklärt dem erstaunten ägyptischen Volk, dass sie, als »Tochter des Königs, Schwester des Königs, Gemahlin des Gottes, Große königliche Gemahlin« die Regierungsgeschäfte nach dem Willen ihres Neffen übernehmen wird. Doch weibliche Pharaonen sind nicht vorgesehen. Also lässt sich Hatschepsut mit allen männlichen Insignien eines gekrönten Pharaos ausstatten. Sie trägt ein Männergewand, den Zeremonienbart und die Doppelkrone und untermauert so ihren Herrschaftsanspruch. Weiterhin streicht sie die weiblichen Endungen ihres Namens und Titels. Im Bericht über die Proklamation ihrer Königswürde und den Tag ihrer offiziellen Thronbesteigung wird deutlich, dass Hatschepsut den gleichen Krönungstag wie den ihres Vaters gewählt hat.

Königin Hatschepsut ohne männliche Machtinsignien. Sie regiert als erste Frau Ägypten.

Die Baumeisterin Ägyptens

Die Zeremonie muss überwältigend sein. Hatschepsut tritt aus dem Palast und wirft sich vor dem Hohepriester, der den Gott Amun-Re verkörpert, auf den Boden. Im Namen der Götter vollziehen die Priester die Krönung und bestimmen Hatschepsut zum Pharao von Ober- und Unterägypten. Mit der symbolischen Anwesenheit des Gottes und der mythologisch bedeutsamen Verbindung der Krönungsdaten des 29. Peret II (8. Februar 1477 v. Chr.) mit dem dritten Tag des alljährlichen Amun-Festes legitimiert Hatschepsut ihre Königswürde mit einer »göttlichen Geburt«, ihrer Zeugung durch den Staatsgott Amun-Re. Während sich Hatschepsuts Vorfahren vorwiegend durch kriegerische Leistungen auszeichneten, verfolgt die neue Königin ganz bewusst andere Ziele. »Ich habe ... befestigt, was verfallen war. Ich habe wieder aufgebaut, was zerstört war seit der Zeit, als die Asiaten in Auaris herrschten, räuberische Horden unter ihnen. Sie stürzten um, was gebaut war; sie herrschten ohne Re... Ich habe die Gottlosen verbannt und ihre Fußabdrücke vom Erdboden getilgt.«

Zeit des Friedens

Die Königin kümmert sich um die wirtschaftliche und politische Verwaltung des Landes. Der Baumeister Ineni gibt Zeugnis von ihrer Wirkung: »Die beiden Länder lebten nach ihren Plänen, man diente ihr in Demut. Sie war der

15 Jahre brauchen die Baumeister, um den gewaltigen Totentempel der Hatschepsut – noch zu Lebzeiten der Königin – am Westufer des Nils bei Theben zu errichten. Das majestätische Bauwerk gibt eindrucksvoll Zeugnis von Macht und Ansehen der Pharaonin.

Same, der aus dem Gott kam, Bugtau Oberägyptens, Hecktau Unterägyptens, Landepflock der Südvölker, Herrin des Befehlens vortrefflicher Pläne, die die beiden Länder beruhigte, wenn sie redete.« Die Königin verfolgt ehrgeizige Bauvorhaben. Als architektonisches Meisterstück gilt der in 15-jähriger Bauzeit unter ihrer Leitung errichtete Grabtempel Deir el-Bahari nahe bei Theben, an dessen Relief sich die Geschichte von Hatschepsuts Regierungszeit eingehend studieren lässt.

Blüte und Zerstörung

Eine von Hatschepsuts aufwendigsten Unternehmungen ist eine Expedition nach Punt, deren Darstellung in den Wandmalereien ihres Totentempels einen breiten Raum einnimmt. Die Reliefs zeigen alle Etappen dieser Reise, die von zahlreichen Händlern, Künstlern, Gelehrten begleitet wurde. Abfahrt und Ankunft in dem afrikanischen Land werden genauso dargestellt wie das Beladen der Schiffe und die vielen Eindrücke von einer exotischen Fauna und Flora. Die eingehenden Pflanzenstudien dienen heute als Beleg der ersten botanischen Expedition der Geschichte. Zweifellos dient die Unternehmung vielerlei Zwecken, doch sie festigt auch den Ruf einer ungewöhnlichen Herrscherin.

Unter Hatschepsuts Regentschaft setzen zahlreiche Entwicklungen ein, die alle sozialen Schichten mit einschließen. So finden sich erste Niederschriften eines Totenbuches auf Papyrus, eine umfassende Erneuerung der keramischen Formen, aber auch die Entstehung monumentaler Grabanlagen in den Felsen des westlichen Theben. Auch wenn die nach dem Tod der Hatschepsut beispiellose Zerstörung ihrer Reliefs und Statuen, ihrer Kartuschen und anderer Zeugnisse, die ihren Namen tragen, bis heute Rätsel aufgeben und zu vielerlei Mutmaßungen führen, können sie die Erinnerung an eine große Königin doch nicht auslöschen. Die Herrschaft der Hatschepsut wird heute zu den Glanzzeiten der ägyptischen Geschichte gezählt. Der Frieden, der ihr so am Herzen lag, bescherte den Ägyptern eine blühende Epoche.

Leben und Werk

- **Geburtsdatum:** um 1520 v. Chr.
- **Geburtsort:** Ägypten
- **Todesdatum:** vermutlich der 14. Januar 1457 v. Chr.
- **Todesort:** Ägypten
- **Leben:** Hatschepsut ist eine altägyptische Pharaonin, die Ägypten als erste weibliche Herrscherin im 15. Jahrhundert v. Chr. in eine Epoche des Friedens und zahlreicher Neuentwicklungen führt.

Sappho

»Untergegangen sind schon der Mond und die Pleiaden. Es ist Mitternacht, es vergehen die Stunden. Ich aber schlafe allein.«

Emotional und unmittelbar: Die Stimme der antiken Dichterin Sappho trifft uns auch heute ins Herz.

Aus dem Dunkel der Antike springen uns die Worte Sapphos an, hell und klar, aufwühlend und unmissverständlich. Kein Wunder, dass sich Künstler aller Epochen immer wieder auf Sappho berufen, denn so präzise wie sie die menschlichen Gefühle erfasst und beschrieben hat, ist sie selbst zum Mythos des Dichtens geworden. Schon zwei Jahrhunderte nach ihrem Tod wird sie von dem griechischen Philosophen Platon als Muse verehrt. Der römische Dichter Horaz bezeichnet sie als sein Vorbild, Catull zitiert aus ihren Versen. Sie wurde von berühmten Malern verschiedener Epochen gemalt, ihre Lyrik wird bis heute diskutiert und gelesen. Noch 300 Jahre nach Sapphos Tod besitzt die Bibliothek von Alexandria über 12000 Einzelverse. Doch heute existieren nur noch wenige Fragmente aus ihrem Werk. Wir begegnen ihnen in der Überlieferung durch andere antike Autoren, vereinzelt gibt es Tonscherbenfunde und Ende des 19. Jahrhunderts wurden Papyrusreste in Ägypten gefunden. Von der Fülle ihrer Dichtung ist nur noch ein einziges Werk vollständig erhalten, die »Ode an Aphrodite«. Umso beeindruckender ist ihre Wirkung. Was ein Mensch dem anderen bedeuten kann, hat Sappho in so bis dahin nie gehörter Weise sichtbar gemacht. Bei ihr werden die menschlichen Gefühle zum poetischen Ereignis.

Auf den Spuren eines Mythos

Doch was wissen wir von der Frau, die vor mehr als 2500 Jahren auf der griechischen Insel Lesbos gelebt und geschrieben hat? Die erhaltenen Spuren geben nur wenig von ihrem Leben preis, vieles ist nur mündlich überliefert. Geboren wird Sappho wohl als Spross einer adeligen Familie im 7. Jahrhundert vor Christus in Eresos oder Mytilene auf der Insel Lesbos nahe der kleinasiatischen Küste, der heutigen Türkei. Ihr Vater Skamandronymos stammt aus Troja, ihre aristokratische Mutter heißt Kleïs. Sappho wächst in begüterten Verhältnissen als Älteste von vier Kindern auf, drei jüngere Brüder folgen ihr. Ihre Familie besitzt auf Lesbos Weinberge und Olivenhaine, betreibt auf dem Seeweg aber auch Handel mit Ägypten. Nach der heutigen Quellenlage wird Sappho mit Kerkylas, einem reichen Mann von der Insel Andros, verheiratet, die gemeinsame Tochter nennt sie nach ihrer Mutter Kleïs. Der Tod des Mannes kann nicht genau datiert werden, als sicher gilt jedoch, dass politische Unruhen die nach Lesbos zurückgekehrte Sappho zu einer Verbannung nach Sizilien führen. Als sie um 586/85 auf ihre Geburtsinsel zurückkehrt, entstehen ihre ersten Dichtungen im äolischen Dialekt ihrer Heimat. Sie gründet eine eigene Erziehungsgemeinschaft für Mädchen und junge Frauen aus dem Adel und dem gehobenen Bür-

Feder und Schreibunterlagen, das Handwerkszeug der Poetin: Fresko aus Pompeji

gertum und sichert sich damit den nötigen Lebensunterhalt, denn sie hat ihr Vermögen durch die Verbannung eingebüßt. Sapphos Schülerinnen erhalten Unterricht in Musik und Tanz, Gesang und Dichtung. Das Ziel von Sapphos Mädchenerziehung liegt nicht nur in der Vorbereitung auf die zukünftigen häuslichen Aufgaben, sondern zielt auf die Tugend der »Kalokagathia«, das heißt im Sinne einer ganzheitlichen Persönlichkeitserziehung im antiken Verständnis, »schön« und »gut« zu sein. In den Gedichten und Gesängen Sapphos finden sich zahlreiche Anspielungen und Anrufungen auf weibliche Gottheiten wie Hera oder Aphrodite, auf Musen und Chariten, die als Dienerinnen im Gefolge der Gottheiten anzutreffen sind.

Die Bedeutung des Eros

Sappho ist die erste uns bekannte weibliche Dichterin und Erzieherin. Bis heute wird die Frage diskutiert, ob der Mädchenkreis der Dichterin weibliche homosexuelle Neigungen kultiviert und gefördert hat. Zweifelsohne geht die heutige geläufige Bedeutung des Begriffs »lesbisch« auf »Lesbos« zurück, wo, wie überall im antiken Griechenland, die gleichgeschlechtliche Liebe gesellschaftlich toleriert wird. In einer archaischen Gesellschaft, in der den heranwachsenden Knaben während der Ausbildung für ein politisches Amt oder den Kriegsdienst wie selbstverständlich ein Erzieher als Liebhaber zugewiesen wird, gilt auch die erotische Bindung zwischen Lehrerin und Schülerin als Teil einer umfassenden Initiation während der Pubertätsjahre. Diese endet aber in der Regel mit der Verheiratung, also dem Beginn des Erwachsenenlebens. Sapphos Gedichte sind keine Zeugnisse aus dem Elfenbeinturm entrückter Dichter, ihre Verse entstammen dem Leben:

Den Fährmann Phaon soll Sappho geliebt haben: Gemälde von Jacques-Louis David

Wie ein Gott kommt er mir vor,
der Mann, der neben dir sitzt
und dem Klang deiner Stimme
lauscht und sich freut, wenn du
lächelst.

Mir aber rast das Herz in der Brust,
wenn ich dich sehe,
die Kehle schnürt sich mir zu
und die Zunge ist wie gelähmt.

Feines Feuer brennt in der Haut,
das Auge verliert an Sehkraft,
ein Dröhnen braust in den Ohren,
kalter Schweiß bricht mir aus.

Ich zittre an allen Gliedern;
bleicher als dürres Gras
bin ich mehr tot als lebendig.
Aber alles muss man ertragen...

Dichtung als Spiegel der Gefühle

Die vielgerühmte Dichterin der Antike ist eine Lyrikerin im ursprünglichen Sinne des Wortes, denn ihre Gedichte werden musikalisch vertont und, von einer Lyra oder Kithara begleitet, vorgesungen. In ihren Gelegenheitsgedichten, etwa anlässlich einer Hochzeit oder eines religiösen Festes, eines Todes, aber auch in Liebesgedichten und Huldigungen oder Hymnen an einzelne Göttinnen, bringt Sappho die ganze Skala menschlicher Gefühle zum Ausdruck. In gleicher Weise beschreibt sie die Nachtseite menschlicher Erfahrungen und schildert unverhohlen die Folgen von Krieg und Zerstörung, beschreibt den Hass auf den Feind und verkündet die Klage über Verfall und Tod. Was immer Sappho zum Gegenstand ihrer Dichtung bestimmt, der Nuancenreichtum ihrer Sprachkunst und ihr unbestechlicher Blick in die wechselvollen Empfindungen der Menschen, in allem ist sie ihrer Zeit voraus. Die Dichterin Sappho lässt aus persönlichen Erlebnissen unvergessliche poetische Bilder entstehen, die uns bis heute das Gefühl geben, in den Spiegel eigener Gefühle zu schauen.

Berufskollegen unter sich: Sappho mit ihrem Zeitgenossen, dem Dichter Alcaeus, der auch auf Lesbos lebte

Leben und Werk

- **Geburtsdatum:** zwischen 617 und 612 v. Chr.
- **Geburtsort:** Eresos auf Lesbos
- **Todesdatum:** zwischen 560 und 557 v. Chr.
- **Todesort:** Lesbos
- **Leben:** berühmteste Dichterin der Antike, Sappho wird zum Mythos lyrischer Poesie
- **Werke:** Sappho: Lieder. Griechisch und deutsch, hg. v. Max Treu. 4. durchgesehene Auflage. Heimeran, München 1968.
  Sappho. Strophen und Verse. Übersetzt und herausgeg. von Joachim Schickel. Insel, Frankfurt a.M./Leipzig 2007.
  Marion Giebel: Sappho. In Selbstzeugnissen und Bilddokumenten. Rowohlt, Reinbek 2002

Kleopatra

»Zu Ende denn! Der klare Tag ist hin. Das Dunkel wartet uns!«
Shakespeare, »Antonius und Kleopatra«

Um kaum eine andere Königin ranken sich so viele Mythen und Legenden. Kleopatra versteht es, die mächtigsten Männer ihrer Zeit zu umgarnen und für sich einzunehmen. Doch aus dieser Gabe erwächst auch ihr Verhängnis.

Kleopatra ist eine umstrittene Persönlichkeit. Als »neue Isis« wird sie von vielen geliebt, aber auch von vielen gehasst. Regina meretrix, »Königin Hure«, nennt sie Plinius der Ältere. Bereits beim Besteigen des Throns im Jahr 51 v. Chr. macht sich die 18-jährige bei den Einwohnern Alexandriens unbeliebt. Zwar willigt sie wie damals üblich in die Heirat mit ihrem ältesten Halbbruder Ptolemaios XIII. ein, doch nimmt sie dem Zehnjährigen und seinen Beratern rasch die Regierungsgeschäfte aus der Hand.
Formal wird ihr Brudergemahl auf den überlieferten Inschriften als Erster genannt, die tatsächliche Gewalt hat jedoch Kleopatra inne. Ägypten ist zu dieser Zeit eine Provinz Roms, und als Ptolemaios XIII. dort um Hilfe bittet, wird die junge Königin zunächst vertrieben. Caesar selbst wird wenig später im Krieg der Geschwister Partei ergreifen. Auf der Jagd nach seinem Widersacher Pompeius gelangt der römische Herrscher nach Ägypten und quartiert sich dort bei Ptolemaios XIII. ein.

Kleopatra und Caesar

Als dieser ihm wenig später den Kopf des Pompeius zum Geschenk macht, reagiert Caesar wider Erwarten erbost. Niemand, der kein Römer sei, könne sich das Recht nehmen, einen römischen Bürger derart hinzurichten. Kleopatra, die im Exil lebt, weiß, dass sie Caesar für sich gewinnen muss. Doch wie soll sie an den Soldaten ihres Bruders vorbei zu ihm gelangen? Eingewickelt in einen Teppich lässt sie sich von einem Dienstboten in Caesars Quartier bringen. Der Römer ist verdutzt, als ihm plötzlich nicht nur ein Teppich, sondern auch die ägyptische Königin zu Füßen liegt. Amüsiert und beeindruckt von ihrem Mut und ihrer Findigkeit ergreift er für sie Partei. Der 52-jährige Feldherr verliebt sich in die 21-jährige Frau. Eine folgenreiche Affäre beginnt, in deren Folge Kleopatra immer kühnere Machtpläne entwickelt. Sie träumt von einer ägyptischen Großmacht, die sie ohne die Unterstützung der römischen Statthalter nicht verwirklichen kann.

So stellt sich ein Kupferstecher des 18. Jahrhunderts die große ägyptische Königin Kleopatra vor.

Zwar soll Kleopatra nicht so atemberaubend schön gewesen sein, wie oft behauptet wird, »aber im Umgang hatte sie einen unwiderstehlichen Reiz, und ihre Gestalt, verbunden mit der gewinnenden Art ihrer Unterhaltung und der sie umspielenden Anmut, hinterließ ihren Stachel«, schreibt Plutarch. Caesar steht im ägyptischen Machtkampf nun also auf Kleopatras Seite. Als Ptolemaios XIII. stirbt, wird ein weiterer Bruder Kleopatras, der jüngere Ptolemaios XIV., zu ihrem offiziellen Mitregenten ernannt. Noch immer ist es einer Frau untersagt, allein die Königswürde zu tragen. Doch von nun ist es Kleopatras Name, der auf den Dokumenten zuerst genannt wird, auf Bildnissen und Münzen lässt sie sich ohne ihren Bruder abbilden. Ihr Mitregent bleibt unsichtbar. Zwei Jahre nach ihrer ersten Begegnung mit dem römischen Feldherren bringt Kleopatra Caesars Sohn zur Welt. Sie nennt ihn Caesarion, den kleinen Caesar, um seine Herkunft deutlich zu machen, und macht sich mit ihm auf den Weg nach Rom, wo Caesar noch immer in offizieller Ehe mit der Römerin Calpurnia verheiratet ist. Die Römer beobachten Caesars Verbindung mit der ehrgeizigen und stolzen Ägypterin, die bald darauf Einzug in seine Villa hält, mit Argwohn. Das Volk fürchtet, er könne die Hauptstadt des Römischen Reiches nach Alexandria verlegen und Italien den Rücken kehren.

Die zunehmende Missstimmung gipfelt schließlich im Mord an Caesar in den Iden des März im Jahre 44 v. Chr. Kleopatra flieht nach diesem Ereignis zurück in ihre Heimat. Unmittelbar nach ihrer Rückkehr kommt Ptolemaios XIV. unter ungeklärten Umständen zu Tode – kaum einer glaubt an einen Zufall. Sofort lässt Kleopatra ihren dreijährigen Sohn Caesarion zu ihrem Mitregenten ernennen – ihr soll keiner mehr die Macht streitig machen.

Dahingeschieden auf dem Diwan: Der Tod Kleopatras und ihrer beiden Zofen ist ein häufiges Motiv der Kunstgeschichte.

Kleopatra gewinnt auch Marcus Antonius

Denn Kleopatra hat ihren Traum von einer Teilhabe an der römischen Macht nicht aufgegeben. Nach weiteren drei Jahren begegnet sie zum ersten Mal Marcus Antonius. Auch dieses Kennenlernen wird bewusst inszeniert. Kleopatra empfängt den römischen Feldherren auf ihrer Galeere in einer erotischen Inszenierung als Schönheitsgöttin Aphrodite. Die Verführung gelingt und Kleopatra kann ihr Bündnis mit Rom erneuern. Marcus Antonius ist als Teil des Triumvirats, das Rom regiert, ein bedeutender Mann.

Doch die Widersacher warten schon. Octavian, Caesars Adoptivsohn, verachtet Kleopatra. Auch er ist ein Mitglied des Triumvirats und macht in Rom gezielt Propaganda gegen sie. Antonius aber mag sich von der Pharaonin nicht trennen, er verbündet sich mit ihr, gemeinsam leben sie in Alexandria. Doch obwohl Kleopatra im Jahr 40 v. Chr. die gemeinsamen Zwillinge Alexander Helos und Kleopatra Selene zur Welt bringt, sieht sich Antonius veranlasst, Octavians Schwester Octavia zu heiraten. Er versucht auf diese Weise, das unsichere Bündnis mit seinem Mitregenten zu stärken, doch die Geburt eines weiteren Sohnes mit Kleopatra provoziert letztlich das endgültige Zerwürfnis Antonius' und Kleopatras mit Octavian und Rom.

Verzweiflung und Tod

In der spektakulären Schlacht bei Actium 31 v. Chr. erleiden Antonius und Kleopatra eine vernichtende Niederlage. Ein Jahr später nimmt Octavian Alexandria ein. Antonius erhält fälschlicherweise die Nachricht, Kleopatra habe sich umgebracht. Das Spiel um die Macht ist der Pharaonin entglitten. Um Octavian zu erpressen, hat sie sich in ihr Mausoleum einmauern lassen, sie droht, sich und ihre Schätze zu verbrennen, um Octavians Triumphzug durch Rom, bei dem er die stolze Ägypterin als seine Gefangene präsentieren will, zu verderben.

Der verzweifelte Antonius, der an den Tod seiner Geliebten glaubt, stürzt sich in sein Schwert. Dem Tode nahe soll er noch durch ein Fenster zu seiner eingemauerten Geliebten gebracht worden und in ihren Armen gestorben sein. Doch dringen durch dasselbe Fenster nur wenig später Octavians Männer ein und nehmen die verstörte Königin in ihr Gewahrsam. Nervlich am Ende, das Haar zerzaust, die Brüste vor Verzweiflung zerkratzt, muss sie ihrem Widersacher entgegentreten. Octavian ordnet ihre strenge Bewachung an.

Symbolismus bis über den Tod hinaus

Doch Kleopatra spielt ihr eigenes Spiel, bis zuletzt. Gemeinsam mit ihren zwei Zofen begeht sie Selbstmord. Das Bild von der Giftschlange entspricht wohl weniger der historischen Wahrheit als dem Versuch, die Uräusschlange als Zeichen der Pharaonen bis zuletzt einzusetzen. Unter welchen Umständen sich die Königin das Leben nahm, ist bis heute ungeklärt. Auf ihren Wunsch hin wird Kleopatra an der Seite des Antonius beigesetzt. Mit ihr geht die Herrschaft der Pharaonen und ihrer römischen Statthalter zu Ende.

Leben und Werk

- **Geburtsdatum:** 69 v. Chr.
- **Geburtsort:** unbekannt
- **Todesdatum:** 12. August 30 v. Chr.
- **Todesort:** Alexandria
- **Leben:** Pharaonin aus dem Geschlecht der Ptolemaier und letzte ägyptische Königin. Zu ihren Liebhabern zählen Caesar und Marcus Antonius. Kleopatra ist die erste Herrscherin, die die Kräfte der Sexualität, Macht und Liebe politisch wirkungsvoll zu inszenieren weiß. Als ihre Pläne für ein ägyptisch-römisches Weltreich scheitern und ihr Geliebter Marcus Antonius stirbt, begeht sie Selbstmord.

Eva ist die Ursache allen Übels, als sie vom verbotenen Baum Früchte nascht. Die Strafe: die Vertreibung des Menschen aus dem Paradies. Der Vorfall prägt das mittelalterliche Frauenbild.

Ohne Recht und ohne Stimme

Der lange Schatten des mittelalterlichen Frauenbildes

Der traditionelle Geschichtsunterricht in Schulen und Universitäten kann für Mädchen und Frauen ganz schön ermüdend sein. Wir hören von den Auseinandersetzungen zwischen Königen und Päpsten, von den Kämpfen verfeindeter Adelssippen, von Kriegen und Seuchen auf jeder Seite. Viele Männer präsentieren sich als gewalttätige Schurken, von den Frauen erfahren wir so gut wie nichts. Kein Wunder, denn die Frauen waren nach germanischem Recht »unmündig«, eine Rechtsauffassung, die noch im Mittelalter und bis weit in die Neuzeit hinein gilt.

Unmündig aber ist gleichbedeutend mit namenlos. Wer über sich selbst nicht entscheiden darf, ist außerstande, aktiv das gesellschaftliche, soziale und kulturelle Leben zu beeinflussen. Wer unmündig ist, hat keine eigene Stimme. Wenn eine Frau trotz dieser demütigenden gesellschaftlichen Umstände im Mittelalter ihre Würde behalten will, braucht sie vor allem Glück. Sie muss in die richtige, sprich wohlhabende und gebildete Familie hineingeboren werden, sie braucht Väter und Brüder, die ihre weibliche Würde akzeptieren und ihr wenigstens ein Minimum an kultureller Bildung zugestehen. Vor allem aber sollte sie lesen lernen.

Die besonders Glücklichen unter den jungen Mädchen und Frauen haben Mütter, die nicht früher oder später im Kindbett sterben, sondern ihnen über die Jugendzeit hinweg zur Seite stehen. Selbstverständlich ist das alles nicht. Es ist die Ausnahme. Und so stammen die beeindruckendsten weiblichen Zeugnisse des Mittelalters auch ausnahmslos von Frauen der gebildeten Stände, es sind die Schriften von Königinnen, Adligen und Nonnen. In diesem Kosmos finden sich faszinierende und kraftvolle Persönlichkeiten, deren Ideen und Weitsicht bis in die Neuzeit tragen.

Die Bibel prägt das Bild der Geschlechter

Auch wenn die im Mittelalter übliche Unterordnung der Frau aufgrund ihres Geschlechtes weitaus älter ist als das Christentum, so erweist sich doch die Bibel als grundlegend für die Rollenzuweisung der Geschlechter und die Bilderwelt des Weiblichen und Männlichen, die bis heute unsere moralischgesellschaftlichen Maßstäbe prägt. Das Menschenbild der Bibel ist klar auf die Vorherrschaft des Mannes ausgerichtet. Er ist das Zentrum, das Maß aller Dinge, alles wird aus einer männlichen Perspektive betrachtet. Während der erste Schöpfungsbericht noch die Gleichrangigkeit Adams und Evas betont: »Und Gott schuf den Menschen ihm zum Bilde, zum Bilde Gottes schuf er ihn; und schuf einen Mann und ein Weib.«(1. Moses 1, 27), wird in der frühchristlichen und besonders in der mittelalterlichen Theologie immer der sogenannte zweite Schöpfungsbericht herangezogen (1. Moses 2, 4ff.). Dem zufolge erschafft Gott nur sein männliches Ebenbild, Adam und überlässt ihm das Paradies. Nur ein einziges Gebot ist ihm auferlegt. Er soll nicht vom Baum der Erkenntnis von Gut und Böse essen.

Da es Gott nicht gut erscheint, dass der Mensch allein ist, schafft er ihm eine Gefährtin. Er lässt Adam in den Schlaf sinken und nimmt eine Rippe aus seiner Seite. Also erscheint die Frau nicht länger als eigenständige Schöpfung. Sie ist für den Mann von nun an »Bein von meinem Bein, Fleisch von meinem Fleisch: Man wird sie Männin heißen, darum, da sie vom Manne genommen ist« (1. Moses 2, 23.) Es folgt der Sündenfall, eine listige Schlange verführt Eva zum Ungehorsam. Sie übertritt das göttliche Gebot und isst einen Apfel vom Baum der Erkenntnis. Gott bestraft die Frau, die auch Adam anstiftet, vom Baum der Erkenntnis zu kosten. Sie soll in Zukunft unter Schmerzen gebären und dem Manne untertan sein. Beide werden für immer aus dem Paradies vertrieben und müssen von nun an im »Schweiße ihres Angesichts« ihr Brot verdienen.

In diesem zweiten Schöpfungsbericht liegt die Wurzel des mittelalterlichen Frauenbildes, denn die Bestimmung der Frau zur Unterordnung, ihre Menstruations- und Gebärfähigkeit sind keine biologischen Gebote, sondern die schmerzhafte Vergegenwärtigung dafür, dass die Frau die Tochter Evas und der weibliche Körper von minderwertiger Natur ist.

Gerichtsakten, Briefe und Tagebücher

Wie einflussreich die Bibel auf das Gesellschaftsbild und das Selbstbild der Frauen im Mittelalter und in den nachfolgenden Jahrhunderten tatsächlich ist, kann die neuere Geschichtsforschung, die auch maßgeblich die Forschung engagierter Historikerinnen ist, aus einer Vielzahl von Quellen belegen. Endlich gibt es nicht nur die bekannten theologischen und philosophischen Schriften einflussreicher Männer wie Augustinus oder Thomas von Aquin, sondern auch Gerichtsakten aus ganz Europa, Handels- und Zunftbücher, eine Fülle von Selbstzeugnissen wie Briefe und Tagebücher, persönliche Notizen oder Hinterlassenschaften, die uns einen ersten tiefen Einblick in die sozialen Umstände, kulturellen Normen und Zwänge eines mittelalterlichen Frauenlebens gewähren.

Und doch erkennen wir bis heute nur die Spitze des Eisberges, unter der sich das Meer der Namenlosen, die Geschichte unzähliger rechtloser und schreibunkundiger Frauen, verbirgt. Verfolgen wir die Rechtsgeschichte der Frauen von den Germanen bis zum Mittelalter, so ist die Frau vor allem eines: ein Tauschobjekt ihrer männlichen Verwandten. Ein unverheiratetes Mädchen bleibt bis etwa zum zwölften Lebensjahr (!) unter der Vormundschaft des Vaters im elterlichen Haus. Das Mädchen steht unter der »Munt« und wird bei der Eheschließung in die »Munt« des Ehemannes übergeben. Der Sachsenspiegel des 12. Jahrhunderts hält dazu fest: »Die man is vormünde sines wives to hant als sie ime getrüwet wert.« Die Munt ist als Gewaltbegriff zu verstehen, sie bezeichnet das Herrschaftsrecht, dass dem männlichen Haupt des Hauses über das Hauswesen zusteht. Dieses Recht schließt das Recht des Verkaufes oder der Tötung der Frau, Kinder, Sklaven, des Viehs oder des dinglichen Besitzes ein. Die Frau besitzt keine Selbstmündigkeit wie der Mann, d.h. sie besitzt auch kein eigenes Vermögen, ihr stehen keine staatsbürgerlichen Rechte zu und sie kann diese auch vor Gericht nicht selbst vertreten.

Noch ist die Ehe keine auf Dauer angelegte Lebensgemeinschaft, sie kann durch Raub, Kauf oder durch das Einverständnis der Sippen zustande kommen, die Vielehe ist keine Seltenheit. Werden Frauen aus einfachen Verhältnissen oft für etwas Vieh oder Landgewinn verschachert, so werden die Töchter des Adels zum Spielball einer auf Machtzuwachs ausgerichteten Heiratspolitik. Erst im Übergang vom 12. zum 13. Jahr-

Für harte Arbeit in der Landwirtschaft sind Frauen auch im Mittelalter gut: Miniatur, 14. Jh.

hundert wird die Eheschließung nach kirchlichem Recht kanonisiert, wird der Ehekonsens, d.h. die Zustimmung beider Parteien als verbindlich angesehen. Doch in der Praxis wird die geforderte Zustimmung der Frau auch weiterhin vorwiegend von ihrem Vater oder Vormund erteilt, der seine Kinder oft schon im Kleinkindalter einer anderen Sippe verspricht oder verlobt.

Ehestand und Nonnentum

Im christlichen Frauenbild des Mittelalters wird die verheiratete Frau als unrein betrachtet, denn der Geschlechtsverkehr und das Gebären gelten als sündig. In der Existenz des Weiblichen manifestiert sich der überkommene Makel der Erbsünde, dem mit einer langen Reihe von Vorschriften, Ge- und Verboten begegnet wird. Umso höher wird die Jungfräulichkeit geachtet, deren christliches Leitbild die jungfräuliche, also nicht von der Erbsünde belastete Gottesmutter Maria ist. Sie wird zum religiösen Symbol, ihre Reinheit, Liebe und Demut sind einzigartig. Wenn wir uns heute das Maß an körperlichen Qualen durch fortgesetzte Schwangerschaften vorstellen, dem eine Frau im mittelalterlichen Ehestand ausgesetzt ist, verwundert es nicht, dass das Nonnentum für viele Frauen einen großen Reiz ausübt. Vor allem Mädchen aus dem Adel und reichen Patrizierhäusern suchen den Weg ins Kloster, der ihnen Bildung und Sicherheit, Autonomie und Würde verspricht. Zu Beginn des 12. Jahrhunderts lässt sich eine religiöse Frauenbewegung beobachten, in deren Folge sich die Orden der Augustinerinnen, Zisterzienserinnen und Prämonstratenserinnen neu gründen oder anschließen. Zahllose Klostergründungen, aber auch wiederholte Aufnahmesperren und der Zulauf der Frauen in immer neue Orden spiegeln eindrucksvoll die wachsende Beliebtheit des klösterlichen Lebens für adlige Frauen oder reiche Bürgerstöchter. Für die niederen Dienste wie Haus-, Feld- und Stadtarbeiten beschäftigten die Klöster Laienschwestern und Mägde. Wie keine andere Lebensform gewährten die Klöster und religiösen Lebensgemeinschaften den Frauen Sicherheit und eine relative Unabhängigkeit.

Eine Frau mit mathematischen Instrumenten? Damit ist frau im Mittelalter schnell als Hexe verdächtig.

Die Städte als »Schlüssel« zur Selbstständigkeit

Mit dem rasanten Anwachsen der mittelalterlichen Städte seit dem 12. Jahrhundert verändert sich auch die Rolle der Frauen. Arbeitskräfte werden nun in so großer Anzahl gebraucht, dass das weibliche Geschlecht nicht länger auf eine enge Häuslichkeit verwiesen werden kann, die Frau gewinnt als Ehefrau ihren eigenen Status. Immer häufiger erhält sie die »Schlüsselgewalt«, d.h. sie darf alltägliche, dem Hausstand zugeordnete Geschäfte ausführen. Seit dem Ende des 13. Jahrhunderts lässt sich die Beschäftigung der Frauen in einer Reihe von gewerblichen, dienstleistenden und handwerklichen Tätigkeiten nachweisen: Als Spinnerin, Färberin, Schneiderin, Wäscherin, Weberin, Taschnerin, Stickerin, Müllerin, Bäckerin, Metzgerin, Gärtnerin, Besenbinderin, Korb- oder Bürstenmacherin, als Händlerin von Stoffen und Gewürzen, von Fischen und anderen Esswaren, ja sogar als Apothekerin, Hebamme, Ärztin und anderem, sind Frauen tätig.

Eine Vielzahl von Quellen belegt, dass Frauen im ausgehenden Mittelalter und vor der Reformation Ansätze zur Selbstständigkeit in verschiedenen Berufen, in städtischen Lebensformen und einer Reihe von religiösen Verbänden gefunden haben. Doch diese Selbstständigkeit zerbricht mit den Glaubenskriegen und dem Beginn der Reformation. Mit der Aufwertung des Ehestandes durch Martin Luther als die gesellschaftsbildende christliche Lebensgemeinschaft und dem Niedergang der Frauenklöster schließt sich im 16. Jahrhundert die Tür zur Selbstständigkeit der Frauen, die die mittelalterlichen Glaubensgemeinschaften und städtischen Lebensformen auf faszinierende Weise erstmals geöffnet haben.

Damen der besseren Gesellschaft geht es auch im Mittelalter nicht schlecht.

Die Kaiserin Theophanu

»Theophanu, wenn auch vom schwachen Geschlecht, hat mit Besonnenheit gleichwohl dem Selbstvertrauen und mit rühmlichem Lebenswandel die Herrschaft wie zugleich die Behütung ihres Sohnes errettet durch männliche Wachsamkeit.«
Thietmar von Merseburg (975–1018)

Eine gebildete griechische Prinzessin regiert das Heilige Römische Reich.

Als die junge griechische Prinzessin als Braut für den Thronfolger an den Hof Ottos des Großen gebracht wird, ist das 16-jährige Mädchen eine Mogelpackung. Denn statt der erwarteten Tochter des byzantinischen Kaisers bringt der Kölner Erzbischof Gero »nur« dessen Nichte mit. Empört drängen Ottos Ratgeber darauf, die nicht standesgemäße Bewerberin für seinen Sohn umgehend zurückzusenden.
Doch Otto der Große will die schwierige Bindung zum byzantinischen Kaiser nicht gefährden. Er vermählt seinen Sohn Otto II. mit dem anmutigen jungen Mädchen vom Bosporus und scheint wohl auch selbst Gefallen an ihm gefunden zu haben, was zunächst zu Spannungen zwischen Theophanu und ihrer eifersüchtigen Schwiegermutter führt. Denn Theophanu ist nicht nur schön, die junge Griechin aus dem byzantinischen Militäradel zeichnet sich auch durch eine erstklassige Bildung aus, die ihr am kaiserlichen Hofe von Byzanz zuteil wurde.

Strategische Verbindung von Macht und Bett

Hochzeitsverbindungen zur Sicherung politischer Verbindungen sind im gesamten Mittelalter und darüber hinaus üblich. Sinn dieser strategischen Verbindung von Bett und Zepter ist die Stabilisierung von Dynastien und Machtbündnissen. Liebe spielt dabei keine Rolle, dafür gibt es ja Mätressen. Die Aufgabe der Regentin besteht darin, einen Thronfolger zu gebären und somit den Machtanspruch der herrschenden Dynastie zu sichern.

Theophanu hat Glück. Die beiden Königskinder – sie aus dem warmen Süden, er aus dem kalten Norden – verlieben sich tatsächlich ineinander. Doch trotz dieser überraschenden Zuneigung zu dem ihr als Gatten bestimmten Mann ist die arrangierte Hochzeit für die gebildete und künstlerisch interessierte junge Frau ein großer Kulturschock. Theophanu kommt aus einer Stadt, die gerade ihre kulturelle Blüte erlebt, in ein Land, das ihr derb und rückständig vorkommen muss. An den deutschen Fürstenhöfer ist von Bildung und Kultur noch nicht viel zu spüren. Die meisten Adeligen können nicht einmal schreiben, geschweige denn lesen. Theophanu dagegen ist hochgebildet, spricht, schreibt und liest neben ihrer Muttersprache perfekt Latein und lernt innerhalb kürzester Zeit Deutsch. Wie keine andere vermag sie die unterschiedlichen Kulturen zusammenzuführen. Sie bringt griechisch-byzantinische Kunst und Lebensart in das karge und kühle Land, und bald gelingt es ihr, mit ihrem eleganten und klugen Auftreten zur allseits respektierten Frau an der Seite Ottos II. zu werden.

Kaiserin Theophanu und ihr Gatte, Kaiser Otto II., auf einem Holzstich nach antiker Vorlage

Der Kaiser ist tot, es lebe der Kaiser!

Das unbeschwerte Leben des jungvermählten Paares ändert sich schlagartig, als bereits ein Jahr nach der Hochzeit, 973 n. Chr., Otto der Große verstirbt. Nun wird der gerade mal 18-jährige Otto II. zum Kaiser des Heiligen Römischen Reiches und Theophanu zur kaiserlichen Mitregentin ernannt. Der Tod eines mächtigen Herrschers versetzt zu jeder Epoche das ganze Land in Spannung und Aufruhr. Unzufriedene Vasallen und Edelleute wittern ihre Chance, Macht und Einfluss zu erweitern.

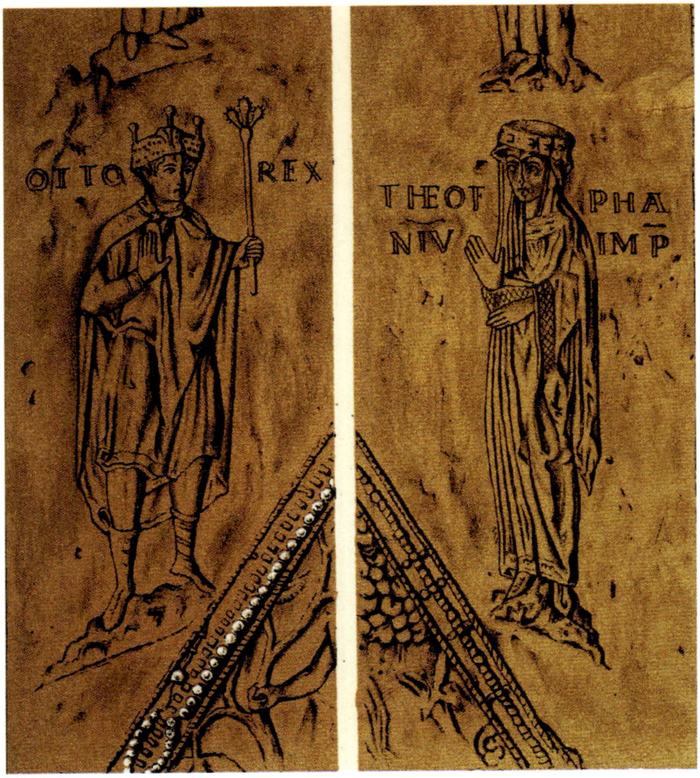

Die Kaiserin und ihr Sohn, der Kaiser: Der Deckelschmuck des Evengeliars aus dem Kloster Echternach zeigt Theophanu als Kaiserinwitwe mit ihrem Sohn, Kaiser Otto III.

Doch der neue Kaiser hat sein Amt, trotz seiner Jugend, mit Unterstützung seiner Frau gut im Griff. Ungeachtet ihrer Schwangerschaften begleitet sie ihn bei seinen Amtsreisen und übt als kluge Beraterin großen Einfluss auf ihn aus. Als sie ihm nach drei Mädchen einen Sohn schenkt, ist die Thronfolge gesichert und die Unruhen im Reich verklingen. Elf Jahre lang regiert Theophanu als Mitkaiserin an der Seite Ottos II., als sich schlagartig alles ändert. Mitten in die Festlichkeiten zur Königskrönung des dreijährigen Otto III. platzt eine Eilmeldung aus Rom, die das ganze Land erschüttert. Der junge Kaiser ist tot. Doch nicht schwere Kampfwunden oder die schrecklichen Plagen des Mittelalters wie Pest oder Cholera raffen den mächtigen Mann dahin, sondern die falsche Behandlung seines Malariafiebers.

Der Kaiser ist tot – es lebe die Kaiserin!

Für Theophanu bricht eine Welt zusammen, sie trauert aufrichtig um ihren Gemahl. Doch viel Zeit für Trauer wird der jungen Witwe nicht zugestanden. Ein mächtiges Reich ist führungslos, und die Anwärter auf den Thron zücken schon ihre Schwerter, um gegen das schwache Weib ihre eigenen Machtansprüche geltend zu machen. Doch da haben sie ihre Rechnung ohne die junge Frau gemacht. Rechtmäßig zur Mitkaiserin gewählt, übernimmt sie gemeinsam mit ihrer Schwiegermutter Adelheid und der Unterstützung des Mainzer Erzbischofs die Regentschaft, um das Reich für ihren Sohn zu verwalten. Die Amtsgeschäfte warten nicht: Streitfälle müssen geschlichtet, Gesetze erlassen, Steuern erhoben und Pachten eingetrieben werden.

Nun zahlt sich die ausgezeichnete Bildung aus, die sie dank ihrer byzantinischen Erziehung erworben hat. Im Gegensatz zu den meisten Adeligen, ganz abgesehen von der Landbevölkerung, kann sie Verträge nicht nur lesen, sondern auch selber aufsetzen und übersetzen und ist durch diese Fähigkeiten nicht von Ratgebern oder schreibkundigen Mönchen abhängig. Gemeinsam mit Adelheid erobert sich Theophanu den Respekt der Landesfürsten. Die Treue ihrer Versallen wird bereits unmittelbar nach dem Tode Otto II. auf die Probe gestellt, als Herzog Heinrich II. von Bayern, auch Heinrich der Zänker genannt, ihren kleinen Sohn Otto III. entführt, um so seine eigenen Ansprüche auf den Thron durchzusetzen.

Alle Männer stehen hinter der Kaiserin

Doch die wichtigen Männer des Landes stellen sich hinter die junge Kaiserin und vor allem hinter den rechtmäßig gekrönten Königssohn. Heinrich gibt sich daraufhin geschlagen und lässt seine Geisel frei. Sieben Jahre lang führt Theophanu als allseits geachtete Kaiserin die Regierungsgeschäfte des Landes weiter und trägt damit viel zur glanzvollen Zeit der Ottonen bei. Ihrem Sohn lässt sie eine umfassende Bildung zukommen; wie einst seine Mutter in Byzanz, so erhält auch der junge Otto Unterricht in Sprachen, Kunst, Musik und griechischer Kultur.

Als Theophanu im Alter von 36 Jahren an einer Infektion stirbt, hinterlässt sie ein gefestigtes Kaiserreich. Ihrer Schwiegermutter Adelheid gelingt es ohne Widerstand, die Amtsgeschäfte des Reiches bis zur Regentschaft von Otto III. weiterzuführen.

Leben und Werk

- **Geburtsdatum:** 955 n. Chr.
- **Geburtsort:** vermutlich Byzanz
- **Todesdatum:** 15. Juni 991 n. Chr.
- **Todesort:** Nimwegen
- **Leben:** Als verwitwete junge Kaiserin übernimmt Theophanu die Regentschaft des Heiligen Römischen Reiches und verwaltet es für ihren Sohn.
- **Werke über ihr Leben**: Petra Welzel: Theophanu. Von Gottes Gnaden Kaiserin. Krüger 2006; Eberhard Horst: Geliebte Theophanu. Der Lebensroman einer deutschen Kaiserin aus Byzanz. Rowohlt, Reinbek 2004; Henry Benrath: Die Kaiserin Theophanu. Historischer Roman. DVA, Stuttgart 1991; Ottone: Oper in drei Akten von Georg Friedrich Händel, 1722

Hildegard von Bingen

»Das Licht also, das ich schaue, ist nicht räumlich, sondern viel, viel heller als die Wolke, die die Sonne trägt. ... Und was ich schreibe, schaue und höre ich in der Vision. Und ich schreibe keine anderen Worte nieder als die, die ich höre ...«

Hildegard von Bingen ist die bedeutendste Universalgelehrte des Mittelalters. Mystik und Machtstreben weiß sie geschickt zu vereinen.

Wer den Namen »Hildegard von Bingen« hört, denkt an Klostermedizin und Pflanzenkunde. Doch die Reduzierung Hildegards auf ihre Bedeutung als heilkundige Kräutersammlerin wird ihrem großen Lebenswerk nicht gerecht. Hildegard von Bingen ist mit ihrer Vorstellung von einem wirkungsvollen Klosterbetrieb ihrer Zeit weit voraus, sie erneuert das Klosterwesen wie keine weibliche Person nach ihr. Sie leitet zwei Frauenklöster, sie ist Dichterin, Ärztin, Apothekerin, Komponistin und gilt als die erste deutsche Naturwissenschaftlerin. Darüber hinaus steht sie in engem Austausch mit den mächtigsten Personen ihrer Zeit und wird von Kaiser Friedrich Barbarossa als Beraterin geschätzt. Schon zu Lebzeiten gilt sie als Heilige, Prophetin und kirchlich anerkannte Seherin.

» ... und meine Eltern weihten mich Gott unter Seufzern, und in meinem dritten Lebensjahr sah ich ein so großes Licht, dass meine Seele erzitterte ...«

Stimmen und Bilder

Schon als kleines Kind hat Hildegard Visionen. Sie hört Stimmen und erblickt Bilder, die wie Flammen aussehen. Das Kind erschrickt, doch begreift, dass es über die Gabe des Sehens verfügt, innere Bilder vor Augen hat, die den Weg für Entscheidungen weisen. Schon mit fünf Jahren soll Hildegard die genaue Fellzeichnung eines neugeborenen Kälbchens vorausgesagt haben.

Für diese Visionen gibt es im frühen Mittelalter nur eine Erklärung: Sie kommen von Gott. Aus diesem Grund ist es den Eltern sicherlich leichtgefallen, ihr zehntes Kind, wie es die Tradition will, in ein Kloster zu geben. Nach einer unbeschwerten Kindheit findet sich das junge Mädchen mit acht Jahren in einer entbehrungsreichen Umgebung wieder. Das Leben im Benediktinerkloster Disibodenberg, im heutigen Rheinland-Pfalz gelegen, läuft nach strengen Vorschriften. Doch die junge Hildegard nutzt jede Minute ihrer äußerst geringen »Freizeit«, um zu lernen. Mehr als 30 Jahre lebt sie in absoluter Abgeschiedenheit und sammelt so einen großen Wissensschatz. Von ihren Mitschwestern wird sie schließlich, im Alter von 38 Jahren, zur Oberin des Klosters gewählt. Kaum im Amt, setzt sie zahlreiche Veränderungen durch. Sie lockert die Askese, die Anzahl und Länge der Gebete und die strengen Speisebestimmungen. Ihre Mitschwestern begrüßen die Erleichterungen ihres Alltags, die ihnen nun mehr Freiräume für andere Tätigkeiten wie Krankenpflege oder Gartenarbeit lassen.

Kampf gegen die Beharrlichkeit

Doch die zunehmende Zufriedenheit nach innen lässt sich nur durch Kampf

Stets ein klarer Blick auf das Irdische und das Himmlische: Hildegard von Bingen

nach außen erreichen. So stößt Hildegard immer wieder heftig mit dem ihr übergeordneten Abt Kuno zusammen, der ein strikter Gegner jeglicher Veränderungen ist. Der Streit eskaliert, als Hildegard schließlich aus seiner Bevormundung entkommen möchte und verlangt, dass sie ein eigenes Kloster gründen darf. Der Benediktinermönch vom Kloster Disibodenberg lehnt dies strikt ab. Denn auch wenn Abt Kuno die selbstbewusste, streitbare Oberin sicherlich gerne loswerden würde, so ist das Kloster bereits von ihrer Popularität und dem damit einhergehenden finanziellen Wohlstand abhängig.

Sie sah Dinge, die die Welt veränderten

»Bis zu meinem 15. Lebensjahr war ich jemand, der vieles sah und mehr noch einfältig aussprach, sodass auch die, welche diese Dinge hörten, verwundert fragten, woher sie kämen und von wem sie stammten.«

Doch die Heftigkeit der bunten Visionen, die wie »Lichtblitze« durch sie fuhren, verschweigt sie fast 30 Jahre lang.

Stets in gutem Kontakt mit dem Überirdischen: Hildegard empfängt eine göttliche Botschaft (Liber Scivias Domini, Rupertsberger Codex).

Schließlich nehmen die Erscheinungen an Stärke und Häufigkeit so stark zu, dass sie den berühmten Mönch und Mystiker Bernhard von Clairvaux verzweifelt um Hilfe bittet. Dieser beschwört sie geradezu, die Visionen als göttliche Gabe zu betrachten, durch die Gott zu ihr persönlich und durch sie zu der Menschheit spricht, und sie nicht länger zu verheimlichen. Durch diese Anerkennung bestärkt und beruhigt, beginnt sie mit Hilfe ihrer engsten Vertrauten, ihre Visionen und anderen Erkenntnisse aufzuschreiben.

Heilige zu Lebzeiten

Unermüdlich arbeitet sie über sechs Jahre an dem Buch «Liber Scivias Domini« (Wisse die Wege des Herren), das ihren Ruf als Prophetin bis in unsere Zeit hinein begründet. 35 prachtvoll illustrierte Miniaturen dienen zur Erklärung der schwierigen Texte. Schließlich erteilt ihr der amtierende Papst Eugen III. die Erlaubnis, ihre Visionen zu veröffentlichen. Durch diese Unterstützung von oberster kirchlicher Instanz rückt endlich auch das Ziel eines eigenen Klosters in greifbare Nähe. Sie gründet das Kloster Rupertsberg und später das Kloster Eibingen bei Rüdesheim. Ihr selbstbewusstes Auftreten und ihre Visionen verschaffen ihr schnell einen großen Bekanntheitsgrad, sodass sie schon zu Lebzeiten als Heilige verehrt wird.

»Im Innern meiner Seele bin ich weise«

Indem Hildegard ihre moralischen und theologischen Auffassungen immer aus ihren Visionen heraus begründet, weiß sie sich gegen Kritik von anderen Kirchenvertretern geschützt. Geschickt unterwirft sie sich der offiziell geltenden Meinung, »dass Frauen nicht aus eigener Kraft in der Lage sind, theologische Erkenntnisse zu gewinnen«, indem sie sich selber als »ungebildete« Frau sieht und ihr Wissen als von Gott kommend bezeichnet. Doch sie ist sich dieser Doppelrolle sehr wohl gewiss. »Im Innern meiner Seele bin ich weise«, sagt sie und beruft sich auf ihre Visionen, um in die theologischen Diskussionen ihrer Zeit eingreifen zu können. Wie viele ihrer weitsichtigen Erkenntnisse unter dem Deckmäntelchen der göttlichen Vision einherkommen, lässt sich heute wohl nicht mehr rekonstruieren. Sicher ist jedoch, dass sie ihre göttlichen Eingebungen geschickt für ihre Ziele einzusetzen weiß. Wie ihr Leben, so ist auch ihr Tod von Mystik begleitet.

Licht in der Finsternis

Als sie im Alter von 81 Jahren friedlich stirbt, sollen sich über ihrem Kloster zwei farbige Lichtbögen gekreuzt haben und ein Licht »leuchtete weithin und schien die nächtliche Finsternis vom Sterbehaus zu vertreiben«. Ihre Schriften und Gedanken werden bis heute vielfach überliefert. Auch wenn die Originalhandschrift des »Liber Scivias Domini« im Zweiten Weltkrieg verloren geht, haben zahlreiche Kopien die Jahrhunderte überstanden und halten das Wissen der Hildegard von Bingen bis in unsere Zeit lebendig.

Leben und Werk

- **Geburtsdatum:** Sommer 1098
- **Geburtsort:** wahrscheinlich Bermersheim vor der Höhe
- **Todesdatum:** 17. September 1179
- **Todesort:** Kloster Rupertsberg bei Bingen
- **Leben:** Berühmteste Seherin, Prophetin, Theologin, Schriftstellerin, Komponistin, Äbtissin, Naturwissenschaftlerin und heilkundige Frau des Mittelalters. Hildegard von Bingen beweist eindrucksvoll, wie stark das »schwache Geschlecht« sein kann.
- **Werke:** Liber Scivias; Liber vitae meritorum; Liber divinorum operum / De operatione Dei; Vita Sancti Ruperti; Physica und Causae et curae.
  Hildegard von Bingen: Scivias. Wisse die Wege. Übersetzt und herausgegeben von Walburga Storch OSB. Pattloch Bühne
  Film: Die Regisseurin Margarethe von Trotta verfilmte das Leben der Hildegard von Bingen mit dem Titel »Vision«.

Jeanne d'Arc

»Ja, meine Stimmen kamen von Gott; meine Stimmen haben mich nicht getäuscht.«

Erste Kriegerin des Königs und Heldin des Volkes: Das Mädchen aus Orléans ist die berühmteste Jungfrau des Mittelalters.

Schweigt, zum Teufel«. Die heftigen Worte des Bischof von Beauvais hängen noch drohend im Gerichtssaal von Rouen. Bruder Ysambert de la Pierre zuckt unter den Worten zusammen, hat er doch nur versucht zu vermitteln. Aufgebracht schreit der mächtige Mann den Notar an: »Hütet Euch, das im Protokoll festzuhalten!« Jeanne springt auf und ruft mitten in den Tumult mit klarer Stimme: »Ha, Ihr schreibt wohl, was gegen mich spricht, und wollt nicht schreiben, was für mich spricht!«
Leider trifft Jeanne mit dieser Bemerkung genau ins Schwarze, denn obwohl sie keinen Verteidiger hat und nur über geringe Bildung verfügt, gibt sie kluge Antworten. Doch all dies nutzt ihr nichts, in einem Prozess, der von Anfang an auf ihre Verurteilung hinauslaufen soll. Doch wie kommt es überhaupt dazu, dass diese junge Frau der Ketzerei angeklagt ist?

Der Aufbruch

Frankreich befindet sich mitten in den Wirren des Hundertjährigen Krieges, der zwischen Frankreich und England tobt, als Jeanne das Licht der Welt erblickt. Als kleines Kind hilft sie den Bauern auf dem Feld und redet gerne mit ihnen über die Befreiung ihres Vaterlandes. Doch Jeanne ist auch sonst ein ungewöhnliches Kind, voller Begeisterung für ihr Heimatland Frankreich und von tiefer Frömmigkeit beseelt.

»Als ich 13 Jahre alt war, hatte ich eine Stimme von Gott, die kam, um mich zu leiten. Das erste Mal hatte ich große Furcht. ...Und nachdem ich sie dreimal gehört hatte, erkannte ich, dass es die Stimme eines Engels war ...«

Von nun an hört Jeanne jeden Tag Stimmen und erlebt Visionen, bei denen kleine Heilige in einem hellen Licht schweben. Die »Stimmen« fordern sie immer eindringlicher dazu auf, die Belagerung der Stadt Orléans durch die feindlichen englischen Truppen zu beenden und den Dauphin, den noch nicht gekrönten französischen König Karl VII., aufzusuchen und ihn zum Thron zu führen. Das hört sich für unsere Ohren zwar ganz schön verrückt an. Doch im ausgehenden Mittelalter lebten die Menschen in einer Welt voller Aberglauben und mystischer Dinge, die sie sich nicht erklären konnten. Auch gebildete Menschen waren tief davon überzeugt, dass sie sich ihre Welt mit Dämonen, Teufeln und Hexen, aber auch mit Engeln und Heiligen teilen.

Das Ende der Retterin des Vaterlandes: Jeanne d 'Arc wird als Ketzerin auf dem Scheiterhaufen verbrannt.

Selbstbewusst im göttlichen Auftrag

Aus diesem Grund folgt Jeanne dem Ruf der Stimmen, verlässt mit 17 Jahren heimlich, in Männerkleidung und mit Pagenschnitt getarnt, ihr Elternhaus und reitet zum Stadtkommandanten der nahen Festung Vaucouleurs. Verständlicherweise versuchen die Wächter, sie zu verjagen. Wo gibt es denn so was, eine Frau, dazu noch hoch zu Pferde und in Männerkleidung. Doch Jeanne gibt nicht auf, spricht von ihrem göttlichen Auftrag und überzeugt dank ihres selbstbewussten Auftretens. So erhält sie eine Eskorte, die sie bis zum Königshof

Mit dem Banner in Händen und dem göttlichen Auftrag in der Seele: Jeanne im Kampf

bringt. Und das Unglaubliche geschieht. Karl VII. empfängt die junge Frau. Seine Situation scheint ausweglos, warum also soll er die junge Seherin nicht wenigstens anhören? Als Jeanne endlich vorgelassen wird, betritt sie einen großen, mit Fackeln hell erleuchteten Saal des Schlosses. 300 Edelleute verstummen mit ihren Gesprächen und verfolgen jeden Schritt des jungen Mädchens. Demütig und doch mit fester Stimme überbringt sie Karl VII. ihre Botschaft. Die Belagerung von Orléans durch die Engländer muss aufhören, die Franzosen müssen zum Angriff übergehen! Dann will sie ihn zur Salbung und Krönung nach Reims zu führen.

Nur für Jungfrauen: Kontakt mit Gott und den Engeln

Um die Reaktion des Königs ranken sich zahlreiche Mythen. So soll sie ihm ein Geheimnis erzählt haben, das nur er allein kennen konnte, andere sprechen von einer Vision, an der sie ihn teilhaben ließ. Fakt ist, dass der König sie, als Zeichen seiner Gunst, in seiner Nähe einquartiert und ihr einen Pagen zur Seite stellt. Wochenlang wird sie von geistlichen Würdenträgern und Gelehrten befragt und sogar »an den intimen Partien ihres Leibes« auf ihre Jungfräulichkeit hin untersucht.

Was uns heute empörend scheint, ist damals selbstverständlich. Das Mittelalter glaubte fest daran, dass Gott und seine Engel mit Jungfrauen Kontakt aufnehmen können, eine Gabe, die dem Teufel versagt ist. Endlich, nach endlos scheinenden Befragungen, hat Jeanne d'Arc, die sich selber »Jeanne la Pucelle« (Johanna, die Jungfrau) nennt, sämtliche Prüfungen erfolgreich bestanden. Der Kronrat stattet sie mit einer eigenen Rüstung aus und stellt ihr eine kleine militärische Einheit zur Seite. Was für ein sensationeller Aufstieg: Vom Bauernmädchen zur favorisierten Kriegerin des Königs!

Die Erfüllung ihrer Prophezeiungen

Bereits ihr erster Auftrag, einen Provianttransport in die belagerte Stadt Orléans zu bringen, um die ausgehungerten Truppen zu versorgen, ist ein voller Erfolg. Inzwischen hat sich die Geschichte von der im Auftrag Gottes kämpfenden Jungfrau im ganzen Land herumgesprochen. Angespornt von der Strahlkraft dieser außergewöhnlichen Frau und beeindruckt von den vielen Legenden, die sich schon zu Lebzeiten um sie ranken, lassen sich die Truppen motivieren, einen Ausfall zu wagen. Jeanne nimmt zwar am Kampfgeschehen teil und stärkt so die Kampfmoral, schwenkt aber nach eigenen Angaben nur das Banner, um nicht eigenhändig töten zu müssen. Der Ausfall ist erfolgreich und Orléans wird zurückerobert. Voller Begeisterung und sich Gottes Gunst gewiss, treiben die Franzosen die Engländer weit zurück.

Mit diesem Sieg befindet sich Jeanne auf dem Höhepunkt ihres Lebens. Bei der von ihr prophezeiten Krönung Karls VII. darf sie mit ihrem Banner neben dem Altar stehen. Doch je mehr sie vom Volk geliebt wird, desto mehr Feinde macht sie sich. Schon kurze Zeit später wendet sich das Blatt. Bei dem Versuch, Paris zu befreien, wird sie gefangen genommen, an England ausgeliefert und der Inquisition übergeben. Sie wird der Ketzerei beschuldigt und zum Tode verurteilt. Schon wenige Tagen danach wird sie als »notorisch rückfällige Ketzerin« auf dem Marktplatz öffentlich verbrannt. Das Urteil wird auf Druck der Bevölkerung 24 Jahre später von Karl VII. aufgehoben. 1920 wird sie heiliggesprochen. Das Schicksal der Jeanne d'Arc ist unsterblich geworden: Unzählige Schriftsteller und Filmemacher haben diese Legende erzählt.

Leben und Werk

- **Geburtsdatum:** 1412
- **Geburtsort:** Domrémy (heute Domrémy-la-Pucelle)
- **Todesdatum:** 30. Mai 1431
- **Todesort:** Rouen
- **Leben:** Die heilige Jeanne d'Arc führt die entscheidende Wende im Hundertjährigen Krieg herbei.
- **Werke über ihr Leben:** Friedrich Schiller: »Die Jungfrau von Orléans«; George B. Shaw: «Die heilige Johanna«; Bert Brecht: »Die heilige Johanna der Schlachthöfe«

Die römische Kurie verdammt Luthers Reformation: Der Reformator hatte zwar die Rolle der Ehefrau aufgewertet, gleichzeitig aber ihre Mitsprachemöglichkeiten in religiösen Dingen beschnitten.

Reformation und Glaubenskriege

Machtkampf und Frauenfrage in Renaissance und Barock

Klöster und Adelshöfe bleiben auch im Europa der frühen Neuzeit und der Kulturgeschichte von Renaissance und Barock die bevorzugten Orte bildungshungriger Frauen. Hier bieten sich Räume, die auch ihnen das Recht auf Lesen und Schreiben gewähren und dazu in wechselndem Maße die Chance zu schriftstellerischer Tätigkeit, musischer Darbietung, religiöser Stellungnahme und zur Teilnahme an politischer Diskussion.

Die Reformation beeinflusst jedoch das Leben fast aller Frauen und bringt häufig einschneidende soziale Veränderungen mit sich. Klöster und Glaubensgemeinschaften lösen sich auf oder sind von Überfällen und Plünderungen betroffen. Die Glaubensfrage führt zur persönlichen Gewissensprüfung und verstärkter individueller Reflexion: Wo stehe ich? Welchem Glauben kann ich, will ich angehören? Nicht wenige Familien, Ehen und Freundschaften zerbrechen darüber, schon bevor der Streit um den richtigen Glauben zum Machtkampf zwischen Fürstentümern und Staaten führt.

Während die Bilderwelt der Renaissance, die sich stark an antiken Vorbildern orientiert, lieber dem Schönheitsideal harmonischer Weiblichkeit huldigt und den Frauen Spracherwerb und Bildung nur im begrenzten Rahmen höfischer Repräsentation gestattet, beschert Luthers protestantische Lehre den Frauen ein anderes Dilemma.

Luthers Aufwertung der Ehefrau

Zwar bewirkt er eine für alle Frauen bedeutsame Veränderung: Die Durchsetzung der Ehe als ranghöchstem Stand wertet die Rolle der Ehefrau gegenüber der Katholischen Kirche entscheidend auf. Luthers Schriften reduzieren die Frau nicht länger auf die Last der Erbsünde und die ihr auferlegte Rolle der latenten Sünderin, doch wird die Unterordnung der Frau unter die patriarchale Leitung der Familie durch den Mann und Vater nach biblischem Vorbild zu dem entscheidenden Denkmodell der nächsten Jahrhunderte. In den Lokalchroniken der einzelnen Klöster lässt sich nachweisen, dass sehr viele Klosterfrauen während der Reformationszeit regen Anteil an den religiösen Fragen nahmen und mit Wort und Schrift ihren Beitrag zu der leidenschaftlichen Debatte

Der ehemalige Mönch als Familienvater: Martin Luther mit Ehefrau Katharina von Bora und den gemeinsamen Kindern

leisteten. Die wenigen erhaltenen Briefwechsel einzelner Nonnen belegen auch, dass diese Frauen gut unterrichtet waren und den Ansprüchen männlicher Äbte, Vögte und anderer Hierarchen durchaus selbstbewusst entgegentraten.

Anfänglich schenkt die Reformationslehre den Frauen durchaus die Hoffnung, stärker als bisher am kirchlichen Leben teilnehmen zu können. In Briefen und Schriften verweisen die vom Protestantismus angezogenen Frauen auf die neutestamentliche Erkenntnis der Gleichstellung von Mann und Frau vor Gott. So fordert zum Beispiel die zum Protestantismus übergetretene Genfer Äbtissin Marie Dentière in einem öffentlichen Brief alle Glaubensbrüder und -schwestern dazu auf, die Frau als gleichwertigen Mitmenschen zu akzeptieren. Doch wird ihre Forderung, dass sich Frauen an religiösen Debatten beteiligen sollen, von den Kirchenoberen als unerhörter Affront empfunden, vor allem die öffentliche Stellungnahme der Äbtissin in einer Publikation. Ihre Schrift wird beschlagnahmt und führt in der Folge zu äußerst strengen Zensurgesetzen in Genf.

Die Frau hat in Kirche und Öffentlichkeit zu schweigen

Im ganzen 16. Jahrhundert wird dort kein einziges Buch mehr von einer Frau erscheinen. Mit dem Siegeszug der Reformation gewinnt auch das Pauluswort wieder die Oberhand, das seit den Synoden des 5. Jahrhunderts n. Chr. die Frauen von den Kulthandlungen und der kirchlichen Hierarchie ausschließt und sie zu einer passiven Glaubenshaltung zwingt, in der sie die heiligen Sakramente zwar empfangen, aber nicht austeilen dürfen.

Im 1. Korintherbrief heißt es: »Wie in allen Gemeinden der Heiligen, lasset eure Weiber schweigen in der Gemeinde: Denn es soll ihnen nicht zugelassen werden, dass sie reden, sondern sie sollen untertan sein, wie auch das Gesetz sagt. Wollen sie aber etwas lernen, so lasset sie daheim ihre Männer fragen. Es steht den Weibern übel an, in der Gemeinde zu reden.«

Die Hoffnung vieler Frauen, an der neuen Lehre aktiv mitzuarbeiten und mitzudenken, wird bitter enttäuscht. Sie fangen wieder da an, wo sie im Mittelalter schon einmal begonnen haben: als »geistliche Magd«; und sie finden sich in der Rolle einer religiösen Gehilfin wieder – der des Ehemannes. Um entschieden die eigene Stimme zu erheben und sich aktiv in die politischen, religiösen und kulturellen Diskussionen jener Jahrhunderte einzuschalten, bedarf es besonderer Voraussetzungen. Nur wenigen selbstbewussten Königinnen und Adelsfrauen, einigen Bürgertöchtern aus liberalem Hause sowie Töchtern aufgeschlossener Gelehrter und Künstler wird dieses Privileg zuteil und sie nutzen es – jede auf ihre Weise.

Betende Frauen der Renaissance: Fromm sollen sie sein, mitreden aber möglichst nicht.

Frauen im Zentrum der Macht

In den Kämpfen der herrschenden europäischen Häuser um Territorien und Macht, Erhaltung und Erweiterung dynastischer Ansprüche greifen Frauen wie Lucrezia Borgia, Katharina von Medici, Elisabeth von England, Katharina von Russland oder Maria Theresia von Österreich selbstbewusst ein, sie beherrschen die Dramaturgie zur Platzierung eigener Interessen und wissen das Spiel um Machtzuwachs und Inszenierung der Herrschaftsansprüche perfekt in Szene zu setzen.

Auf deutscher Seite liefern die Schriften der Fürstin Elisabeth von Braunschweig und Lüneburg (1510–1558) ein beeindruckendes Beispiel für die selbstständige Ausübung ihrer Interessen. Neben lyrischen und erzählerischen Werken veröffentlicht sie 1545 einen »Christlichen Sendbrief« und ein »Regierungshandbuch« für ihren Sohn, 1550 ein »Ehestandsbuch« für die Verheiratung ihrer ältesten Tochter und schließlich 1556 ein »Witwentrostbuch« und eine persönliche Sammlung von geistlichen Liedern.

Elisabeth entstammt einem humanistisch gebildeten Fürstenhaus und wird streng im katholischen Glauben erzogen. Mit gerade 15 Jahren wird sie mit dem 40 Jahre älteren (!) Herzog Erich I. von Braunschweig-Calenberg verheiratet. Sie bringt vier Kinder zur Welt und wendet sich dem protestantischen Glauben zu, was ihr Ehemann nicht nur respektiert, sondern auch offen toleriert. Denn Elisabeth widmet von nun an ihr Lebenswerk der Einführung und Durchsetzung der Reformation in ihrem Gebiet und arbeitet aktiv an einer neuen evangelischen Kirchenordnung und Verwaltungsreform mit. Ihre Fürsorge und Förderung umfasst Männer und Frauen, ihre Lebensleistung ist ein leuchtendes Beispiel in einer für Frauen sonst eher dunklen Zeit. Denn der Kampf, ob, wann und unter welchen Bedingungen sich Frauen öffentlich äußern dürfen, ist noch lange nicht ausgefochten. Er tobt in ganz Europa und bringt immer neue Zensur, Schmähung und persönliche Verfolgung hervor.

Elisabeth I. von England: eine emanzipierte Frau an der Spitze des Staates

Elisabeth von Braunschweig-Lüneburg: Selbstständige Ausübung eigener Interessen

Querelle des Femmes

Seit der Renaissance tobt dieser »alte, wunderliche Streit« (Joseph von Eichendorff) für und wider die Frauengelehrsamkeit, der heute in mehreren hundert Quellen nachweisbar ist und als »Querelle des Femmes« bezeichnet wird. Soweit sich die Frauen an dieser Debatte beteiligen können, führen sie Argumente an, die die Frauenbewegung des 19. Jahrhunderts wieder aufgreifen wird, ohne dass sich bis dahin Entscheidendes geändert hätte.

Was die italienische Renaissanceschriftstellerin Lucretia Marinella dazu feststellt, ist ein leidenschaftliches Plädoyer gegen die festgezurrten Denkmuster, die seit der Antike das abendländische Frauenbild geprägt haben: »Einige wenig erfahrene Schriftsteller glauben, es hätte keine kundigen und gelehrten Frauen in den Wissenschaften gegeben noch gebe es sie heute. Dergleichen scheint ihnen unmöglich, und sie können es nicht wahrnehmen, obwohl sie es jeden Tag sehen und spüren. Sie sind überzeugt, Jupiter habe allein den Männern Ingenium und Intellekt gegeben und die Frauen übergangen.«

Die Macht des geschriebenen Wortes

Dass diese männliche Auffassung dazu führt, die Namen, Werke und Taten von Frauen gänzlich zu verschweigen, ja, dass die Frauen sogar dazu gedrängt werden, ihre Texte anonym zu veröffentlichen, findet die Italienerin empörend: »Denn die Männer verbieten ihnen dies nach Art unverschämter Tyrannen, da sie fürchten, die Herrschaft zu verlieren und Sklaven der Frauen zu werden; und so untersagen sie ihnen häufig sogar das Lesen und Schreiben.« Die gesellschaftliche Gleichberechtigung der Frauen aber ist ohne die Macht des gesprochenen und geschriebenen Wortes nicht zu haben. Und so führt die von Glaubensfragen und Adelsinteressen geprägte Kulturdebatte um das »richtige« Frauenbild und die angemessene Ausbildung junger Mädchen bis weit in das 18. und 19. Jahrhundert hinein.

Lucrezia Borgia

»Wo Lucrezia ist, ist der Tod.«
Oper »Lucrezia Borgia« von Gaetano Donizzeti

»Wer nicht lieben kann, der versteht nicht, menschlich zu leben.« Lieben und leben – zwei zentrale Begriffe im Leben der Lucrezia Borgia. Ihr Charisma und ihre Lebensfreude bringen sie bald in Verruf.

Es ist eine Welt der Ausschweifungen, Vetternwirtschaft und machtpolitischen Intrigen, in die Lucrezia Borgia hineingeboren wird. Ihr Vater ist kein Geringerer als der Kardinal Rodrigo Borgia, der spätere Papst Alexander VI. Trotz des Keuschheitsgelübdes, das alle Geistlichen ablegen müssen, bekennt sich Borgia zu seiner Tochter und außerdem zu seinen drei Söhnen Cesare, Juan und Jofré. Deren Mutter Vanozza de' Catanei wird bald verheiratet und so wachsen die vier Geschwister bei einer Cousine ihres Vaters auf. Insbesondere zu Cesare hat Lucrezia eine enge Beziehung. Die ursprünglich aus Spanien stammende Familie ist bekannt für ihren dekadenten und exzessiven Lebensstil. Lucrezia genießt eine umfassende Bildung, spricht Italienisch, Spanisch und Französisch.

Das schöne Mädchen wird zum Spielball der Macht

Schon bald wird das schöne und intelligente Mädchen Teil der politischen Ränkespiele ihres Vaters. Noch vor ihrem 13. Geburtstag wird sie zweimal verlobt. Beide Eheversprechen werden jedoch wieder gelöst, da ihr Vater eine noch gewinnbringendere Verbindung anstrebt. Im Alter von 13 Jahren, kurz nachdem Rodrigo Borgia zum Papst ernannt wird, heiratet sie schließlich Giovanni Sforza, den Herrscher der Stadt Pesaro. Doch auch der wird Alexander VI. bald unbequem. Eine politische Auseinandersetzung zwischen Sforza und dem Papst um die Krone von Neapel führt zu einer Annullierung dieser Ehe. Mit der Behauptung, Sforza sei impotent und habe die Ehe mit seiner Tochter deswegen nicht vollziehen können, rechtfertigt Alexander VI. diesen Schritt. Sforza wird gezwungen, eine entsprechende Erklärung zu unterschreiben.

Kurz zuvor hat Lucrezia allerdings eine Affäre mit Perotto, einem Gefolgsmann ihres Bruders, begonnen und wird mitten in den Streitigkeiten um die Annullierung schwanger. Da dies aus verständlichen Gründen keinesfalls bekannt werden darf, zieht sie sich während der Schwangerschaft in ein Kloster zurück und bringt dort heimlich ihren ersten Sohn Giovanni zur Welt. Um sie nicht in Verdacht zu bringen, wird Giovanni als Sohn Cesares ausgegeben.

Die Femme fatale der Renaissance

Schnell sind Gerüchte bei der Hand, denen zufolge Giovanni tatsächlich Cesares Sohn ist, aber hervorgegangen aus der inzestuösen Beziehung mit seiner Schwester. Diese Gerüchte sind allerdings von Sforza aus Wut und Rache in die Welt gesetzt worden. Angeblich habe der Papst die Annullierung nur erwirkt, damit er und sein Sohn Cesare ungestört Blutschande mit Lucrezia treiben konnten. Die Borgias haben nicht wenige Feinde und so wird Lucrezia bald zum Mittelpunkt der römischen Gerüchteküche. Eine Giftmischerin soll sie sein, eine Verführerin und Mörderin. Die Gerüchte wirken bis in unsere Zeit. »Seit Lucrezia Borgia«, scherzt Agatha Christie, »bin ich die Frau, die am meisten Menschen umgebracht hat, allerdings mit der Schreibmaschine.«

Ein anmutiges Mädchen: Lucrezia, die Tochter des Papstes Alexander VI.

Die Femme fatale der Renaissance bleibt nicht lang allein. Ihr nächster Gemahl ist der Herzog von Bisceglie, Alfonso von Aragon. Sie selbst wird zur Herrscherin über die Städte Spoleto, Foligno und Nepi ernannt. Lucrezia ist glücklich in ihrer Ehe mit Alfonso. Nach einem Jahr bringt sie den gemeinsamen Sohn Rodrigo zur Welt. Er soll später das Erbe seines Vaters antreten. Doch Alexander VI. ist in seinem politischen Bestreben nicht beständig. Bald schon verbündet er sich

Alexander VI. und Lucrezia: Der Papst benutzt seine Tochter für seine politischen Intrigen.

mit dem französischen König Louis XII. gegen Neapel und dadurch auch gegen Alfonso. Da der ihm nun nicht länger nützt, muss er beseitigt werden. Einem Hinterhalt kann Alfonso entgehen, aber nur wenig später wird er auf Geheiß von Cesare erwürgt. Plötzlich steht Lucrezia als Witwe da.

Doch ihr Vater hat bereits die nächste Hochzeit für sie arrangiert: 1505 wird Lucrezia mit Alfonso I. d'Este von Ferrara verheiratet. Der zeigte sich zwar zunächst alles andere als begeistert von der skandalumwitterten Papsttochter, sie erschien ihm nicht standesgemäß. Es folgen langwierige Verhandlungen, Erpressung und päpstliche Begünstigungen tun ihr Übriges: Der Herzog willigt in die Hochzeit ein. Lucrezia, die mit ihrem blonden Haar und ihrer natürlichen Anmut ganz dem Schönheitsideal ihrer Zeit entspricht, gelingt es mühelos, auch ihren zweiten Gatten zu verzaubern. Aus dem Machtspiel erwächst eine liebevolle Ehe, aus der sieben Kinder hervorgehen, die jedoch nicht alle die Kindheit überleben. Erwachsen werden nur Ercole II., Ippolito, Leonora und Francesco.

Erfolgreiche Geschäftsfrau und Förderin der Künste

Auch in dieser Ehe legt die schöne Lucrezia Wert auf ihre persönliche Eigenständigkeit. Zum einen trägt sie die von ihrem Vater verliehenen Titel, zum anderen erweist sie sich aber auch als tüchtige Geschäftsfrau. Billig kauft sie in großem Umfang wertloses Sumpfland in Norditalien, lässt es entwässern und nutzt das so entstandene Weideland äußerst gewinnbringend, indem sie dort Oliven, Wein und Bohnen anbauen lässt. In ihrer Fähigkeit zur Spekulation mit Grundstücken ist sie den Männern ihrer Zeit weit voraus. Doch damit nicht genug, sie übernimmt sogar während der

Das Idealbild einer Frau von Bartolomeo Veneto wird lange für ein Porträt Lucrezias gehalten.

Abwesenheit ihres Vaters eine Zeit lang seine päpstlichen Regierungsgeschäfte. Auch wenn man es nicht vermuten mag, sind ihre Ausgaben für Kleidung und Schmuck eher gering. Stattdessen spendet sie der Kirche viel Geld. Als Herzogin von Ferrara wird sie zu einer bedeutenden Förderin der schönen Künste. Ihre Beliebtheit wächst. Die größten italienischen Schriftsteller und Gelehrten ihrer Zeit verkehren an ihrem Hof. Obwohl die leidenschaftliche Lucrezia ihren Mann Alfonso liebt, beginnt sie eine weitere Affäre mit Francesco II. Gonzaga. Der Tod ihres Vaters 1503 und andere Todesfälle in ihrer Familie veranlassen Lucrezia, sich aus dem gesellschaftlichen Leben zurückzuziehen und sich gänzlich der Religion zu widmen. Im Juni 1519 bringt sie ihr letztes Kind zur Welt. Doch das Mädchen Isabella Maria überlebt die Geburt nur um wenige Stunden. Lucrezia erkrankt an Kindbettfieber. Am 24. Juni 1519 stirbt die schöne Herzogin von Ferrara. Ihre letzten Wort sollen gewesen sein: »Ich gehöre Gott, für immer."

Machtwillen und Glaubenstiefe, Kunstsinn und Durchtriebenheit, all das gehört zum Leben dieser zwiespältigen Erscheinung. Wie keine andere Frau ihrer Zeit hat Lucrezia Borgia die Ränkespiele der Macht für sich zu nutzen gewusst. Bis heute halten sich ihre Bewunderer und Feinde die Waage: Ohne Zweifel ist sie die schillerndste Erscheinung der Renaissance.

Leben und Werk

- **Geburtsdatum:** 18. April 1480
- **Geburtsort:** Subiaco bei Rom
- **Todesdatum:** 24. Juni 1519
- **Todesort:** Ferrara
- **Leben:** Tochter des berüchtigten Borgia-Papstes Alexander VI. und Fürstin von Ferrara. Zugunsten der Politik ihres Vaters wird sie dreimal verheiratet, darüber hinaus unterhält sie etliche Affären. Da sie aus einer skandalträchtigen Familie stammt, werden ihr viele Gerüchte angehängt, um sie zu diffamieren. Sie gilt aber auch als Förderin der Künste und Wissenschaft.

Katharina von Medici

»Eine Frau, so erstaunlich wie ihr Jahrhundert!«

(…) Ein Teufel und ein Engel,
Sie war Mutter von drei Königen und fünf Bürgerkriegen,
ließ Schlösser bauen und Städte ruinieren, (…)
wünsche ihr, Wanderer, die Hölle und das Paradies.

Katharina von Medici spaltet die französische Nation. Mit ihren ausgesprochen guten Manieren und ihrer Anmut ist die Königin bei Hofe beliebt; ihre Untertanen stehen der gebürtigen Italienerin allerdings weniger wohlwollend gegenüber. Zwar ist sie stets um Frieden und die Sicherheit ihres Staates bemüht, dennoch erlebt Frankreich unter ihrer Regentschaft das blutigste Massaker seiner Geschichte.

Katharina von Medici ist eine Frau der Widersprüche. Als einzige Tochter Lorenzos II. von Medici und seiner Frau Madelaine de la Tour d'Auvergne ist sie der letzte Sprössling dieser mächtigen florentinischen Familie. Ihre Mutter stirbt schon bald nach der Geburt, der Vater erliegt nur wenig später der Syphilis. Mit gerade einmal zwei Monaten ist Katharina bereits eine Vollwaise. Ihre Kindheit ist alles andere als einfach. Zunächst wächst sie bei ihrer Tante Clarice de Strozzi auf, den Großteil ihrer Jugend verbringt sie in verschiedenen Klöstern, in denen sie mitunter wie eine Gefangene behandelt wird. Es ist eine Frage der Zeit, bis ihr Onkel, Papst Clemens VII., eine Ehe für sie arrangiert.

Eine Frau als Spielball der Mächte

Viele Mächtige Europas zeigen Interesse, durch eine Heirat mit Katharina ihre Bindung zum Papst zu festigen, darunter auch Kaiser Karl V. Schließlich einigt sich der Papst mit Franz I., dem König von Frankreich. So geht Katharina von Medici mit 14 Jahren eine Ehe mit dem gleichaltrigen Heinrich II. ein, der in der Thronfolge hinter seinem älteren Bruder steht. Am Hof wird Katharina wohlwollend aufgenommen, ihre gute Erziehung und ihre höflichen Umgangsformen beeindrucken den Hochadel, auch wenn das französische Volk auf die italienische »Krämerstochter« schimpft. Zu Unrecht: Katharina von Medici bringt den Geist der florentinischen Renaissance nach Frankreich. Sie fördert die Künste und vor allem die Architektur. Unter ihrer Regentschaft entstehen nicht wenige Gebäude, darunter der Palais des Tuileries ganz in der Nähe des Louvre.

Sie liebt ihren Ehemann, doch der entpuppt sich als regelrechter Weiberheld. Schon bald verliebt er sich in die 19 Jahre ältere Hofdame Diana de Poitiers und macht sie zu seiner Mätresse. Katharina versteht es, die Rivalin mit Würde zu ertragen, und behandelt sie mit Anstand. Ihre eigene Situation aber verschärft sich, denn Katharina bleibt über zehn Jahre kinderlos.

So sieht der Maler Santi di Tito sein Modell Katharina von Medici: entschlossen, kraftvoll, besonnen, eine Frau von Charakter.

Das Stigma der Kinderlosigkeit

Immer wieder muss sie Spott und diverse medizinische Eingriffe über sich ergehen lassen. Als 1536 der Kronprinz stirbt und ihr Mann Heinrich als Thronerbe folgt, werden die Rufe nach einem Stammhalter immer lauter. Eine Scheidung steht im Raum. Doch Franz I. und Diana de Poitiers sprechen sich dagegen aus. Katharina darf bleiben. Im Januar 1544 schenkt sie Heinrich schließlich einen Sohn, der nach seinem Großvater Franz benannt wird. In den darauffolgenden zwölf Jahren bringt Katharina von Medici noch weitere neun Kinder zur Welt, von denen drei früh sterben. Im Jahr 1547 übernimmt Heinrich II. den Thron seines verstorbenen Vaters und Katharina von Medici wird Königin von

Frankreich. In den kommenden zwölf Jahren hält sie sich dennoch aus der Politik heraus. Sie verbringt ihre Zeit lieber bei der Jagd, »denn sie ritt ausgezeichnet, war mutig und von großer Grazie«,

Katharina mit ihrem Gatten, König Heinrich II. von Frankreich: Nach dessen Tod nimmt die Königin die Zügel in die Hand.

schreibt ihr Zeitgenosse Bantôme. Auch im Bogen- und Armbrustschießen soll die Königin großes Talent gezeigt haben. Als Heinrich II. 1559 bei einem Turnier tödlich verwundet wird, ändert sich ihr Leben schlagartig. Katharina kleidet sich von nun in Trauer und erhält den Beinamen »schwarze Königin«. Ihr Sohn Franz II. und ihre Schwiegertochter Maria Stuart besteigen den französischen Thron. Deren Politik wird vornehmlich vom streng katholischen Haus der Guise bestimmt. Katharina ist um Ausgleich bemüht, und so ernennt sie Michel de l'Hôpital, der für Toleranz gegenüber den Hugenotten eintritt, zum Kanzler. Als Franz II. der Tuberkulose erliegt, hinterlässt er keinen Erben. Sein Bruder Karl IX. Ist allerdings erst zehn Jahre alt und so übernimmt Katharina von Medici für ihn die Regentschaft.

Religiöse Toleranz und verhängnisvolle Entscheidungen

Katharina selbst ist nicht sehr religiös. Gegenüber den Hugenotten zeigt sie Toleranz und erlässt mit dem Edikt von Saint-Germain-en-Laye das erste Toleranzedikt in religiösen Angelegenheiten. Katharina versucht, Frankreich als Staat zu stabilisieren, denn sie fürchtet, die Kämpfe zwischen Katholiken und Hugenotten könnten das Land zerreißen. Um eine Einigung der beiden Parteien herbeizuführen, verheiratet sie ihre katholische Tochter Margarete sehr zu deren Unwillen mit dem Hugenotten Heinrich von Navarra. Bei der Hochzeit am Tag des Heiligen Bartholomäus am 23. Au-

Blut statt Toleranz: Katharina steht erschüttert vor den Opfern der Bartholomäusnacht.

gust 1572 missglückt ein Attentat auf den sittenstrengen Hugenottenführer Admiral Coligny. Daraufhin kommt es in der Bartholomäus-Nacht zum Massaker an über 30000 Hugenotten in ganz Frankreich.

Der verhängnisvolle Tag geht als »Bluthochzeit« in die Geschichte ein. Viele unterstellen Katharina von Medici, sie habe ihren Sohn, den König, zur Anordnung des Massakers überredet. Das Königshaus selbst behauptet, die Hugenottenführer hätten einen Aufstand geplant und nur so sei Frankreich noch zu retten gewesen. Für das Volk ist jedoch klar: Katharina von Medici ist die Anstifterin dieser blutigen Auseinandersetzungen. Ihren Ruf als italienische Hexe wird sie bis zu ihrem Tode nicht mehr los.

Doch Katharina von Medici lässt sich nicht verunsichern. Auch als ihr Sohn Karl IX. stirbt und ihr Lieblingskind Heinrich III. den Thron besteigt, führt sie weiterhin die Regierungsgeschäfte, stets bemüht, Religion und Politik voneinander zu trennen. Selbst mit 60 Jahren unternimmt sie, von Gicht und Rheuma geplagt, Reisen durch ganz Frankreich, um den Frieden zu wahren. Doch zu ihren Lebzeiten tragen ihre Bemühungen kaum Früchte. Am 5. Januar 1589 stirbt sie in ihrem Schloss Blois an der Loire. Zunächst wird sie dort auch beigesetzt, erst einige Jahre später werden ihre Gebeine nach Paris überführt. Heinrich III. fällt noch im Jahr ihres Todes einem Attentat durch einen fanatischen Dominikanermönch zum Opfer. Das Königsgeschlecht der Valois stirbt mit ihm aus.

Leben und Werk

- **Geburtsdatum:** 13. April 1519
- **Geburtsort:** Florenz
- **Todesdatum:** 5. Januar 1589
- **Todesort:** Blois an der Loire
- **Leben:** Katharina ist die letzte Tochter der mächtigen florentinischen Adelsfamilie der Medici. Später wird sie Königin von Frankreich und Regentin für ihre Söhne. Mit ihrem toleranten Auftreten gegenüber fremden Konfessionen wie etwa den Hugenotten und ihrem Streben nach Frieden und staatlicher Stabilität ist sie ihrer Zeit weit voraus. Dennoch geht sie als vermeintliche Urheberin der Bartholomäusnacht von 1572 in die Geschichte ein.

Elisabeth I. von England

»Ich weiß, ich habe den Körper einer schwachen und kraftlosen Frau; aber ich habe auch das Herz (…) eines Königs.«

Im Elisabethanischen Zeitalter florieren die Künste. Mit William Shakespeare erlebt das englische Theater seinen Höhepunkt. Eine einzelne Frau regiert England. Und das soll auch so bleiben.

Schon Monate lang konkurrieren die Gesandten der verschiedensten europäischen Königshäuser miteinander um die Gunst Elisabeths I. von England. Sie alle bieten ihr Verbindungen mit den Brüdern und Söhnen der einflussreichsten Monarchen der bekannten Welt an. Oft fühlen sie sich durch Aufmerksamkeiten bestätigt, oft glauben sie ihr Ziel schon ganz nah. Doch die englische Monarchin hat trotz aller Koketterie nicht die Absicht, sich zu vermählen. »Die jungfräuliche Königin« hält bis zu ihrem Tod dem Drängen des Parlaments stand, bleibt ohne Ehemann und Kinder. Denn sie hat schon früh gelernt, der Institution der Ehe zu misstrauen.

Ihr Vater Heinrich VIII. vermählt sich während seiner Herrschaft mit nicht weniger als acht Frauen. Sein dynastischer Wunsch nach einem männlichen Stammhalter treibt den König dazu, jede seiner Gemahlinnen, die »nur« ein Mädchen zur Welt bringt, zu verstoßen. Dabei geht er sogar so weit, mit Rom und dem Papst, der einer Annullierung seiner ersten Ehe nicht zustimmen will, zu brechen und in England eine neue Religion zu etablieren.

Als selbst ernanntes Oberhaupt der anglikanischen Kirche kann er nun selbst nach Gutdünken seine Ehen scheiden lassen. Seine zweite Frau Anne Boleyn ist die Mutter Elisabeths I. Als die spätere Königin gerade einmal drei Jahre alt ist, wird ihre Mutter des fünffachen Ehebruchs angeklagt und hingerichtet. Sie selbst wird zum illegitimen Bastard erklärt und in der Erbfolge hinter ihren jüngeren Halbbruder Eduard verbannt. Dieser wird allerdings keine 16 Jahre alt. Der kränkliche Junge sitzt nach dem Ableben seines Vaters gerade einmal sechs Jahre auf dem Thron.

Gefährliche Schwesternschaft

Nach seinem Tod wird Elisabeths ältere Halbschwester Maria Königin. Sie stammt aus der ersten Ehe Heinrichs VIII. mit Katharina von Aragón und ist gemäß dem Wunsch ihrer spanischen Mutter streng katholisch erzogen worden – ganz im Gegensatz zu Elisabeth. Die beiden Schwestern, die friedlich zusammen aufgewachsen sind, werden zu erbitterten Feindinnen. Maria versucht, das englische Königreich mit äußerster Strenge zurück zum katholischen Glauben zu führen. Sie lässt sogar ihre eigene Schwester in den Tower werfen, weil sie fürchtet, die Reformierten könnten sich hinter Elisabeth stellen und mit deren Hilfe gegen sie intrigieren.

Doch die Amtszeit von Maria, »der Blutigen«, wie sie im Volksmund genannt wird, ist kurz, sie stirbt nach fünf Jahren. Für die 25-jährige Elisabeth öffnen sich die Tore des Tower, die Menschen setzen große Hoffnungen in sie. Bei ihrer Thronbesteigung zeigt sie sich voller Selbstvertrauen. »Obwohl viele Prinzen, mächtiger und weiser, auf diesem Platz saßen und sitzen werden«, spricht sie zu ihren Volksvertretern, »so hattet ihr doch nie und werdet auch nie einen haben, der besorgter und liebevoller ist.« Elisabeth entwickelt sich zu einer starken und unabhängigen Herrscherin, die bei aller Souveränität nie vergisst, den Rat des Parlaments ernst zu nehmen.

Ein unbekannt gebliebener Meister stellt Elisabeth in ihrem Krönungsornat dar. Bei ihrer Thronbesteigung glauben die wenigsten an eine lange Herrschaft der Königin.

Machtpolitikerin und Landesmutter

Anders als im Mittelalter sind Frauen als Herrschinnen zwar erlaubt, gerne gesehen jedoch sind sie nicht. Das Volk erwartet eine Vermählung. Elisabeth I. aber bleibt in dieser Angelegenheit standhaft. »Ich wäre lieber eine Bettlerin und allein als eine Königin und verheiratet«, sagt sie. »Der Ehering wäre für mich ein Joch«. Ob sie aber gar so jungfräulich ist, nur weil sie keinen Ehemann vorzuweisen hat, ist eher fraglich. Vielmehr sucht sie sich ihre Liebhaber geschickt aus. Ihre längste Liebschaft ist die mit dem gut aussehenden Robert Dudley und dauert fast 30 Jahre. Doch auch diese Beziehungen opfert sie bereitwillig der Politik. So ist sie fest entschlossen, ihren Liebhaber mit ihrer Cousine Maria Stuart, der Königin von Schottland, zu verheiraten, um sie unter Kontrolle zu bringen. Zu Elisabeths Entsetzen trägt die katholische Monarchin die Farben Englands in ihrem Wappen und gibt so zu verstehen, dass sie sich selbst für die rechtmäßige Königin Englands und Elisabeth für einen Bastard, eine Usurpatorin, hält.

Zwar vertritt Elisabeth den Glauben ihres Vaters und ordnet an, dass jeder sonntags einen reformierten Gottesdienst zu besuchen hat, doch grundsätzlich zeigt sie sich nachsichtig gegenüber den Anhängern des katholischen Glaubens. Ihre katholische Cousine stellt die beherrschte Elisabeth vor Herausforderungen, die beide Frauen in einen verheerenden Machtkampf treiben. Die neun Jahre jüngere Maria gibt sich häufig wechselnden Leidenschaften hin und macht so durch unüberlegte Affären und andere Eskapaden von sich reden. Als man sie der Ermordung ihres Mannes

Heiles Familien- und Götterbild: Elisabeth hält die Hand des »Friedens«, in der Mitte thront ihr Vater, König Heinrich VIII.

Schwere Entscheidung: Elisabeth unterzeichnet das Todesurteil für Maria Stuart.

Lord Darnley verdächtigt, muss sie aus Schottland fliehen. Überraschend sucht sie bei Elisabeth Asyl. Die englische Königin ist ratlos, schließlich nimmt sie Maria bei sich auf. Doch das englische Parlament betrachtet Marias Aufenthalt mit Misstrauen und drängt Elisabeth schließlich, Marias schottische Verfehlungen zu ahnden und ihr Todesurteil anzuordnen. Für die Königin beginnt ein Gewissenskampf, schließlich lässt sie sich von Marias Schuld überzeugen. Doch ihrer Hinrichtung vermag sie nicht beizuwohnen. Als man ihr die Einzelheiten von Marias Tod überbringt, fühlt sie Momente der Verzweiflung und hätte ihre Entscheidung am liebsten revidiert.

Standfest in der Verzweiflung

Doch als die ehemalige schottische Königin von den Katholiken zur Märtyrerin stilisiert wird, beweist Elisabeth erneut Standfestigkeit und lässt sich nicht einschüchtern. Von ihrem Volk wird sie weiterhin geliebt, denn sie lebt für ihr Königreich. Im Jahr 1588 triumphieren ihre wendigen Kriegsschiffe über die Großsegler der unbesiegbar geglaubten spanischen Armada und verhelfen England so zur Vormachtstellung auf See.

Auch der Weg zur Kolonialmacht ist nun geebnet. Der heutige US-Bundesstaat Virginia ist nach ihr, der »Virgin Queen« benannt. Nach ihrem Tod im Jahr 1603 endet mit der königlichen Linie der Tudors auch das »Goldene Zeitalter« Englands. Ihre letzten Worte soll sie zu ihrem lebenslangen Vertrauten Robert Cecil gesprochen haben, als der sie auffordert, sich niederzulegen. »Kleiner Mann, kleiner Mann, das Wort ›müssen‹ ziemt sich nicht, wenn man mit Fürsten spricht.«

Leben und Werk

- **Geburtsdatum:** 7. September 1533
- **Geburtsort:** Greenwich
- **Todesdatum:** 24. März 1603
- **Todesort:** Richmond
- **Leben:** Die Tochter Heinrichs VIII. und seiner zweiten Frau Anne Boleyn. Mit 25 Jahren folgt sie ihrer Halbschwester Maria auf den Thron. Als »jungfräuliche Königin« regiert sie 44 Jahre lang ohne einen Ehemann. Sie ist eine große Förderin der Künste sowie eine geschickte Politikerin und verhilft England zu einer stärkeren Stellung innerhalb Europas.

Maria Ward

»Tue Gutes und tue es gut.«

»Das scheint der Weg zu sein, dass man ihn zu allererst kennen soll, danach ihn ersehnen, dann ein wenig eigenes Bemühen dazu geben und Gott wird das Übrige tun.« So geht Maria Ward auch ihren eigenen Weg.

In einer Zeit, in der es Frauen untersagt ist, der Kirche so aktiv zu dienen, wie die Männer es dürfen, ist Maria Ward mit ihrem Tun eine Visionärin. »Bis jetzt wurde uns von Männern gesagt, wir müssten glauben«, sagt sie. »Es ist wahr, wir müssen es. Aber lasst uns klug sein und wissen, was wir zu glauben haben und was nicht, und uns nicht glauben machen, dass wir nichts tun können.« Sie ist davon überzeugt, dass sie unabhängig von ihrem Geschlecht Gutes bewirken kann.

Glauben und Handeln

Maria Ward wächst in einer reichen, zutiefst katholischen Familie in England auf, zu einer Zeit, in der Katholiken ihren Glauben dort nicht frei ausleben dürfen. Doch zunächst ist Maria Ward ohnehin der Religion nicht sehr zugetan. Erst als sie mit zehn Jahren bei einem Brand in Lebensgefahr gerät, findet sie ihren Glauben. Von Flammen eingeschlossen, betet sie gemeinsam mit ihren Schwestern Rosenkränze, bis der Vater sie schließlich rettet. Ab diesem Zeitpunkt träumt das Mädchen davon, sich einer katholischen Glaubensgemeinschaft anschließen zu können.

Doch diese sind in England schon lange nicht mehr erlaubt; alle Klöster sind zerstört. Als 1605 ein religiös motiviertes Attentat auf König Jakob V. und das Parlament aufgedeckt wird, werden Katholiken noch rigoroser verfolgt als zuvor. Die nun 21-jährige Maria Ward verlässt den Bedenken ihrer Familie zum Trotz England unter falschem Namen. Ihre Reise führt sie nach St. Omer in Flandern, wo sie dem Orden der Armen Klarissen beitritt.

Das Leben in Zurückgezogenheit, Schweigen und Gebet ist allerdings nicht ganz das, was sie sich vom religiösen Leben erhofft hat. Sie geht in sich und kommt zu der Einsicht, dass ihr ein anderer Weg bestimmt ist. Also verlässt sie das Kloster der Schwestern bald wieder und beschließt, mit ihrem ererbten Vermögen ein eigenes Klarissenkloster zu gründen. Doch sobald das Vorhaben in die Tat umgesetzt ist, sagt ihr eine innere Stimme, dass sie nicht bei den Klarissen bleiben soll, und so kehrt Maria Ward nach England zurück.

In ihrer Heimat unterstützt sie die verfolgten Katholiken und besucht aufgrund ihres Glaubens Inhaftierte. Durch ihr Tun bringt sie sich selbst in große Gefahr und so verlässt sie England nach einiger Zeit wieder gemeinsam mit anderen jungen Mädchen. Überzeugt davon, dass auch Frauen alles in ihrer Macht stehende für ihren Glauben tun sollten, gründet sie in Flandern die Gemeinschaft der »Englischen Fräulein«.

In ihrer Satzung orientieren sie sich an dem von Ignatius von Loyola gegründeten Jesuitenorden. Während Nonnen eigentlich zur Klausur verpflichtet sind, sie also ihre Klöster in der Regel weder verlassen noch Besuch empfangen dürfen, erlauben die Vorschriften der Jesuiten, sich frei zu bewegen. Nur so können Maria Ward und ihre Schwestern ihr Vorhaben verwirklichen. Sie wollen nicht nur im stillen Kämmerlein beten, sie wollen durch Taten etwas bewirken. Und so beginnen sie, Mädchen zu unterrichten und Seelsorge zu leisten. Doch um tatsächlich anerkannt zu sein, benötigt Maria Ward die Anerkennung durch den Papst.

Katholisch und aktiv in der Kirche: im England Maria Wards für eine Frau unerhört

Zu den Quellen des – katholischen – Glaubens: Maria als Rom-Pilgerin

Der Konflikt mit dem Papst

Zu Fuß tritt sie ihre erste Reise nach Rom an. Dort erläutert sie dem Papst das pädagogische Anliegen ihrer Ordensgemeinschaft. Grundsätzlich ist Gregor XV. dem Vorhaben gegenüber wohlwollend eingestellt, doch er verschiebt eine konkrete Bestätigung auf einen späteren Zeitpunkt. In den nächsten Jahren dehnt Maria Ward ihr Werk über ganz Europa aus. Bald finden sich Niederlassungen der Schwestern in Lüttich, Köln, Trier, Rom, Neapel und Perugia. 1624 trägt Maria Ward Gregors Nachfolger, dem Papst Urban VIII., ihr Anliegen vor und bittet um die Bestätigung ihrer Institution.

Dabei erweist sich die Frage der Klausur als strittiger Punkt. Der Papst ist nicht gewillt, die Aufhebung der Klausur für eine Frauengemeinschaft zu dulden. Maria ist nicht bereit, in diesem für sie entscheidendem Punkt nachzugeben. Der Papst weist ihr Ansinnen zurück, Maria Ward wird gezwungen, ihre Niederlassungen in Rom und Perugia aufzulösen. Nur Neapel bleibt verschont, denn die Stadt gehört seinerzeit zum Königreich Spanien. Maria Ward ist tief enttäuscht, aber sie gibt sich nicht geschlagen. Sie bleibt ihrer Überzeugung treu: »Der beste Weg, um zu einer großen Vollkommenheit zu gelangen, ist fast immer der, sich in kleinen Dingen alle Mühe zu geben.«

Sie begibt sich nach München und begeistert Kurfürst Maximilian I. von ihrer Idee. Er erteilt ihr die Erlaubnis, die erste öffentliche Mädchenschule Münchens zu gründen. Es folgen weitere Gründungen in Wien und Pressburg, dem heutigen Bratislava. Doch weder diese Gründungen noch eine zweite Reise nach Rom können den Papst zu einer Anerkennung bewegen. Im Gegenteil, der Papst fährt nun schweres Geschütz gegen das äußerst selbstständige englische Fräulein auf. Im Januar 1631 erlässt Urban VIII. eine Bulle, die die Auflösung aller Niederlassungen der »Englischen Fräulein« befiehlt. Er verurteilt aufs Schärfste, dass »gewisse Damen (...) Arbeiten ausführen, die dem Geschlecht und der geistigen Schwäche, der fraulichen Bescheidenheit und besonders der jungfräulichen Schamhaftigkeit nicht

In vielen Mädchenschulen wird noch heute das Erbe Maria Wards gepflegt.

im Geringsten angemessen sind«. Der Konflikt spitzt sich dramatisch zu. Unter dem Vorwurf der Häresie wird Maria Ward von der Inquisition verhaftet und zunächst in München festgehalten.

Macht und Ohnmacht

Mit ihrer dritten Reise nach Rom folgt sie einem päpstlichen Befehl. Der Papst demonstriert ihr seine Macht, indem er Maria Ward als »verlorene Tochter« begrüßt und rehabilitiert. Doch noch immer wird ihr und ihren Schwestern nicht gestattet, auch in Rom zu unterrichten. All ihre Bemühungen um den römischen Segen für die von ihr gegründeten Klöster und Mädchenschulen laufen ins Leere. Zu ihren Lebzeiten kann Maria Ward für die Ordensgemeinschaft der »Englischen Fräulein« keine päpstliche Genehmigung erringen.

Der jahrelange Kampf um kirchliche Anerkennung hat Maria Ward viel Kraft gekostet, ihr Gesundheitszustand verschlechtert sich zunehmend. Gemeinsam mit drei weiteren Schwestern geht Maria Ward 1637 zurück in ihre Heimat. In England tobt ab 1642 der Bürgerkrieg, dessen Ende Maria Ward nicht mehr erlebt. Sie stirbt 1645 in ihrer Heimat Yorkshire. Über zwei Jahrhunderte müssen vergehen, bis den »Englischen Fräulein« 1877 endlich die volle päpstliche Anerkennung zugesprochen wird. Es vergehen noch einmal 30 Jahre, bis deren Gründerin Maria Ward ab 1909 endlich auch offiziell genannt werden darf. Heute heißt die Ordensgemeinschaft »Congregatio Jesu« und hat Niederlassungen in der ganzen Welt. In ihrer Glaubensgewissheit ist sich Maria Ward immer sicher gewesen: »Gott hat für alles seine Zeit.«

Leben und Werk

- **Geburtsdatum:** 23. Januar 1585
- **Geburtsort:** Mulwith bei Newby, Yorkshire
- **Todesdatum:** 30. Januar 1645
- **Todesort:** York
- **Leben:** Eine Engländerin katholischen Glaubens, die sich die weibliche Bildung zur Lebensaufgabe macht. Um den Mädchenunterricht zu gewährleisten, besteht sie auf Klausurfreiheit für ihre Ordensgemeinschaft und wird von der Inquisition der Häresie beschuldigt. Trotz Freispruch bleibt den »Englischen Fräulein« die päpstliche Anerkennung verwehrt. Über dreihundert Jahre vergehen, bis die Katholische Kirche Maria Wards Lebenswerk und Ordensgründung anerkennt. Stellung innerhalb Europas.

Artemisia Gentileschi

»Befreiung ist die Voraussetzung für Freiheit.«
Hannah Arendt

So unerschrocken und lebendig wie Artemisia Gentileschi hat niemand vor ihr die Gefühlswelt der Frauen gezeigt.

Was für eine Kraft! Was für eine nuancierte Farbigkeit! Einmalig ist die Perspektive der Malerin auf die Gefühlswelt der von ihr dargestellten Frauenfiguren. So lebendig hat bis dahin noch niemand das Spektrum weiblicher Angst, Bedrängnis und Ohnmacht gezeigt, aber auch die Fähigkeiten der Frauen zu Mut und entschlossenem Handeln in Szene gesetzt. Artemisia Gentileschi gilt heute als die bedeutendste Malerin des Barock.

Doch bis in die Siebzigerjahre des 20. Jahrhunderts hinein sucht man ihren Namen in den Werken zur Kunstgeschichte vergeblich. In den Standardwerken, wie etwa Kindlers Malereilexikon, wird nur ihr Vater Orazio erwähnt. Artemisia ist, wie viele Ausnahmekünstlerinnen, von der nachfolgenden Männerwelt einfach nicht mehr beachtet und schließlich vergessen worden. Erst die Frauenbewegung entdeckt vor 30 Jahren ihr beeindruckendes Werk aufs Neue und öffnet uns den Blick auf das dramatische Leben dieser ersten autonomen europäischen Künstlerin.

Das Drama einer Frau und Künstlerin

Die junge Artemisia gehört zu den glücklichen Mädchen, die in einem Künstlerhaushalt heranwachsen, deren Begabungen früh erkannt und ungeachtet der vorherrschenden Geschlechterbilder liebevoll gefördert werden. Unbefangen wächst Artemisia in das väterliche Atelier hinein, oft steht die Tochter Modell und wird dafür vom Vater in Malerei unterrichtet. Das Drama beginnt, als Orazio die heranwachsende Tochter zu seinem Freund und Malerkollegen Agostino Tassi schickt, damit er das Mädchen im Erlernen der Perspektive ausbildet. Der Maler vergewaltigt die 17-jährige Artemisia, verspricht ihr zur Wiederherstellung ihrer Ehre die Ehe, ein Versprechen, das er als verheirateter Mann gar nicht einlösen kann. Der entsetzte Vater strengt 1612 einen Gerichtsprozess gegen Tassi an, der in seinem Verlauf eine ganze Reihe von Demütigungen gegen Artemisia mit sich bringt. In ihrer Aussage zu den Gerichtsakten muss sie auf alle Details der Vergewaltigung eingehen. Außerdem wird sie zu einer umfassenden gynäkologischen Untersuchung gezwungen, um sich des Vorwurfs zu erwehren, eine Prostituierte zu sein. Man quält sie mit Daumenschrauben, um die Wahrheit ihrer Aussage unter der Folter zu überprüfen.

Die Malerin bei der Arbeit: Selbstporträt Gentileschis, gleichzeitig Sinnbild der Malerei

Schande und Trauma

Als man Agostino Tassi auch noch den Diebstahl von Bildern nachweisen kann, wird er zu einer Gefängnisstrafe verurteilt. Die Schande ist getilgt, doch das Trauma dieser Erfahrung kann Artemisia nicht hinter sich lassen. Sie sieht sich gezwungen, Rom zu verlassen. Um ihre Ehre wiederherzustellen, verheiratet sie der Vater mit Petro Vincenzo Stattiesi, das Paar geht nach Florenz. Dort erhält Artemisia 1615 ihren ersten größeren Auftrag von einem Neffen Michelangelos, von Michelangelo Buonarotti dem Jüngeren. In Florenz studiert Artemisia ab 1616 als einzige Frau an der Accademia dell'Arte del Disegno. Bereits 1620 wird ihre Tochter Palmira geboren.

Die Künstlerin befreit sich

Das außergewöhnliche malerische Können der jungen Frau spricht sich herum. Artemisia sucht und findet den Kontakt zu den herausragenden Geistesgrößen ihrer Zeit und freundet sich mit Galileo Galilei an. Als ihr die einflussreiche Florentiner Herrscherfamilie der Medici eine ganze Reihe von Aufträgen erteilt und sie dabei besonders von Cosimo II., dem Großherzog der Toskana, gefördert wird, ist ihre Reputation endgültig wiederhergestellt. 1623 kann sie in ihr geliebtes Rom zurückkehren. Sie malt für den Adel und die geistliche Obrigkeit und findet ihre Mäzene unter Herzögen und Kardinälen.

In ihrem Malstil wird sie besonders von Caravaggio beeinflusst, der ein enger Freund ihres Vaters war. Doch unter ihrer Hand findet die durch besondere Lichteffekte geschaffene lebensnahe Darstellung eine eigene dramatische Form und eine kraftvolle persönliche Perspektive. Anders als viele oft nur privat tätige Malerinnen ihrer Zeit beschränkt sich Artemisia nicht auf typisch weibliche Sujets wie Stillleben, Landschafts-, Portrait- und Miniaturmalerei. Sie entwirft großformatige Werke und wendet sich besonders bedeutenden historischen, biblischen Themen und Motiven zu.

Eine Szene aus der Bibel, grausam realistisch ins Bild gesetzt: »Judith enthauptet Holofernes«, eines der Hauptwerke Gentileschis

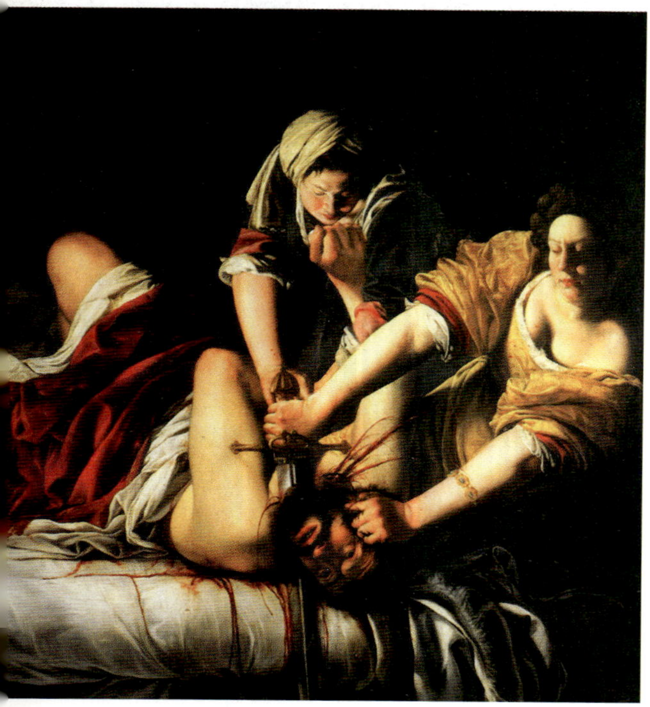

Berühmt und anerkannt

Ab 1630 lebt sie, im Umfeld wichtiger Auftraggeber, vorwiegend in Neapel, damals ein bedeutendes europäisches Zentrum. Ihr Vater Orazio steht als Hofmaler in London im Dienst von König Karl I., der auch Artemisia einlädt, an seinen Hof zu kommen. Schließlich kommt sie

Erotisch und musikalisch: Artemisia Gentileschi porträtiert sich selbst als Lautenspielerin.

seiner Einladung 1637 nach, um ihren erkrankten Vater bei der Fertigstellung eines Deckengemäldes zu unterstützen. Nach seinem Tod kehrt sie nach Neapel zurück, wo sie, gestützt auf den Mäzen Don Antonio Ruffo, noch viele Jahre als anerkannte und berühmte Malerin arbeitet.

Sie ist sich ihres malerischen Ranges und ihres Wertes als Künstlerin bewusst. In einem Brief an Antonio Ruffo schreibt sie 1649: »So sagt diesem Herrn, dass ich für die beiden Bilder 500 Dukaten will, aber dass er diese Bilder der ganzen Welt zeigen möge, und wenn er nicht herausfindet, dass sie nicht ein paar Hundert Skudi mehr wert sind, will ich nicht, dass er sie mir zum abgeschlossenen Verkaufspreis bezahle.«

Über ihre letzten Lebensjahre ist nur wenig bekannt, gesundheitliche Schwierigkeiten und finanzielle Probleme schränkten ihre Aktivitäten ein. Doch das Werk der Malerin hat sich erfolgreich gegen das Vergessen behauptet. Als herausragendes Motiv ihrer Malerei bleiben uns bedeutende Frauen der Geschichte, die Artemisia mit auffallend autobiographischen Zügen ausstattet. Das angesichts ihrer Lebensgeschichte bedeutsame Motiv der biblischen Judith, die das Haupt des Holofernes fordert, hat sie in verschiedenen Bildern thematisiert.

Leben und Werk

- **Geburtsdatum:** 8. Juli 1593
- **Geburtsort:** Rom
- **Todesdatum:** um 1653
- **Todesort:** Neapel
- **Leben:** Artemisia Gentileschi ist die berühmteste Malerin des Barock.
- **Werke (Auswahl):** Judith enthauptet Holofernes (1612 bis 1613), Galleria degli Uffizi, Florenz. Die Geburt Johannes' des Täufers (1635), Prado, Madrid. Bathseba im Bade (1650), Neues Palais, Potsdam

Anna Maria von Schürmann

»Ein Wunder weiblicher Gelehrsamkeit.«
Damen Conversations Lexikon, Band 9, 1837

»Daher kommt es, dass bei der Lektüre historiografischer Werke über weite Zeitläufe hinweg von den Spuren der Frauen nicht mehr erscheint als von den Spuren eines Schiffes im Meer.«

Anna Maria von Schürmann weiß, wovon sie spricht, schließlich ist sie nicht nur Theologin, Philosophin, Pädagogin und Astronomin, sondern auch Geografin und Historikerin. Doch damit nicht genug. Sie zeigt außerdem Begabung zur Malerei, Bildhauerei, Holzschnitzerei und Stickerei, besitzt umfassende musikalische Kenntnisse und beherrscht neben den gängigen europäischen Sprachen Deutsch, Italienisch, Französisch und Englisch auch Latein, Griechisch, Syrisch, Äthiopisch, Arabisch, Chaldäisch und Hebräisch. Als erste Frau wird sie zu Theologievorlesungen an der Universität Leiden zugelassen. Auch wenn sie dabei hinter einem Vorhang sitzen muss, um die männlichen Teilnehmer nicht zu irritieren, ist dies ein Schritt in Richtung Emanzipation der Frauen in der Wissenschaft. Anna Maria von Schürmann will Spuren in der Geschichte hinterlassen.

Die erste Studentin Europas

Geboren wird sie am 5. November 1607 in Köln, als Tochter eines holländischen Vaters und einer deutschen Mutter. Ihr gelehrter Vater erteilt ihr und ihren Brüdern mit Unterstützung eines Hauslehrers privaten Unterricht. Wissbegierig, wie sie ist, saugt Anna Maria alle Informationen auf. Mit vier Jahren kann sie bereits lesen, mit 13 beherrscht sie schon Latein und Griechisch. Aus religiösen Gründen muss die Familie Deutschland verlassen und zieht nach Franeker in den Niederlanden. Einen Heiratsantrag ihres Verehrers Jacob Cats, eines Dichters und Staatsmanns, schlägt sie auf Anraten ihres Vaters aus, der ihre Berufung nicht in einem normalen bürgerlichen Leben sieht. Tatsächlich bleibt Anna Maria von Schürmann ihr Leben lang unverheiratet.

Als selbstbewusste Frau mit vielfachen Begabungen ihrer Zeit voraus: Anna Maria von Schürmann

Außergewöhnlich sprachbegabt

Als der Vater stirbt, zieht die Mutter mit ihren Kindern zu Verwandten nach Utrecht. 1636 verfasst Anna Maria von Schürmann ein lateinisches Gedicht zur Einweihung der Utrechter Universität. Geschickt demonstriert sie so ihre überdurchschnittlichen Lateinkenntnisse. Schon bald kann sie ihren Ruf als gelehrte Frau festigen. Sie knüpft Kontakte zu angesehenen Wissenschaftlern und Philosophen ihrer Zeit. Es ist der Theologe und Erzieher des Prinzen Wilhelm II. von Oranien, André Rivet, der Anna Maria von Schürmann als Erster gestattet, an seinen Vorlesungen teilzunehmen. Nun tritt die »holländische Sappho« auch in brieflichen Kontakt mit den Größten ihrer Zeit, darunter Christiaan Huygens, Kardinal Richelieu und René Descartes. Gemäß der weiblichen Tradition muss sie, als ihre Mutter stirbt, die Leitung des Haushalts übernehmen und sich zudem noch um ihre beiden kranken Tanten kümmern. Dennoch findet sie Zeit für ihre Arbeit und veröffentlicht 1641 ihre »Dissertatio«, ein aufsehenerregendes Werk, das sich mit der Stellung der Frauen in der Wissenschaft beschäftigt und der Frage, warum es ihnen nicht ebenso wie den Männern gestattet sein sollte, sich fortzubilden. Anna Maria von Schürmann weiß: »Was immer den menschlichen Verstand verbessert und schmückt, schickt sich auch für eine christliche Frau. Alles, was den mensch-

Zur Einweihung verfasst Anna Maria von Schürmann ein lateinisches Gedicht: die Universität Utrecht.

lichen Geist mit ungewöhnlichen und ehrenhaften Vergnügen erfüllt, steht auch einer christlichen Frau.»

Mann und Frau sind einander ebenbürtig

Manche ihrer Forderungen sind für ihre Zeit radikal. So verlangt sie, dass eine Frau in Entscheidungen, die den Haushalt betreffen, freie Hand haben, also nicht von einem männlichen Vormund abhängig sein sollte. Sieben Jahre nach ihrer ersten Veröffentlichung folgt die Publikation »Opuscula«, eine Sammlung ihrer Gedichte und Korrespondenzen. Anna Maria von Schürmann gilt ihren Zeitgenossen als »Stern von Utrecht«, als »Wunder ihres Zeitalters«. Doch ihre häuslichen Pflichten und die Krankenpflege der Tanten beanspruchen zunehmend ihre ganze Zeit. Bis zum Tod der beiden Schwestern ihrer Mutter kommt sie kaum mehr zum Schreiben.

Umbruch im reifen Alter

Mit 62 Jahren – einem zu dieser Zeit beträchtlichen Alter – erfährt ihr Leben einen radikalen Umbruch. Sie lernt Jean de Labadie kennen, einen ehemaligen Jesuiten, der zur reformierten Kirche übergetreten ist. Die von ihm gegründete Gruppe der Labadisten können als frühe Pietisten bezeichnet werden. Sie fordern mehr Sittlichkeit in der reformierten Kirche, eine höhere Achtung der Moral. Ihre Glaubensgemeinschaft soll in Armut leben, und ihre Mitglieder sollen einem Ziel dienen: der Erkenntnis Gottes. In dieser Gemeinschaft gelten Männer und Frauen als weitgehend gleichberechtigt. Anna Maria von Schürmanns Beitritt zieht Hohn und Spott auf sich, von manchen Zeitgenossen wird sie nun als »alte, aberwitzige Närrin« bezeichnet. Die Labadisten gelten den meisten als eine Gruppe aufmüpfiger Ketzer, die nirgends lange geduldet werden.

So ziehen sie im Laufe der Jahre von Amsterdam nach Herford, Bremen und Altona. Gemeinsam mit Jean de Labadie führt Anna Maria von Schürmann die Gruppe an; man nennt die beiden »Papa« und »Mama«. Ihren wissenschaftlichen Studien kann sie nun nicht mehr nachgehen. Aber sie findet wieder Zeit zu schreiben. Es entsteht ihre Autobiografie »Eukleria oder Erwählung des besten Theils«.

Ohne Ruhm und in Armut

In der Schrift legt sie ihre Beweggründe für die Entscheidung dar, den Ruhm hinter sich zu lassen und ein Leben in Armut zu führen. Der Sittenverfall der holländischen Kirche stößt sie ab, sie fordert die Menschen auf, wie die »Urchristen« zu leben. Nicht mehr die Anhäufung von Wissen, das Predigen der Worte, allein die Taten sind entscheidend. Die Gelehrte ist überzeugt, dass sich aus der Glaubensgruppierung, der auch Maria Sibylla Merian vorübergehend beitritt, eine weitverbreitete Gemeinschaft entwickeln wird. Als der Gründer und Namenspatron der Labadisten, Jean de Labadien, im Februar 1674 stirbt, übernimmt Anna Maria von Schürmann allein die Leitung der noch jungen Glaubensgemeinschaft. Sie übersiedelt mit der Guppe von Altona nach Wieuwerd in Westfriesland. Ihre Autobiografie stellt sie nur wenige Tage vor ihrem Tod am 4. Mai 1678 fertig. Nach deren Veröffentlichung erhält die Gemeinde der Labadisten einen enormen Zuwachs. Bedeutende theologische Anregungen gehen von der labadistischen Sekte auf den deutschen protestantischen Pietismus über. Anna Maria von Schürmann geht in die Geschichte als »zehnte Muse« ein. Sie beweist der Welt, dass auch Frauen in der Wissenschaft und in den Künsten durchaus brillieren können und dass das Metier nicht den Männern vorbehalten werden darf.

Leben und Werk

- **Geburtsdatum:** 5. November 1607
- **Geburtsort:** Köln
- **Todesdatum:** : 4. Mai 1678
- **Todesort:** Wieuwerd
- **Leben:** deutsch-holländische Schriftstellerin und Wissenschaftlerin
- **Werke:** Dissertatio de ingenii mulieribus ad doctrinam, et meliores litteras aptitudine, 1684. Opuscula hebraica, graeca, latina, gallica, prosaica et metrica, 1648. Pensées sur la Réformation nécessaire à présent à l'Eglise de Christ, 1669. Eukleria seu melioris partis electio, 1673

Maria Cunitz

»Ein gelehrtes Weib, das gleichsam als eine Königin unter dem schlesischen Frauenzimmer hervorleuchtet.«

Die »Muse der Astronomie« ist eine wissenschaftliche Revolutionärin: Ihr Hauptwerk »Urania Propitia« erscheint nicht nur wie damals üblich lateinisch, sondern auch auf Deutsch – und ermöglicht es so auch Laien, einen wissenschaftlichen Text zu lesen.

Eine Frau als Naturwissenschaftlerin ist ganz und gar unmöglich – es ist der Philosoph Friedrich Nietzsche, der die Vorurteile der Männer auf seinen unrühmlichsten Punkt bringt: »Allen rechten Frauen geht Wissenschaft wider die Scham. Es ist ihnen dabei zumute, als ob man damit ihnen unter die Haut – schlimmer noch! – unter Kleid und Putz gucken wolle.«

Schon 200 Jahre zuvor werden solche Behauptungen durch die Gelehrte Maria Cunitz entlarvt. Ihre wissenschaftlichen Leistungen sind legendär. Neben einer umfassenden Ausbildung in Kunst und Musik, in Mathematik und Medizin beherrscht diese Frau sieben Sprachen fließend.

Ein wissbegieriges Mädchen

Geboren wird Maria Cunitz am 29. Mai 1610 im schlesischen Wohlau, dem heutigen Wolów in Polen. Das Mädchen wächst wohlbehütet in gesicherten materiellen Verhältnissen auf. Doch trotz aller Privilegien ist an eine den Brüdern vergleichbare Bildung des Mädchens nicht zu denken. Aber Puppen oder Handarbeiten langweilen das Kind. Maria fleht ihre Eltern um Unterricht an. Schließlich willigt der Vater ein, das Mädchen darf an den Privatstunden ihres älteren Bruders teilnehmen.

Das Resultat kann sich sehen lassen. Mit gerade mal fünf Jahren kann Maria perfekt lesen und beherrscht Grundkenntnisse der lateinischen Grammatik. Doch eine weitergehende sprachliche Ausbildung seiner Tochter kommt für Heinrich Cunitz auch weiterhin nicht infrage. Zwar gewährt der Arzt seiner wissbegierigen Tochter erste Einblicke in Medizin und Astronomie, doch er besteht gleichzeitig darauf, dass sie, dem Frauenideal ihrer Zeit entsprechend, in Hand- und Hausarbeit unterwiesen wird. Das aufgeweckte Mädchen lässt sich jedoch nicht entmutigen. Maria beginnt, auf eigene Faust zu lernen, selbstständig bringt sie sich Latein, Notenlesen und später auch Französisch bei.

Mit dreizehn Jahren verheiratet

Bereits im Alter von 13 Jahren wird Maria Cunitz verheiratet. Ihr Ehemann, der Jurist David von Gerstmann, lässt sie weiterhin ihren Wissensdurst stillen. Als ihr Ehemann nur wenige Jahre nach der Hochzeit stirbt, kehrt Maria Cunitz als junge Witwe in das Haus ihrer Eltern zurück. Dort lernt sie Elias Kretzschmeyer kennen, einen studierten Astronomen und Mathematiker, der bei ihrem Vater praktische Erfahrung auf dem Gebiet der Medizin sammelt. Er unterrichtet Maria Cunitz in Astronomie und fördert ihr wissenschaftliches Interesse.

Doch der Dreißigjährige Krieg und die zunehmenden Repressalien gegen Protestanten fordern ihren Tribut. 1618 muss die Familie ihre Heimat verlas-

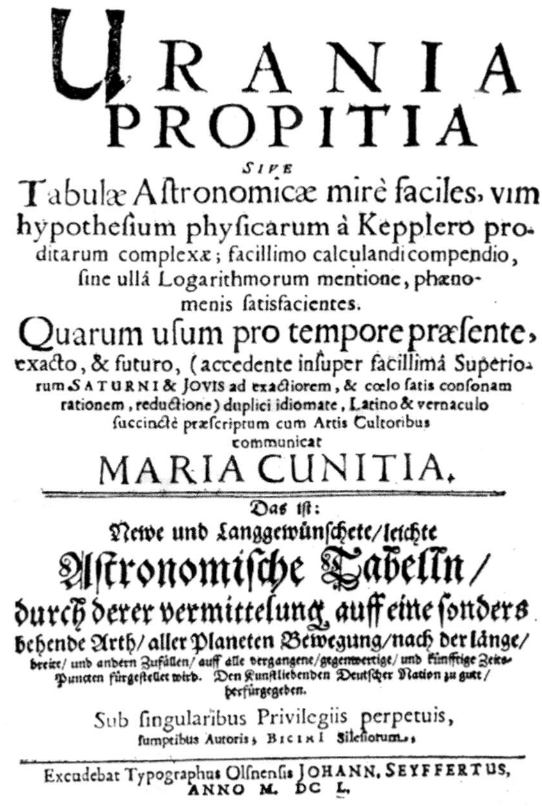
URANIA PROPITIA
SIVE
Tabulæ Astronomicæ mirè faciles, vim hypothesium physicarum à Kepplero proditarum complexæ; facillimo calculandi compendio, sine ullâ Logarithmorum mentione, phænomenis satisfacientes.
Quarum usum pro tempore præsente, exacto, & futuro, (accedente insuper facillimâ Superiorum SATURNI & JOVIS ad exactiorem, & cœlo satis consonam rationem, reductione) duplici idiomate, Latino & vernaculo succinctè præscriptum cum Artis Cultoribus communicat
MARIA CUNITIA.
Das ist:
Newe und Langgewünschete/ leichte
Astronomische Tabelln/
durch derer vermittelung auff eine sonders behende Arth/ aller Planeten Bewegung/ nach der länge/ breite/ und andern Zufällen/ auff alle vergangene/ gegenwertige/ und künfftige Zeit-Puncten fürgestellet wird. Den Kunstliebenden Deutscher Nation zu gutt/ herfürgegeben.
Sub singularibus Privilegiis perpetuis, sumptibus Autoris, BICINI Silesiorum.,
Excudebat Typographus Olsnensis JOHANN. SEYFFERTUS, ANNO M. DC L.

1650 erscheint Maria Cunitz' Werk »Urania Propitia«, in dem sie die Arbeit Johannes Keplers fortführt und erweitert.

sen. Nur wenig später stirbt der Vater, die Mutter kurz darauf. Nach ihrer Eheschließung fliehen Maria Cunitz und Elias vor dem Krieg nach Pitschen nahe der polnischen Grenze. Dort führen sie gemeinsam ihre Studien der Astronomie fort. Nachts berechnet und beobachtet Maria Cunitz den Lauf der Sterne und schläft, davon erschöpft, den ganzen Tag. Gefährliche Gerüchte tauchen auf. Die Frau würde ihren Haushalt nicht anständig führen, vielleicht sei sie ja eine

Hexe. Zu dieser Zeit ist eine Frau, die ihre häuslichen Pflichten vernachlässigt, ein Affront gegen die Ordnung.

Die Cunitzin aber lässt sich nicht beirren. Johannes Kepler hat es ihr besonders angetan. Sie studiert seine Rudolfinischen Tafeln und stößt dort auf einige Diskrepanzen. Diese Tafeln dienen dazu, Positionen von Planeten auszurechnen. Maria Cunitz vereinfacht und verbessert Keplers Berechnungen. Da sie als Frau, die sich erfolgreich den Wissenschaften widmet, und als Anhängerin eines modernen astronomischen Weltbildes die zunehmenden Hexenverfolgungen fürchten muss, flieht das Ehepaar nach Polen und quartiert sich in ein Nonnenkloster in Lubnice ein. Erst nach der Herausgabe ihres Buches ziehen die beiden wieder nach Pitschen zurück. Im Kloster kann die »Muse der Astronomie« ihre Studien ungestört fortführen.

Die erste Wissenschaftlerin der Neuzeit

Als der Krieg vorüber ist, veröffentlicht Maria Cunitz ihre Übersetzung der Werke Keplers ins Deutsche. Es bleibt ein Jahrhundert lang die einzige. Zwei Jahre später ist es dann so weit: Maria Cunitz gibt ihr Werk »Urania Propitia« heraus, das dem Kaiser Ferdinand III. gewidmet ist. Das eigentlich Revolutionäre an ihrem Werk ist, dass Maria Cunitz es in zwei Sprachen verfasst, nämlich Latein, der etablierten Sprache der Wissenschaft, und Deutsch. Durch die deutsche Übersetzung macht sie es Laien möglich, ihr Buch zu lesen und einen Einblick in die Astronomie zu erhalten. Es ist der erste Versuch, die Volkssprache als wis-

In den schlesischen Ort Schweidnitz, Ort ihrer Kindheit, kehrt Maria Cunitz nach dem Tod ihres Mannes zurück und widmet sich dort ihren wissenschaftlichen Studien.

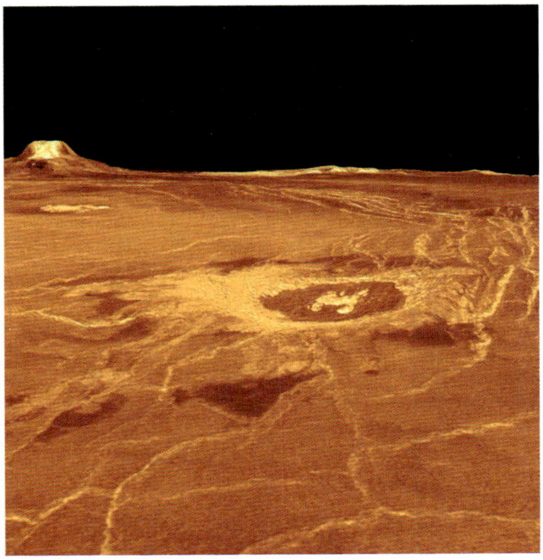

Knapp 50 Kilometer Durchmesser hat der nach Maria Cunitz benannte Krater auf der Venus.

senschaftliche Sprache einzuführen. Das Buch enthält die von ihr korrigierten Tafeln, die allerdings auch noch einige Fehler aufweisen. Elias Kretzschmeyer (auch Elias von Löwen genannt) verfasst ein Vorwort zu »Urania Propitia«, in dem er noch einmal herausstreicht, dass das Buch ganz und gar das Werk seiner Frau ist. Maria Cunitz, auch Cunitia oder Cunitzin, gilt als erste Wissenschaftlerin der Neuzeit.

Verewigt als Name eines Kraters auf der Venus

Als ein Jahrhundert später im Jahr 1727 das Werk »Schlesiens Hoch- u. Wohlgelehrtes Frauen-Zimmer. Nebst unterschiedenen Poetinnen / So sich durch schöne und artige Poesien bey der curieusen Welt bekandt gemacht« von Johann Caspar Eberti erscheint, hebt dieser noch einmal ihr Universalgenie hervor: »Sie redete 7 Sprachen/ Deutsch/ Italienisch/ Französisch/ Polnisch/ Latein/ Griechisch und Hebräisch, war in der Music wohl erfahren und konnte ein nettes Gemählde verfertigen. Dabey war sie der Astrologie sehr ergeben [...]; sie hatte in den Astronomischen Speculationibus ihr größtes Vergnügen [...] «.
Von Maria Cunitz gibt es praktisch keine Bildnisse, aber heute trägt ein Krater auf dem Planeten Venus ihren Namen.

Leben und Werk

- **Geburtsdatum:** 29. Mai 1610
- **Geburtsort:** Wohlau, Schlesien
- **Todesdatum:** 22. August 1664
- **Todesort:** Pitschen, Schlesien
- **Leben:** Die erste Wissenschaftlerin der Moderne. Sie übersetzt nicht nur Johannes Kepler, sie korrigiert auch seine Tafeln zur Berechnung der Laufbahnen der Planeten. Während des Dreißigjährigen Krieges flieht sie mit ihrem Ehemann Elias Kretzschmeyer nach Polen. Dort forscht und schreibt sie in einem Nonnenkloster.
- **Werke:** Urania Propitia, 1650

Maria Sibylla Merian

»Wenn je ein Frauenzimmer lebte, welches auf einen bleibenden Ruhm und innige Hochachtung mit Recht Anspruch machen konnte, so ist es die berühmte Maria Sibylla Merian.«
Friedrich Karl Gottlob Hirsching

Als erste Frau unternimmt die leidenschaftliche Naturforscherin 1699 eine Forschungsreise nach Südamerika.

Welche Frau des Barock kann schon von sich behaupten, ganz ohne männliche Begleitung eine Forschungsreise in ein fremdes, tropisches Land unternommen zu haben? Doch Maria Sibylla Merian, die Tochter des bekannten Künstlers Matthäus Merian des Älteren, geht zeitlebens ihren eigenen Weg. Der Vater stirbt, als das Mädchen gerade drei Jahre alt ist. Die väterliche Förderung bleibt ihr so verwehrt, Maria Sibylla Merian lernt und studiert die Gegenstände ihres Interesses auf eigene Faust. Ihr Talent ist mehr als ungewöhnlich. Bereits mit elf Jahren fertigt sie ihre ersten Kupferstiche an. Schon bald entwickelt sie ihren eigenen Stil. Sie zeichnet wie damals üblich Blumen, aber auch Raupen und Käfer. Ihre Werke haben Erfolg.

Im Alter von 13 Jahren beginnt Maria Sibylla Merian, ihre ersten Raupen zu sammeln und deren Entwicklung zu dokumentieren. Doch als sie 18-jährig den Nürnberger Maler und Graveur Johann Andreas Graff heiratet, scheint es mit ihrer freien künstlerischen Entfaltung vorbei.

Über alle Widrigkeiten hinweg

Die Gesetzgebung der Stadt Nürnberg schränkt Frauen in ihrer künstlerischen Entfaltung stark ein und so verlangt der Umzug in die Freie Reichsstadt kurz nach der Geburt der ersten Tochter Johanna Helena einige Opfer. Doch der Erfolg ihrer Arbeiten hilft ihr aus dem Dilemma, sie werden zur Haupteinnahmequelle der jungen Familie: Maria Sibylla Merian arrangiert sich mit der Ordnung der Maler-Gilde und fertigt zahlreiche Auftragsarbeiten an. Darüber hinaus unterrichtet sie junge Frauen im Malen und Sticken und handelt mit Künstlerutensilien. 1675 veröffentlicht sie ihr erstes Werk, das »Neue Blumenbuch«, für das sie Blumenbilder als Vorlage für Stickarbeiten anfertigt. Bis 1680 veröffentlicht sie noch zwei weitere Folgebände.

Ihre Forschungen an Raupen und Schmetterlingen führt sie trotz aller Arbeit stetig fort. Der Zweiteiler »Der Raupen wunderbare Verwandlung und sonderbare Blumennahrung« ist ein Meilenstein auf dem Gebiet der Insektenforschung. Das Familienleben andererseits gestaltet sich nur nach außen hin harmonisch. Johann Andreas Graff ist seiner Frau künstlerisch unterlegen und flüchtet sich in die Trunksucht. Drei Jahre nach Geburt der zweiten Tochter, Dorothea Maria, nimmt Maria Sibylla Merian ihr Leben in die eigenen Hände. Zusammen mit den beiden Mädchen verlässt sie ihren Mann und zieht zurück zu ihrer Mutter. Einfacher wird ihr Leben dadurch nicht, denn die Mutter hat mit Finanzproblemen zu kämpfen. Der Stiefvater ist gestorben und hat der Familie einen Schuldenberg hinterlassen. Maria Sibylla Merian bricht mit ihrer Mutter und ihren beiden Töchtern auf nach Holland, um dort ein völlig neues Leben zu beginnen.

Die Künstlerin im reiferen Alter: Stich um 1700

Schutz in der religiösen Gemeinschaft

Sie schließt sich ihrem Stiefbruder Caspar an, der Mitglied der Glaubensgemeinschaft der Labadisten ist. Eine religiöse Gemeinschaft, die die Armut predigt und sich als die Erleuchteten empfindet. Während dieser Zeit sieht sie einige Käfer und Schmetterlinge, die sie sogleich faszinieren und neugierig machen. Sie stammen aus dem südamerikanischen Surinam, wo einige Gemeindemitglieder die Einheimischen missionieren. Sechs Jahre lebt Maria Sibylla Merian bei den Labadisten auf Schloss Waltha. Nach dem Tod der Mutter aber wagt sie ein weiteres Mal einen Schritt in die Ungewissheit. Mit ihren Töchtern siedelt sie über nach

Aus der Raupe entsteht der Falter: Metamorphose eines Schmetterlings (1705)

Amsterdam. Hier lebt sie vom Verkauf ihrer Blumenbilder und Stillleben, so wie sie auch den in Nürnberg begonnen Handel mit künstlerischem Handwerkszeug vorantreibt. In der Künstlerin reift der Wunsch, eine Forschungsreise in das entfernte Surinam zu wagen. Freunde und Bekannte sind entsetzt: Viel zu heiß sei es dort und viel zu gefährlich. All die exotischen Krankheiten und die Wilden erst! Und überhaupt, eine Forschungsreise – als Frau?! Wer hat denn so etwas schon einmal gehört?

Das Paradies der Naturforscherin und Künstlerin

Maria Sibylla Merian lässt sich in ihrem Vorhaben nicht beirren. Doch eine Expedition ist teuer. Schon allein die Überfahrt verschlingt Unsummen, ganz zu schweigen von der notwendigen Ausrüstung. So verkauft sie einige Stücke aus ihrer Sammlung und viele ihrer Werke. Und bricht schließlich, allen Zweifeln zum Trotz, im Juni 1699 allein mit ihrer jüngsten Tochter nach Südamerika auf. Für Maria Sibylla Merian erfüllt sich ein Traum. Surinam ist ihr ein Paradies. Fast täglich wandert sie mit einigen Sklaven durch den Urwald und sammelt exotische Tiere zum Zeichnen und Studieren. Alles wird akribisch dokumentiert. »Unter dem grünen Dach des Regenwaldes bauen die zwei Frauen ihre Staffelei auf«, wird berichtet, »und zeichnen die tropischen Pflanzen und Tiere ›getreu nach dem Leben‹ auf Pergament.« Maria Sibylla Merian konsultiert auch die ansässigen Indianer, die von der deutschen Frau und ihrem ungewöhnlichen Durchsetzungsvermögen sowie ihrer Fähigkeit zur Anpassung an die Gebräu-

METAMORPHOSIS
INSECTORUM SURINAMENSIUM.
OFTE
VERANDERING
DER
SURINAAMSCHE
INSECTEN.
Waar in de Surinaamſche Rupſen en Wormen met alle des zelfs Veranderingen na het leven afgebeeld en beſchreeven worden, zynde elk geplaaſt op die Gewaſſen, Bloemen en Vruchten, daar ſy op gevonden zyn; waar in ook de generatie der Kikvorſchen, wonderbaare Padden, Hagediſſen, Slangen, Spinnen en Mieren werden vertoond en beſchreeven, alles in America na het leven en levensgroote geſchildert en beſchreeven.
DOOR
MARIA SIBYLLA MERIAN.
Tot AMSTERDAM,
Voor den Auteur, woonende in de Kerk-ſtraat, tuſſen de Leydſe en Spiegel-ſtraat, over de Vergulde Arent, alwaar de zelve ook gedrukt en afgezet te bekoomen zyn; Als ook by GERARD VALCK, op den Dam in de waakende Hond.

Merians Werk über die Metamorphose der Insekten

che der Eingeborenen stark beeindruckt sind. Zwei Jahre verbringt die Forscherin dort, dann erkrankt sie heftig an Malaria. Sie ist 54 Jahre alt, als sie die Heimreise antreten muss. Zurück in Amsterdam, beginnt sie mit dem Schreiben und Illustrieren ihres Hauptwerkes »Metamorphosis insectorum Surinamensium«.

Selbstlose Kalkulation

Sie scheut dafür keine Kosten und Mühen. Es kommt ihr nicht auf den kommerziellen Erfolg des Buches an. »Bei der Herstellung dieses Werkes bin ich nicht gewinnsüchtig gewesen«, schreibt sie im Vorwort, »sondern wollte mich damit begnügen, wenn ich meine Unkosten zurückbekomme.« Ihren eigenen Beschreibungen hat sie auch Aussagen ihrer indianischen Freunde hinzugefügt. Dabei erstellt sie keine Thesen oder entwickelt Theorien, sondern gibt nur ihre Beobachtungen wieder. Das Spekulieren überlässt sie den Lesern. Die Künstlerin gibt alles für ihre Überzeugung, für ihr eigenes Leben bleibt ihr nichts mehr. Als sie im Jahr 1717 stirbt, ist sie verarmt und wird in einem Armengrab bestattet. Doch ihre Studien erweisen sich als Meilenstein: Ihre Einteilung der Tag- und Nachtfalter ist noch heute aktuell. Sowohl für die Wissenschaft der Insektenforschung als auch für die Kunst hat Maria Sibylla Merian unschätzbare Fortschritte und Erkenntnisse geliefert.

Leben und Werk

- **Geburtsdatum:** 2. April 1647
- **Geburtsort:** Frankfurt am Main
- **Todesdatum:** 13. Januar 1717
- **Todesort:** Amsterdam
- **Leben:** Deutsche Künstlerin und Naturwissenschaftlerin, die sich dem Erforschen und Zeichnen von Insekten und Pflanzen verschreibt und auf diesem Gebiet große Erfolge erzielt.
- **Werke:** Neues Blumenbuch, drei Bände, Nürnberg 1675 bis 1680. Der Raupen wunderbare Verwandlung und sonderbare Blumennahrung, zwei Bände, Nürnberg 1679 – 1683. Metamorphosis insectorum Surinamensium, Amsterdam 1705

Maria Theresia

»Sie hat ihrem Thron und ihrem Geschlecht Ehre gemacht.«
Friedrich II.

»Die Liebe einer Mutter teilt sich nicht zwischen den Kindern, sie vervielfältigt sich.« Maria Theresia ist nicht nur leibliche Mutter von 16 Kindern, sie ist ihren Untertanen auch eine fürsorgliche Landesmutter.

Wenn Maria Theresia sich etwas in den Kopf gesetzt hat, lässt sie nicht locker. Davon weiß ihr späterer Mann ein Lied zu singen. Er liebt diese Frau, doch der Preis für eine Ehe scheint ihm zu hoch. »Keine Abtretung, keine Erzherzogin«, weiß er. Drei Mal wirft Franz Stephan von Lothringen die Feder vor dem Ehevertrag nieder, bis er sich dann doch dazu durchringen kann, für eine Ehe mit Maria Theresia von Österreich sein eigenes Herzogtum aufzugeben. Denn Maria Theresia ist die Erbin der mächtigsten und reichsten Dynastie Europas, den Habsburgern. Eigentlich sind Frauen in der Thronfolge nicht vorgesehen, doch Maria Theresias Vater Kaiser Karl VI. erlässt bereits 1713, vier Jahre vor Maria Theresias Geburt, eine »Pragmatische Sanktion«, die bei Ausbleiben des männlichen Erben der ältesten Tochter die Nachfolge zuspricht. Und doch versäumt es Karl VI., Maria Theresia eine entsprechende Ausbildung zukommen zu lassen.

Eine Kaiserin ohne Ausbildung

Als er 1740 stirbt und in der Tat keinen Sohn hinterlässt, ist seine älteste Tochter auf ihre Aufgabe nicht vorbereitet. »Die zu Beherrschung so weitschichtiger und verteilter Länder erforderliche Erfahr- und Kenntnüs umb so weniger besitzen zu können, als mein Herrn Vattern niemals gefällig ware, mich zur Erniedrigung weder aus auswärtigen noch inneren Geschäften beizuziehen noch zu informieren«, berichtet sie, »so sahe mich auf einmal zusammen von Geld, Truppen und Rat entblößet.«

Es ist keine leichte Aufgabe, die der 23-Jährigen zufällt. Sie regiert nun über einen Flickenteppich aus Provinzen mit Volksstämmen, die sich kaum untereinander verständigen können. Zudem ist die Verwaltung des Reiches über die Maßen kompliziert und ineffektiv, im Kabinett haben es sich betagte Herren bequem gemacht, und die denken nicht daran, die dringend notwendigen Reformen einzuführen. Die junge und naive Maria Theresia fährt wie ein Wirbelwind durch das verstaubte System. »Die Ordnung ist die Seele des Lebens«, glaubt sie fest. »Ohne sie gibt es nichts Gefälliges, nicht einmal Angenehmes. Man genießt nichts und ist in allem bedrängt. Ordnung ist alles. Sie ist die Seele der Geschäfte.«

Ihr Tagesablauf ist vom Aufstehen bis zur Nacht streng geregelt. Dabei sorgt ihr Leibarzt, der Portugiese Emanuel Graf Silva Tarouca, dafür, dass ihre Erholung nicht zu kurz kommt. Auch ihre zahlreichen Kinder besucht sie täglich und hinterlässt klare Instruktionen zu deren Erziehung, die sie bei aller Liebe, die sie für ihre Söhne und Töchter empfindet, nicht selbst übernehmen kann.

Machtvolle Kaiserin und liebevolle Landesmutter: Maria Theresia von Österreich

Doch mit einer Frau auf dem Habsburger Thron wollen sich die anderen Mächte Europas nicht so schnell abfinden. Der König von Preußen, Friedrich II., ein ewiger Rivale Österreichs, bietet an, Maria Theresias Anspruch zu verteidigen. Als Gegenleistung dafür verlangt er Schlesien.

Der Kampf um Schlesien

Maria Theresia ist empört. Sie denkt gar nicht daran, die schöne und fruchtbare Provinz abzutreten. Und Friedrich II. fackelt nicht lange: Im Dezember 1740 rückt er in Schlesien ein. Die junge und unerfahrene Herrscherin muss noch im ersten Jahr ihrer Regentschaft einen Krieg führen, für den das Militär, das ihr Vater ihr hinterlassen hat, kaum gerüstet ist. Ihr Mann Franz Stephan, den sie sehr liebt, ist zwar ein Finanzgenie, doch zum Strategen eignet er sich kaum. »Niemand hätte mich hindern können, selbst an die Spitze der Armeen zu treten«, klagt

Eine echte Großfamilie: Kaiser Franz und Kaiserin Maria Theresia mit ihren Kindern

Maria Theresia, »wenn ich nicht dauernd schwanger gewesen wäre.« Ihre Truppen aber müssen ohne sie auskommen. Als das Habsburger Heer eine Schlacht nach der anderen verliert, wendet sich Maria Theresia verzweifelt an den erfahrenen Feldmarschall Khevenmüller, aber auch an Ungarn. Der Legende nach soll sie wie eine Madonna mit dem kleinen Sohn Joseph auf dem Arm im ungarischen Reichstag erschienen sein, um dort um Hilfe zu bitten. Sie wird als Königin von Ungarn anerkannt , die Hilfe wird ihr zugesichert.

Nun gelingt es ihr, die preußischen Truppen so weit zurückzuschlagen, dass sich Friedrich II. zu einem Friedensvertrag bereit erklärt. Maria Theresia wird als Kaiserin von Österreich anerkannt, Schlesien jedoch bleibt für sie verloren. Ein Verlust, den die junge Monarchin nur schwer verwindet. Ein anderer Wunsch aber wird ihr erfüllt: 1745 wird ihr Gatte zum Deutschen Kaiser gewählt. Sie freut sich sehr für ihn, Maria Theresias Stellung und auch die von Franz Stephan ist nun gesichert. Sie hat inzwischen das siebente ihrer insgesamt 16 Kinder zur Welt gebracht, darunter auch zwei männliche Stammhalter – und könnte rundum zufrieden sein. Doch der Verlust Schlesiens lässt ihr keine Ruhe.

Das Pokerspiel der Macht

Um die Provinz zurückzuerobern, geht sie sogar ein Bündnis mit dem Erzfeind Frankreich ein, es kommt zu einer »Umkehrung der Allianzen« in Europa. Doch das Kriegsglück bleibt ihr nur kurz gewogen. Schlesien bleibt verloren. Die vielen militärischen Auseinandersetzungen zehren an ihr. Im Laufe ihrer Regentschaft wird Maria Theresia kriegsmüde. Als Franz Stephan 1765 stirbt, ist

Ein von Maria Theresia geliebter Ort: Sie ließ Schloss Schönbrunn zum Sommersitz ausbauen.

sie untröstlich. Ihre Witwenkleidung legt sie bis zum Tod nicht mehr ab. Zum Mitregenten bestimmt sie nun ihren ältesten Sohn Joseph. Sehr zu ihrem Verdruss bewundert er »das Monster« Friedrich II. sehr. Als er aber dennoch gegen den preußischen König ins Feld zieht, korrespondiert sie hinter seinem Rücken mit ihrem Feind und bittet um Frieden. »Lieber ein mittelmäßiger Frieden als ein glorreicher Krieg«, ist von nun an ihre Devise.

Ganz im Geist ihrer Zeit favorisiert sie die machtpolitisch orientierte Verheiratung ihrer Kinder. Nicht alle werden mit ihren jeweiligen Ehepartnern glücklich, doch für Maria Theresia zählt nur die Staatsräson. Lediglich ihrer Lieblingstocher Maria Christina gestattet sie, sich ihren Mann selbst auszusuchen. Doch genau das wird ihr Verhängnis. Maria Theresias jüngste Tochter stirbt als spätere Königin von Frankreich auf dem Schafott. Maria Theresia bleibt es erspart, das zu erleben. Die österreichische Landesmutter, die viele soziale Neuerungen, wie zum Beispiel die allgemeine Schulpflicht, einführte, stirbt am 29. November 1780 in Wien. Sie wird neben ihrem geliebten Ehemann im Doppelsarkophag bestattet.

Leben und Werk

- **Geburtsdatum:** 13. Mai 1717
- **Geburtsort:** Wien
- **Todesdatum:** 29. November 1780
- **Todesort:** Wien
- **Leben:** Habsburger Monarchin, die das System ihrer Vorväter reformiert, indem sie Neuerungen wie die allgemeine Schulpflicht einführt. Sie hat im Gegensatz zu anderen Königinnen ihrer Zeit tatsächlich die Regierungsgeschäfte in der Hand. Sie bringt 16 Kinder zur Welt, ihre jüngste Tochter ist die französische Königin Marie Antoinette.

Katharina die Große

»Macht ist nichts ohne das Vertrauen der Nation.«

»Ich werde eine Autokratin sein, das ist mein Beruf. Und Gott der Herr möge es mir verzeihen. Das ist sein Beruf.« Sie ist die stärkste Autokratin ihrer Zeit. Und ihre Bitte um Vergebung kommt nicht von ungefähr.

Geliebt und gehasst, verehrt und gefürchtet: Die Zarin Katharina die Große ist eine zwiespältige Herrscherin. Oft ist sie von besten Absichten beseelt, in der Ausführung schlagen diese aber nur allzu häufig in furchtbare Gräueltaten um. Das Volk hebt sie auf den Thron, aber das Volk ist es auch, das unter ihrer Herrschaft am meisten leidet. Katharina ist eine geistreiche Frau und korrespondiert mit den angesehensten aufgeklärten Philosophen ihrer Zeit, doch die von ihr erlassenen Gesetze verschärfen die ohnehin verzweifelte Situation der Leibeigenen. Wer wird schon schlau aus dieser ebenso intelligenten wie eigensinnigen Frau?

Eine Prinzessin aus der deutschen Provinz

Als sie am 2. Mai 1729 in Stettin als Sophie Friederike Auguste Prinzessin von Anhalt-Zerbst geboren wird, ahnt noch keiner, dass sie einmal Zarin, Herrscherin über 18 Millionen Russen, werden soll. Ihre Familie gehört zwar zum Adel, ist aber verarmt. Als 1743 eine Aufforderung von der Zarin Elisabeth aus Russland eintrifft, Sophie möge mit ihrer Mutter nach Moskau reisen, um sich dort als potentielle Braut für ihren Neffen und Thronerben Peter vorzustellen, stürzt sich ihre Mutter geradezu auf diese Gelegenheit. Ihre Tochter wird ihr von nun an zur Verbindung in die Welt der

Schönen, Reichen und Mächtigen. Dem intelligenten und aufgeweckten Mädchen ist die Geltungssucht der Mutter peinlich, aber auch Sophie will es sich unter keinen Umständen mit Elisabeth verscherzen. Der unreife 16-jährige Peter ist nicht gerade das, was sich ein junges Mädchen unter einem perfekten Ehemann vorstellt. Und auch der Kronprinz zeigt sich von seiner zukünftigen Verlobten wenig begeistert, denn die Braut ist nicht hübsch. Die mögliche Verbindung steht also unter keinem guten Stern, doch die Prinzessin aus der Provinz ist wild entschlossen, ihre Chance zu nutzen. Zu verlockend wirken Glanz und Macht des Zarenhofes.

Eine deutsche Prinzessin krempelt als Zarin Russland um: Katharina die Große.

Der Hunger nach Macht

Eifrig beginnt sie, Russisch zu lernen und sich das Zeremoniell des orthodoxen Glaubens anzueignen. Ein halbes Jahr nach ihrer Ankunft in Russland tritt sie zur russisch-orthodoxen Kirche über, ihr Name lautet von nun an Katharina. Der offiziellen Verlobung steht nichts mehr im Wege.

Als sie und Peter getraut werden, findet eine Hochzeitsnacht gar nicht statt; der kindliche Ehemann spielt lieber mit seinen Soldaten. Als ein Jahr vergeht, ohne dass Katharina schwanger wird, erregt dies das Missfallen Elisabeths. Die junge Braut muss ihr gestehen, dass sie noch Jungfrau ist, da sie und Peter die Ehe nie vollzogen haben. Der königliche Stammhalter erhält einen Rüffel und wird zum Vollzug der Ehe genötigt. Aber Katharina hat ohnehin genug von ihrem Gatten. Sie nimmt sich ihren ersten Liebhaber. Als sie bald darauf schwanger wird, fürchtet sie den Zorn Elisabeths, falls sich herausstellen sollte, dass Peter womöglich nicht der Vater ist. Womit Katharina nicht rechnet, ist, dass sich nach der Geburt ihres Sohnes niemand für die Vaterschaft interessiert. Ein lebender Stammhalter ist alles, was zählt.

Zarin Elisabeth nimmt sich des kleinen Pauls an und isoliert ihn von seiner

Katharina die Große schätzt die Ruhe in der alten Zarenresidenz Zarskoje Selo.

Mutter. Katharina hat für sie nun ausgedient. Hinzukommt, dass Peter sich eine Geliebte nimmt und keinen Hehl daraus macht, dass er sie neben sich als Zarin einsetzen möchte und sich seiner verhassten Ehefrau so bald wie möglich entledigen wird. Katharina beginnt, Vorkehrungen zu treffen, verbündet sich mit wichtigen Militärs und sucht ihre Liebhaber von nun an nach strategischen Gesichtspunkten aus.

Fast 20 Jahre nach Katharinas Ankunft in Russland stirbt die Zarin Elisabeth und Peter III. besteigt den Thron. Katharina triumphiert, als der ungeschickte Mann die einflussreichsten Männer aus dem Heer und dem Klerus gegen sich aufbringt. Es dauert kein halbes Jahr, bis die von ihm gehasste Frau einen Staatsstreich inszeniert: Katharina lässt Peter III. einkerkern und sich selbst als neue Zarin ausrufen. Peter wird nur wenig später in seinem Gefängnis ermordet. Obwohl es für eine Schuld Katharinas an diesem Verbrechen keine Beweise gibt, haftet ihr von nun an der Verdacht des Gattenmordes an.

Aufklärung und Despotismus

Jetzt ist sie die mächtigste Frau Europas und sie ist sich dieser Stellung bewusst. Selbstbewusst beginnt sie eine briefliche Korrespondenz mit den Geistesgrößen ihrer Zeit, mit Diderot und dem von ihr stets bewunderten Voltaire. Unter ihrer Herrschaft erlebt Russland eine nie gekannte kulturelle Blüte. Katharina erwirbt über 4000 Gemälde für die Ausstellungsräume der Eremitage in St. Petersburg. Die Kaiserin entpuppt sich als leidenschaftliche Autorin, die neben zahllosen Briefen und Abhandlungen auch Theaterstücke verfasst. Eine ihrer ersten Amtshandlungen ist es, ihre politischen Gedanken, ihre »Instruktionen«, niederzuschreiben, die stark vom aufgeklärten Geist Montesquieus geprägt sind. In ihren Schriften verspricht Katharina ein aufgeklärtes, liberales Russland – doch die Realität sieht anders aus. Katharinas Ideen lassen sich nicht verwirklichen. Über 200 Mal kommt die

Ständeversammlung zusammen, doch zu einer Einigung kommt es nicht. Die »Instruktionen« bleiben Fiktion.

Stattdessen trägt Katharinas Politik zunehmend alle Zeichen der Menschenverachtung. Den Leibeigenen werden noch die letzten Rechte aberkannt. Als es zu einem Aufstand unter den Elenden kommt, werden die Rebellen grausam niedergeworfen. Katharina selbst scheint sich um die Nöte ihres Volkes immer weniger zu kümmern. Sie lebt lasterhaft, allein 20 Liebhaber sind aktenkundig. Ihr Herz aber gehört vor allem einem, dem Feldmarschall Potemkin, der ihr durch kriegerische Erfolge zu ihrem Beinamen »die Große« verhilft. »Wenn ich noch 200 Jahre regieren dürfte«, rühmt sie sich, »so würde ganz Europa russisch geworden sein.«

Das Ende

Doch die europäischen Großmächte wenden sich gegen die despotische Zarin. Die Französische Revolution 1789 und das grausame Ende der dortigen Monarchie schockieren Katharina. Nie hätte sie gedacht, dass sich der aufklärerische Geist so vehement gegen die nach ihrem Verständnis gottgewollte Ordnung richten könnte. Im November 1796 setzt ein Schlaganfall ihrem leidenschaftlichen Leben ein Ende. Mit ihrem Tod endet auch ihr Einfluss. Nicht ihr geschätzter Enkel Alexander besteigt den Thron, sondern ihr Sohn Paul. Er erweist sich als unfähig und fällt schon nach fünf Jahren einem Attentat zum Opfer. Doch nicht nur er, auch nachfolgende Zaren können seiner berühmt-berüchtigten Mutter nicht das Wasser reichen.

Im kaiserlichen Habitus: Katharina II.

Leben und Werk

- **Geburtsdatum:** 2. Mai 1729
- **Geburtsort:** Stettin
- **Todesdatum:** 17. November 1796
- **Todesort:** Zarskoje Selo
- **Leben:** Geboren ist sie als deutsche Prinzessin Sophie von Anhalt-Zerbst. Sie konvertiert zum russisch-orthodoxen Glauben, nimmt den Namen Katharina an und wird mit dem Kronprinzen Peter verheiratet. Sie führt einen Staatsstreich gegen ihn an und übernimmt selbst die Herrschaft. Die erste alleinherrschende Zarin korrespondiert zwar mit aufgeklärten Philosophen, führt aber dennoch ein despotisches Regime.

»Die Freiheit führt das Volk« – heißt Eugene Delacroix' berühmtes Gemälde. Die Freiheit stellt er sich als Frau vor. Im Gefolge der Französischen Revolution erkämpften sich Frauen viele Freiheiten.

Briefkultur und Frauenstimme

Das 18. Jahrhundert als Beginn des bürgerlichen Zeitalters

Das 18. Jahrhundert wurde auch für die Frauen ein Zeitalter des Umbruchs. Die Auswirkungen der französischen Revolution führen zu einer Auflösung der alten feudalistischen Herrschaftsstrukturen. Das Verhältnis von Individuum und Gesellschaft wird neu bewertet. Die am 26. August 1789 verabschiedete Erklärung der Menschen-und Bürgerrechte durch die Französische Nationalversammlung revolutioniert das bürgerliche Denken: »Von ihrer Geburt an sind und bleiben die Menschen frei und an Rechten einander gleich.«

Der Einfluss der Französischen Revolution

Auch wenn sich diese Erklärung dem Zeitgeist entsprechend nur auf Männer bezieht, beginnen nun auch gebildete Frauen wie die französische Rechtsphilosophin und Schriftstellerin Olympe de Gouges in ihrer 1791 veröffentlichten »Déclaration des droits de la femme et de la citoyenne« (»Erklärung der Rechte der Frau und Bürgerin«), die Gleichstellung der Frau mit dem Mann einzufordern. Das Ideal des gesunden Menschenverstandes, das sich aus der Unterwerfung von kirchliche Dogmen befreien will, wirft die Frage nach dem Zweck aller menschlichen Tätigkeit auf. Das Streben nach persönlichem Glück ist nicht länger verwerflich. Die menschliche Seele gilt nun als Ort der Erfahrungen und Empfindungen, an denen sich der Verstand erproben kann. In der Literatur und Philosophie jener Zeit stehen sich Geist und Seele erstmals gleichberechtigt gegenüber.

Die Auswirkungen dieser veränderten Weltanschauung sind enorm, die revolutionären Gedanken und Auffassungen werden nicht länger nur an Adelshöfen, sondern zunehmend auch in bürgerlichen Salons, im Familien- und Freundeskreis diskutiert. Und zum ersten Mal beteiligen sich auch die Frauen in großem Umfang an dieser Diskussion. Während in den Jahrhunderten zuvor eine ernst zu nehmende geistige Bildung von Mädchen fast völlig den Familienumständen, den Eltern und Vormündern überlassen wird und bevorzugt an adeligen Höfen stattfindet, setzt im 18. Jahrhundert ein Umdenken ein. Der deutsche Philosoph Immanuel Kant beantwortet 1784 die Frage »Was ist Aufklärung?« mit »der

Olympe de Gouges verfasst eine »Erklärung der Frauen- und Bürgerinnenrechte«.

Ausgang des Menschen aus seiner selbstverschuldeten Unmündigkeit«.

Der Wahlspruch der Aufklärung »Sapere aude! Habe Mut, dich deines eigenen Verstandes zu bedienen!« soll jetzt auch für Frauen gelten. Nun wird auch in bürgerlichen Kreisen für die Frauen Bildung durch Lesen gefordert. Das bedeutet zwar noch keine auf einen Beruf hinzielende Ausbildung oder gar eine professionelle Förderung künstlerischer oder wissenschaftlicher Interessen, doch der erste Schritt zur Wertschätzung der weiblichen Persönlichkeit, zur Ausbildung ihrer gesellschaftlichen Tugenden und sozialen Fertigkeiten ist getan.

Briefkultur als Schule der Frauen

Die Fähigkeit, eigene Gedanken zu artikulieren und sich Freunden und der Familie mitzuteilen, gewinnt einen persönlichen Wert. Das führt im Europa des 18. Jahrhunderts zu einer bis dahin unbekannten Kultur des Briefeschreibens als Ausdruck persönlicher Erlebnisse und individueller Empfindungen. Und so sind es die Briefe, die mehr als jede andere Institution zur Schule der Frauen werden. In der schriftlichen Darstellung des eigenen Erlebens unternehmen die Frauen ihre ersten selbstständigen Schreibversuche, ehe sie sie sich dann auch zunehmend im Schreiben von Gedichten, Erzählungen und Romanen erproben. In diesen Briefen vermischen sich private Mitteilungen mit gesellschaftlichen Reflexionen, Erlebnisschilderungen, Geschäfts- und Reiseberichten. Auch Bekanntschaften und Freundschaften werden vielfach über Briefe geknüpft, wenn sich die räumliche Trennung als groß und die Reisemöglichkeiten als eingeschränkt erweisen.

Doch die Fertigkeiten, die das Lesen und Verfassen von Briefen erfordern, bleiben auch weiterhin dem wohlhabenden Bürgertum und dem Adel vorbehalten. Frauen aus Bauern-, Arbeiter- und Handwerksfamilien fehlen meist die Voraussetzungen und die Zeit, die das Schreiben erfordert. Abgesehen von geheimen Liebesbriefen sind die Briefe selten nur für einen Empfänger bestimmt. Besonders die Freundschaftsbriefe reicht man herum, im »empfindsamen« 18. Jahrhundert schreiben die Menschen einzelne Briefpartien voneinander ab, wählen »schöne« Stellen aus, die dann der Familie oder Besuchern vorgelesen werden. Die umfangreichen Briefquellen, die uns aus dem 18. Jahrhundert erhalten sind, geben uns wie in keinem Jahrhundert zuvor einen tiefen Einblick in die persönlichen Lebensumstände zahlreicher Frauen. Der historische und kulturgeschichtliche Wert dieser Zeugnisse bietet ein beeindruckendes Panorama sozialer Lebensbedingungen, gesellschaftlicher Wertvorstellungen, gewährt uns aber auch einen tiefen Einblick in die persönlichen Sehnsüchte und Träume, Ängste und Hoffnungen einer Frauengeneration im Umbruch.

Intrigante oder naive Hofdamen: Verfilmung von Choderlos de Laclos' »Gefährliche Liebschaften«, einem der bedeutendsten Briefromane des 18. Jahrhunderts

Briefroman und Frauenperspektive

Der unmittelbare Erlebnischarakter, der viele Briefe kennzeichnet, beeinflusst auch die Literatur jener Zeit; Briefromane und Erlebnisdichtung werden zum Kennzeichen einer ganzen Epoche. Bis heute wird das 18. Jahrhundert immer wieder auch als das »Zeitalter der Frauen« bezeichnet und, es besteht kein Zweifel, im privaten Kreis, aber zunehmend auch in Literatur und Kunst suchen die Frau-

»Wir fordern gleiche Rechte!« – Frauen während der Französischen Revolution

en ihre eigene Stimme. Mitunter werden diese Briefe schon bald veröffentlicht, vor allem wenn sie wie bei Sophie Mereau, Caroline Schlegel-Schelling oder Bettina von Arnim die Korrespondenz mit berühmten männlichen Zeitgenossen beleuchten. Ein Sonderfall ist Rahel Varnhagen, eine erste Auswahl ihres besonders ausführlichen Briefwechsels wird von ihrem überaus fürsorglichen Ehemann Karl August Varnhagen unter dem Titel »Rahel. Ein Buch des Andenkens für ihre Freunde« (1834) herausgegeben, der die Briefe vorher durchaus in seinem Sinne bearbeitet und dabei nicht nur der liberalen Berliner Gesellschaft, sondern vor allem auch sich selbst ein Denkmal zu setzen weiß.

Weibliche Perspektive

Die lebendigen sprachlichen Mittel der brieflichen Erzählung beeinflussen zunehmend auch die Literatur ihrer Zeit. Denn die Briefform ermöglicht eine direkte Anrede und somit eine unmittelbare Ansprache der Leserin zu den wichtigen Lebensfragen, zu moralischen, emotionalen oder auch belehrenden und informativen Themen. Die englische Frauenrechtlerin Mary Wollstonecraft bedient sich des Mittels der Reiseberichte, um ihre eigenen Anschauungen und Meinungen zu sozialen und frauenpolitischen Fragen zum Ausdruck zu bringen. Die Entwicklung des Briefromans zu einer äußerst populären Erzählgattung des 18. Jahrhunderts ist ohne die Popularisierung des Briefeschreibens nicht denkbar. Eine ausgesprochen weibliche Perspektive beschert dem Briefroman »Die Geschichte des Fräuleins von Sternheim« aus der Feder der deutschen Schriftstellerin Sophie von La Roche einen überwältigenden Erfolg. Denn dieser Roman erzählt keine traditionelle Liebesgeschichte, sondern er zeichnet das Leben einer zwar tugendsamen, aber selbstständig fühlenden, eigenständig denkenden und handelnden Frau nach, die sich der Fürsorge anderer Frauen widmet. Dieser Roman gehört zu den frühen Beispielen, in denen sich die weibliche Perspektive auf das Leben, die Liebe und die Gesellschaft Gehör verschafft. Mit diesem Roman beginnt der Siegeszug der Erlebnisdichtung, der auch Goethes »Werther« beeinflussen und eine Vielzahl neuer Veröffentlichungen hervorbringen wird.

Das Genre des Erziehungs- und Bildungsromans wird ohne Zweifel von der Kultur der »ästhetischen Briefe« beeinflusst, wie auch die immer populärer werdende Reiseliteratur ohne die Kultur des Briefeschreibens nicht zu denken ist. Auch wenn es noch mehr als 100 Jahre dauern soll, bis den Frauen der Zugang zu offiziellen Bildungsinstitutionen gewährt wird, bis sie außerhalb privater Förderung staatliche Schulen und Hochschulen besuchen dürfen: Das 18. Jahrhundert hat für die Frauen eine Tür zu gesellschaftlicher Wertschätzung, zu gleichberechtigter Bildung und selbstbewusster Teilhabe an Literatur und Kunst aufgestoßen, die sich nie mehr ganz schließen lässt.

Schriftstellerin Sophie von La Roche: tugendsame, aber eigenständige Frauen im Roman

Anna Louisa Karsch

»Wie denn kommt sie mit der Sprache zurecht? Wenn sie sie nicht lernte? Meine Muttersprache hab' ich so ziemlich in meiner Gewalt! Das glaub ich was die Feinheit betrifft, aber wie steht's mit der Grammatik?«
Friedrich II.

Die Karschin ist eine Dichterin aus eigener Kraft: Ein ganzes Leben kämpft sie gegen die Widrigkeiten ihrer armseligen Herkunft.

Es ist eine schier unglaubliche Szene, die uns die Wirtstochter und gelernte Schneiderin Anna Louisa Karsch aus ihren Erinnerungen schildert. Denn der, der sie da nach dem Stand ihrer Kenntnisse in der deutschen Grammatik fragt, ist kein Geringerer als der preußische König Friedrich II. Doch als die Frau ohne Schulbildung, ohne äußere Schönheit oder gesellschaftliche Vorzüge im August 1763 ihre Audienz in Friedrichs Potsdamer Schloß Sanssouci erhält, ist sie als »Volksdichterin« längst eine Berühmtheit. Die Epoche des Rokoko liebt Schäferidyllen und »die Karschin« passt genau in dieses Bild. Doch die Lebenswirklichkeit der Dichterin sieht ganz anders aus.

Vom Glück des Lesens

Lieblos und ärmlich müssen die ersten Kindheitsjahre der schlesischen Wirtstochter verlaufen sein, bis der Bruder ihrer Großmutter die Familie besucht und erkennt, dass die Sechsjährige hier verwahrlost und unmöglich etwas lernen kann. Der Onkel bietet ihr ein geordnetes Zuhause und bildet sie in vielen Fertigkeiten aus, ihm gehören die schönsten Erinnerungen der Karschin. »Die liebreichste Seele sprach in jedem Wort seines Unterrichts (...) Ich fing an zu denken, was ich las, und von unbeschreiblicher Begierde entflammt, lag ich unaufhörlich über dem Buche, aus welchem wir die Grundsätze unserer Religion erlernen.« Doch das Glück des

Mädchens ist nicht von Dauer. Als ihr Vater stirbt, verdammt die neu verheiratete Mutter die Bildung des Mädchens: »Ich fürchte, sie wird verrückt im Kopfe werden, wenn sie fortfährt, Tag und Nacht über den Büchern zu liegen. Sie kann lesen und schreiben, dies ist alles, was ein Mädchen wissen muss!« Anna Louisa wird zur »Wiege« der Stiefgeschwister gebraucht. Wenige Jahre später pachtet der Stiefvater Tirschtiegel etwas Land und ein Vorwerk, das bildungshungrige Mädchen findet sich in der Rolle einer Hirtin wieder. Während sie drei Kühe zu beaufsichtigen hat, entdeckt sie am Rande eines Flusses einen Knaben, der einigen anderen Hirtenkindern aus mitgebrachten Büchern vorliest:. »Welch ein Glück für mich! (...) (Ich) fand meine lang entbehrte Wonne, die Bücher wieder. Da waren Robinson, Irrende Ritter, Gespräche im Reiche der Toten, o, da waren neue Welten für mich! (...) Mein Stiefvater donnerte wegen meiner Lesesucht auf mich los! Ich versteckte meine Bücher unter verschwiegenen Schatten eines Holunderstrauchs und suchte von Zeit zu Zeit, mich in den Garten zu schleichen, um meiner Seele Nahrung zu geben.« Anna Louisa Karsch wird zur Näherin ausgebildet und früh verheiratet.

Aus kleinsten Verhältnissen zur anerkannten Dichterin: Anna Louisa Karsch

Das Joch der lieblosen Ehe

Die junge Frau ist nicht hübsch, einige Zeitgenossen beschreiben sie sogar als ausgesprochen hässlich, von derber Statur und magerem Kopf. »Niemals konnte ich mich zu den Schönheiten zählen, und dennoch fand sich unter den Jünglingen des Vaterlandes einer, der mich suchte.« Ihr Mann verdingt sich als Tuchweber, die Karschin verdient an der Spindel dazu. Allein mit dem mechanischen Tagwerk und frühen Mutterpflichten, beginnt sie um die 100 geistliche Lieder nach ihrer Erinnerung zu singen. Nun will sie es wissen: »Sollte es wohl möglich sein, ein Lied zu machen?« Die Geburt der Volksdichterin beginnt. »Ich wählte die Melodie irgendeines geistlichen Liedes, saß bei dem murrenden Rade und wiederholte den jetzt gedichteten Vers so lange, bis er in meinem Gedächtnis haften blieb.«

Die Scheidung erfolgt früh, doch die Mutter verheiratet ihre Tochter direkt an einen zweiten Mann. Das eheliche Elend aber setzt sich fort. Der Schneider Karsch ist ein Trinker und überlässt ihr den Broterwerb völlig. Ihr großer Erfolg als Schriftstellerin beginnt zufällig, mit einem Gelegenheitsgedicht. Als Dank für eine Schneiderarbeit schreibt die Karschin ein Trauerlied für die Angehörigen des Auftraggebers, der überraschend verstirbt. Sie erhält daraufhin ein Geschenk, man ermuntert sie, weitere Gedichte zu schreiben. Die Karschin erhält Einladungen und Aufträge für weitere Gedichte, die mit Geld oder Sachwerten entlohnt werden.

Schreiben, um zu überleben

Mit Hilfe ihrer Dichtkunst bringt sie sich und ihre Kinder durch die schlimmsten

Zwar befragt König Friedrich II. die Karschin nach ihren Grammatikkenntnissen, bis in seine erlesene Tafelrunde dringt sie jedoch nicht vor.

Jahre. Zwar finden sich auch kritische Stimmen, die ihre geschmacklose Erscheinung bemängeln oder ihren Versen eine eher spontane als nachhaltige Wirkung zuschreiben, doch ihr Erfolg ist nicht mehr aufzuhalten. 1761 scheint sie auf dem Höhepunkt ihres Lebens zu sein. Der ihr verhasste Ehemann wird auf ihren Wunsch hin 1760 ins preußische Heer eingezogen. Endlich ist sie frei. Die Karschin dichtet Hymnen auf die Siege des preußischen Heeres im dritten schlesischen Krieg, sie entwirft Lobgesänge und Idyllen von leichter Hand.

Ein Baron von Kottwitz vermittelt ihre Übersiedlung nach Berlin. Nun findet sie die ersehnte Anerkennung und Förderung in den literarischen Kreisen der preußischen Hauptstadt. Der Druck ihrer ersten Gedichtsammlung bringt ihr 1764 die für die damalige Zeit stattliche Summe von 2000 Talern ein. Ist die Audienz am Hofe des preußischen Königs also wirklich das Happy End eines weiblichen Bildungsmärchens? Nein, das ist sie nicht. Zwar verspricht Friedrich II., die Dichterin künftig mit einem eigenen Haus zu unterstützen, aber er hält sein Versprechen nicht. Als ihn die Karschin zehn Jahre später noch einmal daran erinnert, schickt ihr Friedrich II. ganze zwei Taler als Gnadengeschenk. Die Volksdichterin revanchiert sich auf ihre Weise: »Zwey Thaler gibt kein großer König,/ Ein solch Geschenk vergrößert nicht mein Glück,/ Nein, es erniedrigt mich ein wenig,/ Drum geb ich es zurück.«

Mit den Jahren wird es stiller um die Karschin. Die Einkünfte aus besseren Zeiten sind angesichts einer beständig anklopfenden Verwandtschaft bald ausgegeben. Der Mythos der dichtenden Schäferin überlebt sich mit den Jahren, andere literarische Moden kommen auf. Doch unsere Bewunderung für eine Frau, die die Literatur und das Dichten wie den Atem zum Leben braucht und über alle Widerstände hinweg für sich erkämpft, ist ungebrochen.

Leben und Werk

- **Geburtsdatum:** 1. Dezember 1722
- **Geburtsort:** Schwiebus, Schlesien
- **Todesdatum:** 12. Oktober 1791
- **Todesort:** Berlin
- **Leben:** Die Karschin ist die erste selbstständige, vom Schreiben lebende Autorin in Deutschland, die sich ohne Schulbildung aus niedrigem Stand in den bürgerlichen Dichterberuf emporgearbeitet hat.
- **Werke:** Anna Louisa Karschin, Gedichte und Lebenszeugnisse. Hrsg. v. Alfred Anger. Stuttgart 1987. Anna Louisa Karsch. Herzgedanken. Das Leben der »deutschen Sappho«, von ihr selbst erzählt. Hrsg. v. Barbara Beuys. Frankfurt a.M. 1981

Angelika Kauffmann

»Allein Gott sei dankh meine umstände erlauben mir meine freyheyt zu erhalten.«

»Wier haben den Summer in Neapel sehr angenehm zu gebracht, ich war bey hofe besonders bey ihre majestät der Königin sehr gnädig aufgenommen man hat mit pensionen und all erdenklichen Ehrbeweisungen mich bereden wollen aldorten zu bleiben.«

Den Versuch der Königin von Neapel, sie als Hofmalerin zu gewinnen, lehnt Angelika Kauffmann ab. Ihre persönliche Freiheit ist ihr wichtiger als ein lukratives Amt und so soll es auch bleiben. Sie malt vorwiegend Porträts und Historienbilder. Ihr Stil wird von den großen Kunststilen des 18. Jahrhunderts, dem Rokoko, der Empfindsamkeit und des Klassizismus geprägt. Sie gehört zu den ganz wenigen europäischen Künstlerinnen, die nicht im Verborgenen wirken müssen und denen Ehre und Ansehen schon zu Lebzeiten zuteil werden.

Anders als bei den meisten Mädchen ihrer Zeit wird das außergewöhnliche Talent der Malerin von ihrem Vater, dem Porträt- und Freskenmaler Joseph Johann Kauffmann, früh erkannt und nachhaltig gefördert. 1752 zieht ihre Familie an den Comer See, wo Angelika Kauffmann eine privilegierte Jugendzeit in herrschaftlichen Palästen und Villen genießt.

Lesen und Schreiben beim Vater, Sprachen bei der Mutter

Der Vater bringt ihr Lesen und Schreiben bei, ihre Mutter Cleophea unterrichtet sie in Deutsch und Italienisch, Englisch und Französisch. Angelikas Ehrgeiz wird früh geweckt. Bereits mit sechs Jahren gilt sie als zeichnerisches Wunderkind und erhält von verschiedenen Lehrern in Como und Mailand Unterricht in Malerei und Musik. Mit Hilfe einer Sondererlaubnis weist man dem Mädchen ein gesondertes Arbeitszimmer in den Kunstschulen zu, sodass sie abgeschirmt von den erwachsenen männlichen Kollegen arbeiten kann.

Ernährerin der Familie mit 21

Mit knapp zwölf Jahren malt sie 1753 ihr erstes Selbstbildnis und führt schon mit 16 Jahren unter der Anleitung des Vaters Fresko-und Porträtaufträge durch. Bereits mit 21 Jahren muss sie für den Unterhalt der Familie sorgen und wird, ohne die sonst übliche Protektion, zum Ehrenmitglied der Akademien von Bologna, Florenz, Rom und Venedig ernannt. Noch ungewöhnlicher für eine Frau ist jedoch, dass sie 1768, also mit 27 Jahren, zum Vollmitglied der Royal Academy of London ernannt wird. Vom väterlichen Haus in Schwarzenberg im Bregenzer Wald unternehmen Vater und Tochter nach dem Tod der Mutter 1757 zahlreiche Reisen, bevor sie schließlich 1763 in Rom ansässig werden. Doch die Empfehlungen reicher Auftraggeber und adeliger Gönner bescheren ihr auch in den folgenden Jahren immer wieder ausgedehnte Reisen und Aufenthalte, mehrfach auch in London.

Ihr Talent fällt schon früh auf und wird gefördert: Angelika Kauffmann in einem Selbstbildnis

Quälende Selbstzweifel und private Melancholie

Als Angelika Kaufmann 1782 den Ruf an den Hof von Neapel ablehnt, ist sie bereits eine international anerkannte Künstlerin. Ihr Atelier gilt als erste Adresse in Rom, vor allem für die vielen Italienreisenden des 18. Jahrhunderts, deren berühmtester Vertreter, Johann Wolfgang von Goethe, in seinem Erinnerungsbuch »Italienische Reise« seinen Eindruck von Angelika Kauffmann festhält, die er als »müde auf den Kauf zu malen« und deshalb auch nicht als glücklich einschätzt. Vor allem in ihrem Briefwechsel mit Goethe werden die quälend hohen Ansprüche sichtbar, die Angelika Kauffmann zeitlebens an sich stellt.

Szene aus dem alten Rom: Ausschnitt aus einem Kauffmann-Gemälde

Dass die überaus erfolgreiche Künstlerin zur Traurigkeit und Melancholie neigt, mag seine Ursachen in einem bereits früh geschürten, dabei übergroßen Ehrgeiz haben, kann aber auch auf ihr wechselvolles privates Leben zurückzuführen sein. Eine erste Ehe, am 22. November 1767 mit dem schwedischen Grafen Frederick de Horn geschlossen, entpuppt sich als herbe Enttäuschung, als der Graf schon kurz nach der Heirat mit all ihren Ersparnissen durchbrennt. Nach heutigem Verständnis ist er wohl ein Heiratsschwindler, was für die renommierte Frau und Künstlerin eine empfindliche Demütigung bedeuten muss. Am 10. Februar 1769 wird die Ehe in London annulliert. Durch diesen Umstand bleibt Angelika Kaufmann kinderlos.

Ihren zweiten Ehemann wählt sie erst viele Jahre später, auf den ausdrücklichen Wunsch ihres Vaters hin. Sie heiratet den erheblich älteren venezianischen Maler Antonio Zucchi im Juli 1781 in London. Bereits ein halbes Jahr später stirbt Kaufmanns Vater, von nun an organisiert Zucchi das Leben und Arbeiten der Malerin und nimmt die Rolle eines »Managers« ein.

Die kultivierteste Frau Europas

Das Paar bezieht ein Haus mit Atelier bei Santa Trinità die Monti auf dem Pincio in Rom in der Via Sistina 72, das zum Treffpunkt der europäischen Künstler und Hocharistokratie wird. Kaiser Joseph II. ist hier genauso zu Gast wie Johann Wolfgang von Goethe, Johann Gottfried Herder, Johann Joachim Winckelmann und Anna Amalia von Sachsen-Weimar-Eisenach. Herder bezeichnet die weitgereiste, vielsprachige und elegante Angelika Kauffmann als »kultivierteste Frau Europas«. Ihr wohl

Stätte der frühen Kindheit Angelika Kauffmanns: die schweizerische Stadt Chur in einem Stich von Matthäus Merian

berühmtestes Selbstporträt, das »Selbstbildnis am Scheideweg zwischen Musik und Malerei«, entsteht 1791.

Nach dem Tod ihres Mannes im Jahr 1795 zieht sich Angelika Kauffmann aus der Öffentlichkeit zurück. Solange es ihre Kräfte erlauben, arbeitet sie weiterhin nach einem strengen Zeitplan in ihrem Atelier am Trinità die Monti in Rom, hält kontinuierlich Porträtsitzungen und empfängt ihre Auftraggeber mit gleichbleibend ausgewählter Freundlichkeit. In ihrer Malerei wendet sie sich stärker religiösen Motiven zu. Nach ihrem Tod 1807 wird sie in der römischen Kirche Sant'Andrea delle Fratte neben Antonio Zucchi bestattet. Sowohl ihre eigene Grabinschrift als auch die ihres Mannes hat die Künstlerin selbst gestaltet. Die Vielzahl von Angelika Kauffmanns Überlieferungen, ihre Briefe und Notizen geben ein beredtes Zeugnis ihres künstlerischen Selbstverständnisses und eines für eine Frau ihrer Zeit ungewöhnlich stolzen Selbstbewusstseins.

Leben und Werk

- **Geburtsdatum:** 30. Oktober 1741
- **Geburtsort:** Chur (Schweiz)
- **Todesdatum:** 5. November 1807
- **Todesort:** Rom
- **Leben:** in ganz Europa anerkannte und als Mitglied zahlreicher Akademien gewürdigte Malerin des 18. Jahrhunderts
- **Werke:** Ihre Bilder sind in zahlreichen großen europäischen Museen vertreten. Beispiele: Bildnis Johann Joachim Winckelmann (Kunsthaus Zürich), 1764. Ferdinand IV., König von Neapel, und seine Familie (Wien, Liechtenstein-Museum), 1783. Venus überredet Helena, Paris zu erhören (St. Petersburg, Eremitage). Selbstbildnis am Scheideweg zwischen Musik und Malerei (Puschkin-Museum Moskau), 1792

Mary Wollstonecraft

»Ich bin nicht dazu geboren, ausgetretene Wege zu gehen.«

»Unabhängigkeit sehe ich längst als den größten Segen im Leben an, die Grundlage einer jeden Tugend; und Unabhängigkeit werde ich mir immer sichern, indem ich meine Bedürfnisse einschränke.«

Mary Wollstonecraft ist eine Vorreiterin der Emanzipation. Sie ist eine der ersten Frauenrechtlerinnen, eine Feministin, auch wenn man diesen Begriff zu ihrer Zeit noch nicht kennt. Nach ihrem frühen Tod ist sie zunächst in Vergessenheit geraten. Ihre »gottlosen« Schriften werden als Gefährdung der weiblichen Tugenden verdammt.

Bildung aus eigener Kraft

Heutzutage aber beeinflusst Mary Wollstonecrafts Hauptwerk »A Vindication of the Rights of Woman« (»Verteidigung der Rechte der Frau«) noch immer die Unabhängigkeitsbewegung der Frauen. Es scheint ein aussichtsloser Kampf zu sein, den die 1759 bei London geborene Schriftstellerin antritt. In ihrer eigenen Familie sieht sie das beste Beispiel für die Unterdrückung der Frau. Ihr Vater ist oft betrunken, und wenn er nach Hause kommt, schlägt er die Mutter. Mary und ihre Schwestern erhalten keine geregelte Erziehung. Immer wieder befindet sich die Familie in finanziellen Schwierigkeiten und kann meist nur wenige Jahre an einem Ort bleiben.

Als Mary 19 Jahre alt ist, verlässt sie ihr Zuhause. Als Gesellschafterin einer älteren Dame in Bath verdient sie ihren Lebensunterhalt. Gut bezahlt ist das nicht. 1783 gründet sie mit ihrer Schwester Eliza und ihrer Freundin Fanny Blood eine

Mädchenschule. Ihr Anliegen ist es, dass in der patriarchalischen Gesellschaft des 18. Jahrhunderts nicht nur Jungen eine umfassende Bildung erhalten. Es ist ihr zuwider, dass »Frauen zur Abhängigkeit erzogen werden; also dazu, nach dem Willen eines anderen fehlbaren Wesens zu handeln und sich, ob recht oder unrecht, dieser Macht zu unterwerfen«, und sie fragt sich: »Wo soll das aufhören?« Die Schule aber muss bald schon aus finanziellen Gründen geschlossen werden. Ihre Erkenntnisse über die Mädchenerziehung veröffentlicht Mary Wollstonecraft 1787 in »Thoughts on the Education of Daughters« (»Gedanken über die Erziehung von Töchtern«).

Mary Wollstonecraft, Vorkämpferin für die Rechte der Frauen

Ihr Verleger James Johnson bietet ihr in seiner Zeitschrift eine Stelle als Rezensentin an. Mary akzeptiert gern. Sie lernt Französisch, Italienisch und Deutsch und arbeitet auch als Übersetzerin. Christian Gotthilf Salzmanns Schrift zum Thema Erziehung ist eins der wichtigsten Werke, das sie in die englische Sprache überträgt. Zu dieser Zeit trifft sie zum ersten Mal ihren späteren Mann William Godwin. Die beiden können sich nicht ausstehen. Stattdessen verliebt sich Mary Wollstonecraft unglücklich in einen bereits verheirateten Mann, den Schweizer Künstler Henry Füssli. Doch er bleibt seiner Ehefrau treu.

Der Traum von der weiblichen Unabhängigkeit

Mary selbst lehnt den Bund fürs Leben ab. Er passt nicht in ihr Konzept der Unabhängigkeit. Dies erregt natürlich große Empörung und gilt als äußerst anstößige, einer Frau nicht angemessene Lebensweise. Mary Wollstonecraft kümmert sich nicht darum. Ein viel bedeutende-

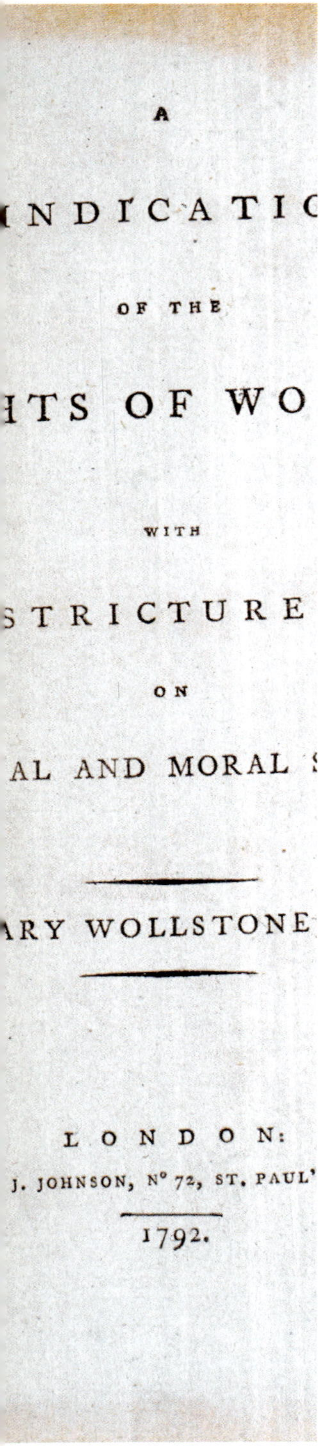
A

INDICATIO

OF THE

ITS OF WO

WITH

STRICTURE

ON

AL AND MORAL

ARY WOLLSTONE

LONDON:

J. JOHNSON, N° 72, ST. PAUL'

1792.

Titelseite aus »A Vindication of the Rights of Women« (1792)

res Ereignis zieht sie in ihren Bann: die Französische Revolution. Ihr konservativer Landsmann Edward Burke verdammt in seinem Werk »Reflection on the Revolution in France« das Aufbegehren des Volkes. Für ihn ist es ein Unding. »Wenn die Anführer«, so sagt er, »sich zu Bietenden bei einer Beliebtheitsauktion machen (…), werden sie Schmeichler statt Gesetzgebern, die Instrumente, nicht die Führer der Menschen.« Mary Wollstonecraft gibt in »A Vindication of the Rights of Men« Kontra. »Tugend«, ist ihre Antwort, »kann nur unter Gleichberechtigten gedeihen.« Es ist ihr erstes Werk, mit dem sie große Erfolge feiert. 1792 beschließt sie, selbst nach Paris zu gehen. Noch im gleichen Jahr veröffentlicht sie ihr Hauptwerk »A Vindication of the Rights of Women«. Darin wird deutlich, dass sie sich von der Französischen Revolution auch eine Verbesserung der Situation der Frauen erhofft. Durch die Hinrichtung des gestürzten Königs und den Aufstand der Sansculotten verschärft sich die politische Lage in Frankreich zusehends, die Terrorherrschaft bringt auch in Paris weilende Ausländer in Gefahr. Mary Wollstonecraft wird von ihrem Liebhaber, dem Amerikaner Gilbert Imlay, den sie in Paris kennengelernt hat, als seine Frau ausgegeben, um sie zu schützen.

Unkonventionelles Leben und Frauenschicksal

Die beiden heiraten allerdings nie, auch wenn Mary 1794 die gemeinsame Tochter Fanny zur Welt bringt. Als Imlay sich von ihr trennt, wird Mary depressiv und versucht, sich mit einem Sprung in die Themse das Leben zu nehmen. Doch das Vorhaben misslingt, sie wird gerettet. Sie kehrt zu ihren Freunden um James Johnson zurück. Dort trifft sie erneut auf William Godwin und dieses Mal entwickelt sich zwischen den beiden eine leidenschaftliche Affäre. Als Mary erneut schwanger wird, entschließen sich die beiden zu einem Schritt, der eigentlich gegen ihre Überzeugungen ist. Sie heiraten, um die Tochter vor dem Leben eines illegitimen Bastards zu schützen. Mary Wollstonecraft teilt sich zwar mit ihrem

Ehemann eine Wohnung, dennoch haben beide Zimmer, in die sie sich zurückziehen können. So versuchen sie, so weit es geht ihre Unabhängigkeit zu wahren. Als am 30. August 1797 die Tochter Mary, die spätere Autorin des Romans »Frankenstein«, geboren wird, scheint zunächst alles reibungslos zu verlaufen. Doch Mary Wollstonecraft erkrankt an Kindbettfieber und stirbt wenige Tage später mit nur 38 Jahren. William Godwin adoptiert daraufhin Fanny und gibt eine Biographie seiner verstorbenen Frau heraus. Darin macht er keinen Hehl aus ihrem unkonventionellen Lebensstil. Die Gesellschaft ist schockiert, sowohl über Mary Wollstonecrafts Unabhängigkeit und Freiheit, als auch darüber, dass ihr Witwer so freimütig und billigend darüber schreibt. Erst im 20. Jahrhundert wird sie wieder anerkannt. Jane Todd schreibt in ihrer Biographie über Mary Wollstonecraft: »Sie bemühte sich, Integrität und sexuelles Verlangen, die Pflichten und Bedürfnisse von Frauen, Mutterschaft und intellektuelles Leben, Häuslichkeit und Ruhm miteinander in Einklang zu bringen«.

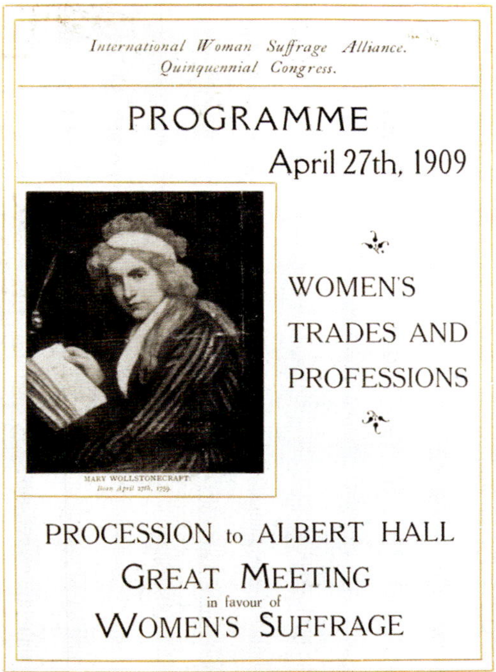

Die Wirkung hält an: 1909, über 100 Jahre nach Mary Wollstonecrafts Tod, wirbt eine Frauenrechtsorganisation mit dem Foto der mutigen Kämpferin für Gleichberechtigung.

Leben und Werk

- **Geburtsdatum:** 27. April 1759
- **Geburtsort:** Spitalfields, London
- **Todesdatum:** 10. September 1797
- **Todesort:** London
- **Leben:** Unabhängige, englische Schriftstellerin und frühe Frauenrechtlerin, die sich für die Gleichberechtigung der Geschlechter einsetzt.
- **Werke (Auswahl):** Thoughts on the Education of Daughters, 1787. Mary, a Fiction, 1788. Original Stories from Real Life, 1788. A Vindication of the Rights of Men, 1790. A Vindication of the Rights of Women, 1792

Madame de Staël

»Das Genie hat kein Geschlecht.«

»Ansichten, die vom herrschenden Zeitgeist abweichen, geben der Menge stets ein Ärgernis.« Madame de Staël macht sich mit ihren Ansichten sogar den ersten Mann des französischen Staates zum Feind.

Fragt man Napoléon Bonaparte nach Madame de Staël, so winkt er ab. Der damals mächtigste Mann Europas ist gar nicht gut auf die kluge und unabhängige Frau zu sprechen. Doch all seine verzweifelten Versuche, die Schriftstellerin politisch mundtot zu machen, nützen ihm nichts. Madame de Staël bleibt eine äußerst einflussreiche Figur in der französischen Geschichte. Mit ihrem Werk »De l'Allemagne« (»Über Deutschland«) prägt sie maßgeblich das Bild der Deutschen in Frankreich. Von ihr stammt die Bezeichnung Deutschlands als »das Land der Dichter und Denker«.

Geboren wird sie unter dem Namen Anne Louise Germaine als Tochter des wohlhabenden Bankiers Jacques Necker, der unter Ludwig XVI. als Finanzminister tätig ist. So gewinnt sie bereits früh Einblicke in die Politik. Ihre Mutter Suzanne unterhält in Paris einen aufgeklärten Salon. Schon im Alter von sechs Jahren kommt die junge Germaine in Kontakt mit den wichtigsten Autoren der Aufklärung wie beispielsweise Diderot. Die Herren amüsieren sich: »Man machte sich einen Spaß daraus, dieses kleine Stück blendenden Geistes herauszufordern, zu verwirren und anzuspornen.«

Suzannes Gäste sind begeistert von der intelligenten kleinen Fragerin, die überdies schon Englisch und Latein spricht. Die wissbegierige Germaine ist alles andere als ein typisches Mädchen ihrer Zeit, das Verhältnis zur Mutter gestaltet sich schwierig und wird später ganz abbrechen. 20-jährig heiratet sie den 17 Jahre älteren schwedischen Botschafter in Frankreich Baron Eric Magnus de Staël-Holstein.

Große Gefühle und eheliche Fassade

Es ist eine Ehe, die Madame de Staël nur aus Gründen der Vernunft eingeht. »Er wird mich nicht unglücklich machen«, schreibt sie in ihr Tagebuch, »aus dem einfachen Grund, weil er zu meinem Glück nichts beitragen kann.« Als Baronin und Ehefrau des Botschafters wird sie am Königshof eingeführt. Von da an kann sie selbstständig einflussreiche Bekanntschaften schließen und sie versteht das für sich zu nutzen. Die Ehe selbst ist recht lieblos. Nur das erste Kind, das Madame de Staël ein Jahr nach der Hochzeit zur Welt bringt, hat in Baron de Staël-Holstein den leiblichen Vater. Die folgenden drei entspringen außerehelichen Affairen.

Von Treue hält Madame de Staël nicht allzu viel. Es ist die Liebe, die in ihrem Leben eine zentrale Rolle spielen wird, nicht ihre Rolle als Ehefrau.

»Liebe«, so sagt sie, »ist die Lebensgeschichte einer Frau und eine Episode im Leben eines Mannes.« Da sie solche starken Gefühle für ihren Ehemann nicht aufbringen kann und er auch nicht für

Deutschlandkennerin und Gegnerin Napoleons: Madame de Staël

sie, beginnt sie schon zwei Jahre nach ihrer Heirat eine Liaison mit dem politisch einflussreichen Grafen de Narbonne. In dieser Zeit veröffentlicht sie auch ihr erstes Werk: »Lettres sur les ouvrages et le caractère de Jean-Jacques Rousseau« (»Briefe über den Charakter und die Schriften Jean-Jacques Rousseaus«). Später folgen die Dramen »Sophie, ou les sentiments secrets« (»Sophie oder die geheimen Gefühle«) und »Jane Gray«. Erst 1800, zwei Jahre vor dem Tod des Barons, lässt sie sich von ihm scheiden.

Der große Gegner: Napoleon. Hier empfängt er das Dekret seiner Ernennung zum Kaiser.

Die politische Verfolgung einer überzeugten Liberalen

Als 1789 die Französische Revolution ausbricht, steht sie auf der Seite der Liberalen und zeigt sich von der Volkserhebung begeistert. Die blutigen Auseinandersetzungen auf den Straßen sind ihr allerdings zuwider. So unterstützt sie die Ausarbeitung einer ersten Verfassung, die eine konstitutionelle Monarchie vorsieht. Durch Beziehungen versucht sie, das politische Geschehen zu beeinflussen; da kommt es ihr sehr zupass, dass Narbonne zum Kriegsminister ernannt wird. Als allerdings die Schreckensherrschaft unter Robespierre beginnt, flüchtet sie nach Genf, in das väterliche Schloss Coppet, wo sie auch andere Flüchtlinge aufnimmt. Dort beginnt sie eine Liebschaft mit dem Schriftsteller Benjamin Constant. Er wird für einige Zeit ihr Lebensgefährte und auch der Vater ihres vierten Kindes.

Erst nachdem sich die Unruhen gelegt haben, kehrt Madame de Staël 1795 nach Paris zurück. Sie eröffnet dort einen Salon, in dem die großen Dichter und Denker ihrer Epoche verkehren. Madame de Staël denkt liberal und sucht den Austausch mit Gleichgesinnten. Als sich Napoleon Bonaparte 1799 zum Kaiser ausruft, sind die Liberalen, die auf eine Republik gehofft hatten, entsetzt. Madame de Staël entwickelt sich zu Bonapartes größter Widersacherin. 1802 veröffentlicht sie den Briefroman »Delphine«, dessen Heldin deutlich emanzipierte Züge trägt. Außerdem versucht sie, durch Beziehungen Einfluss auf den selbsternannten Kaiser auszuüben. Napoleon bezeichnet sie zunächst als »Wahnsinnige«, aber er durchschaut sie und begeht nicht den Fehler, sie zu unterschätzen. Er erwirkt ihre Verbannung aus Paris, das Schloss Coppet wird einmal mehr zu ihrem Zufluchtsort. Ihr liberaler Salon findet dort ein neues Zuhause.

Aber lange hält es sie nicht in Genf. Im Winter 1803 begibt sie sich auf eine lange Deutschlandreise. Ihr erstes Ziel ist Weimar, wo sie sich mit den Geistesgrößen Goethe, Schiller und Wieland trifft. In Berlin begegnet sie August Wilhelm Schlegel, der zu ihrem persönlichen Berater und dem Privatlehrer ihrer vier Kinder wird. Mit ihm unternimmt sie eine Italienreise. Das literarische Ergebnis dieser Reise ist der Roman »Corinne ou l'Italie (»Corinna oder Italien«).

Schlegel begleitet sie auch wieder zurück in die Schweiz. Bis zu ihrem Tod bleibt er ihr Vertrauter. Mit seiner Hilfe arbeitet sie an dem Werk »De l'Allemagne«, das sie 1810 fertigstellt. Napoléon lässt es in Frankreich sofort verbieten und einstampfen. Das Bild eines idealisierten, aber harmlosen Deutschlands, das in dem Werk dargestellt wird, soll keine Verbreitung finden. Madame de Staël lässt er in Genf überwachen. Sie steht quasi unter Hausarrest.

Grab mit Postverbindung

Die Jahre der Verfolgung hinterlassen ihre Spuren. Die stolze Frau wird opiumsüchtig. Schloss Coppet empfindet sie als »ein Grab, in dem man Post bekommen kann«. 1812 gelingt ihr die Flucht. Ihre Reise führt sie über Österreich, Italien, Russland und Schweden nach England. Dort kann sie »De l'Allemagne« 1813 veröffentlichen. Erst nach Napoléons Abdankung 1814 wird die Zensur ihres Heimatlandes aufgehoben.

Das Deutschlandbild der Madame de Staël prägt von nun an nachhaltig das Bild der Deutschen in Frankreich. Die ruhelose Denkerin kann endlich wieder in ihr geliebtes Paris zurückkehren. Doch ihre Opiumsucht zeigt Folgen. 1817 erleidet sie einen schweren Schlaganfall. Halbseitig gelähmt, stirbt sie einige Monate später. Joseph Fouché, französischer Politiker und Unterstützer der Revolution, sagt über Madame de Staël: »Sie ist die außerordentlichste Frau des Jahrhunderts.«

Leben und Werk

- **Geburtsdatum:** 22. April 1766
- **Geburtsort:** Paris
- **Todesdatum:** 14. Juli 1817
- **Todesort:** Paris
- **Leben:** Einflussreiche, französische Schriftstellerin. Sie unterstützt die Französische Revolution und wird zur entschiedenen Widersacherin Napoleons.
- **Werke (Auswahl):** Lettres sur les ouvrages et le caractère de Jean-Jacques Rousseau, 1788. Sophie, ou les sentiments secrets, 1790. Jane Gray, 1790. Zulma, 1794. Delphine, 1802. Corinne ou l'Italie, 1807. De l'Allemagne, 1813

Sophie Mereau

»Wie sehn' ich mich hinaus in die freie Welt!«

Sophie Mereau ist die erste »Berufsschriftstellerin« des 18. Jahrhunderts.

Nein, nicht nur die uns bekannten Klassiker Goethe und Schiller gehören zu den Lieblingsschriftstellern ihrer Zeit. Auch andere, heute längst vergessene Namen, findet man in den Bücherregalen des 18. Jahrhunderts. Eine der erfolgreichsten und meistgelesenen Schriftstellerinnen ist Sophie Mereau. Sie ist so populär, dass sie als erste Frau von ihrer schriftstellerischen Arbeit leben kann. Sie stirbt bereits mit 36 Jahren im Kindbett, aber sie hat in zwei Jahrzehnten zahlreiche Gedichte, Essays, Erzählungen und zwei stark autobiografisch geprägte Romane geschrieben und sich darüber hinaus auch als Übersetzerin einen Namen gemacht.

Liebesverlangen und Fantasie

Die umschwärmte, grazile Schriftstellerin Sophie Mereau muss eine erstaunliche Frau gewesen sein. Viele Passagen ihrer Romane und Erzählungen sind nahezu wörtlich ihren persönlichen Briefen und Tagebuchnotizen entnommen. Ihr unbedingter Freiheitswille, ihr ausgeprägtes Liebesverlangen und eine dem romantischen Zeitgeist entsprechende Hochschätzung der Fantasie lassen sich in fast all ihren Texten finden. Aus bürgerlichem Haus stammend, erhält die 1770 geborene Sophie eine gründliche Ausbildung in modernen Sprachen und eine umfassende Erziehung. Als ihr Vater stirbt, lässt sie sich 1793 in Jena aus

Versorgungsgründen auf eine Ehe mit dem fünf Jahre älteren Carl Mereau ein. Der gesellschaftlich angesehene Juraprofessor hat sie schon in den Jahren zuvor mit Friedrich Schiller bekannt gemacht. Der schätzt die junge Frau außerordentlich und fördert ihr Talent. Bereits 1791 nimmt er erste Gedichte der jungen Frau in der von ihm herausgegebenen Zeitschrift Thalia auf und beauftragt sie mit der Übersetzung von Texten der französischen Schriftstellerin Madame de Staël.

Sophie Mereau: Schreiben als Berufung und Schreiben als Beruf – sie setzt ihren Traum in Lebenswirklichkeit um.

Im mereauschen Hause verkehren einige der interessantesten Denker und geistvollsten Frauen der Klassik und Romantik. Gemeinsame Theateraufführungen, Landpartien und Salongespräche gehören zu den gesellschaftlichen Gepflogenheiten jener Zeit. Mit 25 Jahren ist Sophie Mereau nach den Maßstäben ihrer Zeit auf dem Höhepunkt einer weiblichen Karriere angelangt. Als Professorengattin steht sie im Mittelpunkt der Jenaer Gesellschaft und gilt darüber hinaus als eine von Friedrich Schiller geförderte Dichterin. Doch schon ihr 1794 veröffentlichter Erstlingsroman »Das Blütenalter der Empfindung«, der zunächst noch anonym erscheint, entwirft in dramatisch aufeinander bezogenen Natur- und Liebesfantasien eine für die damalige Zeit äußerst provokante Handlung, in der persönliches Freiheitsverlangen und politische Freiheitsbewegung untrennbar zusammengehören: Das durch viele gesellschaftliche Hindernisse getrennte Paar Albert und Nanette kann in der bürgerlichen Enge Europas nicht glücklich werden und wagt den Aufbruch nach Amerika, in jener Zeit das Symbol für ein von Konventionen befreites Leben.

Ausbruch aus der Ehe

Sophies eigenes Leben gerät immer stärker in den Widerspruch zwischen den Beschränkungen weiblicher Lebenszusammenhänge und den fantastischen Möglichkeiten der Poesie. Hinter der glänzenden bürgerlichen Fassade treten erste Risse auf. Ihre leidenschaftlichen Affären können die Schriftstellerin nicht dauerhaft über ihre unglückliche Ehe mit einem ungeliebten Mann hinwegtrösten. Nach dem Tod ihres erstgeborenen Sohnes verlässt Sophie Mereau gemeinsam mit ihrer Tochter Hulda das Zuhause in Jena und geht 1800 nach Camburg, wo sie, damals höchst ungewöhnlich, auf eigenes Betreiben von ihrem Mann geschieden wurde. Sie träumt davon, als freie Schriftstellerin unabhängig leben zu können, und legt dieses Ziel ihrer weiblichen Heldin in ihrem zweiten Roman Amanda und Eduard in den Mund: »Ja, ich will allein sein... ist es denn so unmöglich, dass ein Weib sich selbst genug sein kann?«

»Weibliche Poesie?«

Tatsächlich ist Sophie Mereau in den Jahren nach ihrer Scheidung schriftstellerisch äußerst produktiv und erfolgreich. Aus der schriftstellernden Professorengattin wird eine Berufsschriftstellerin. Von nun an veröffentlicht Mereau konsequent unter ihrem eigenem Namen und schreibt neben Romanen und Erzählungen auch Gedichte, Essays, Landschaftsskizzen und Übersetzungen. Zwei Jahrzehnte lang ist sie überdies eine begehrte Mitarbeiterin von Zeitschriften und Almanachen. Schon 1796 zählt man sie in einer Zeitschrift in einer Reihe mit Claudius, Bürger, Goethe und Herder zu den beliebtesten deutschen Dichtern. Ihre Gedichte erschienen nun nicht mehr zusammen mit denen anderer Autoren in Sammelbänden, sondern in eigenen Gedichtbänden. Herder lobt an Mereaus Gedichten, dass die Verfasserin »nie über die Grenzen ihres Geschlechts hinaus(trete)«, dass sie alles »aus dem Herzen, mithin weiblich« sage. Andere Zeitgenossen schätzen die

Jena im 18. Jahrhundert: Hier lebt Sophie Mereau in einer Vernunftehe.

Himmel und Hölle, aber mehr Hölle: Sophie Mereaus zweiter Ehemann Clemens Brentano

lebenspraktische Seite ihrer Betrachtungen und heben hervor, dass sich bei ihr Stellen finden, »die sich auch abgerissen genießen lassen«. Schon 1797 erhält Mereau den Auftrag zur Herausgabe eines literarischen Jahrbuchs – was für eine Frau ihrer Zeit äußerst ungewöhnlich war.

Als sie 1803 von dem Schriftsteller Clemens Brentano schwanger wird, entschließt sie sich zu einer erneuten Heirat – eine folgenschwere Entscheidung. Das Zusammenleben mit Clemens enthalte »Himmel und Hölle, aber die Hölle sei vorherrschend«, schreibt sie einer Freundin. Seine beständige Eifersucht, die sich nicht nur auf ihr persönliches Leben, sondern auch auf ihre schriftstellerischen Erfolge bezieht, zermürbt sie zusehends. Brentano erklärt, »es sei für ein Weib sehr gefährlich zu dichten, noch gefährlicher, einen Musenalmanach herauszugeben«, und gibt offen zu, dass es ihn »immer quäle«, etwas von ihr »gedruckt zu sehen«.

Sophie Mereau stirbt 1806 im Alter von 36 Jahren im Kindbett. Mit dem Ende der romantischen Literaturzirkel gerät auch sie in Vergessenheit und wird für die nächsten 150 Jahre allenfalls als Teil der Biografie Clemens Brentanos erwähnt. Erst mit der neuen Frauenbewegung wird auch diese originelle und erfolgreiche Schriftstellerin wiederentdeckt.

Leben und Werk

- **Geburtsdatum:** 28. März 1770
- **Geburtsort:** Altenburg
- **Todesdatum:** 31 . Oktober 1806
- **Todesort:** Heidelberg
- **Leben:** Sophie Mereau ist die erste Berufsschriftstellerin in Deutschland. Ihre Beliebtheit bei den Lesern steht auf einer Stufe mit der Goethes und Schillers.
- **Werke (Auswahl):** Amanda und Eduard. Ein Roman. Ein Roman in Briefen. 2. Bde. Frankfurt 1803. Das Blütenalter der Empfindung. Hrsg. v. W. v. Hollander, München 1920

Dorothea von Schlözer

Das »Frauenbildungsexperiment Dorothea«

»Weiber sind nicht in der Welt, bloß um Männer zu amüsieren ...« Das sind die Worte der Frau, die als Erste überhaupt in Deutschland einen Doktortitel in Philosophie erhält. Doch zu welchem Preis?

Es muss eine trostlose Jugend sein, die Dorothea von Schlözer verlebt. Ihr Vater, der Professor August Ludwig von Schlözer, gönnt ihr keine Freizeit, denn auf ihre Kosten trägt er einen Kampf mit seinem Rivalen Basedow, einem Wortführer der reformpädagogischen Bewegung des 18. Jahrhunderts, aus. Auch August Ludwig von Schlözer beschäftigt sich leidenschaftlich mit moderner Pädagogik. Es ist eine Zeit, in der viel über Erziehungsmethoden diskutiert wird und Reformen verlangt werden – ähnlich wie heute. Basedows Theorien jedenfalls stehen ganz im Sinne Jean Jacques Rousseaus, der davon ausgeht, dass Frauen zum wissenschaftlichen Arbeiten, ja gar zum Denken, überhaupt nicht fähig sind. August Ludwig von Schlözer ist anderer Meinung und das will er durch seine Erstgeborene beweisen.

Frauengelehrsamkeit als Experiment

Dorothea von Schlözer erblickt am 18. August 1770 in Göttingen das Licht der Welt. 15 Monate später kann sie, die er die »Antibasedow« nennt, bereits »87 Wörter« sprechen, wie ihr Vater akribisch dokumentiert. Mit zweieinhalb Jahre lehrt er Dorothea Plattdeutsch, um sie auf das kommende Fremdsprachenstudium vorzubereiten. In einem unglaublichen Tempo wird die Ausbildung

Ein zwiespältiger Förderer: August Ludwig von Schlözer, Dorotheas Vater

Die erste deutsche Doktorin der Philosophie: Dorothea von Schlözer als klassische Büste

der Tochter vorangetrieben. Schreiben lernt sie ab dem vierten Lebensjahr, mit Mathematik beginnt sie im fünften. Stets über Lehrbücher gebeugt, um den strengen Lehrplan einzuhalten, ist es ihr nicht möglich, mit Gleichaltrigen zu spielen, Lernen ist ihr einziger Lebensinhalt. August Ludwig von Schlözer notiert weiterhin auch den kleinsten Fortschritt, den Dorothea macht.

Genügt die Tochter dabei nicht seinen Ansprüchen, wird er ungehalten. Dabei entlockt das Mädchen ihrem Mathematiklehrer schon im Alter von sieben Jahren Lobreden auf ihre Verständigkeit: »Mademoiselle Dorothea Schlözerinn hat mir das Vergnügen gemacht, von ihrem Fleiße in der Geometrie Proben zu geben. (...) und fand überall, daß sie diese Lehren nicht auswendig gelernt, sondern mit Verstand gefaßt hatte«.

Mit 17 Jahren beherrscht Dorothea neun Sprachen fließend, nämlich Englisch, Italienisch, Holländisch, Französisch, Schwedisch, Spanisch, Griechisch, Latein und Hebräisch. Damit jedoch ihre »weiblichen Tugenden« nicht verkümmern, wird sie außerdem im Kochen, Nähen und Stricken, im Zeichnen, Klavierspielen, Singen und Tanzen unterrichtet.

Doch dem anspruchsvollen Vater ist es noch immer nicht genug, Dorothea soll auch in einem praktischen Fach ausgebildet werden. Seine Wahl fällt auf die Mineralogie und die Bergwerkskunde. In Männerkleidung besichtigt Dorothea fünf Wochen lang mehrere Bergwerke in Clausthal im Harz. Später schreibt sie ein Buch über die Geschichte des Bergbaus im russischen Kaiserreich. Es folgt eine halbjährige Reise mit dem Vater nach Rom. Die soll freilich nicht dem Vergnügen dienen, sondern als Studienfahrt gelten. Während August Ludwig von Schlözer dienstliche Verpflichtungen wahrnimmt, wird Dorothea von dem Poeten Wilhelm Heinse durch die Stadt geführt und lernt so Roms Kunstschätze kennen. Eine große Ehre für sie ist es, dass selbst Papst Pius VI. einem Treffen mit ihr zustimmt. Ihr Ruf als außerordentlich gebildete Frau ist Dorothea schon bis zum Heiligen Stuhl vorausgeeilt. In der Heimat zurück, zahlen sich all die Anstrengungen des Studierens aus.

Das alte Göttingen: In der klassischen deutschen Universitätsstadt verbringt Dorothea von Schlözer ihre Kindheit und Jugend.

Frau Doktor hinter dem Fenster

Zum fünfzigjährigen Bestehen der Göttinger Universität 1787 wird Dorothea zur Doktorprüfung vorgeschlagen. Die Prüfung besteht sie mit Bravour. Offiziell werden Frauen in Preußen erst 20 Jahre später, ab 1908, an Universitäten aufgenommen!

Doch als unverheiratete Frau ist es ihr nicht gestattet, an den Feierlichkeiten, in deren Rahmen ihr die Urkunde übergeben werden soll, teilzunehmen. Ihr Vater nimmt also den Doktortitel in Philosophie für sie entgegen, während Dorothea die Zeremonie durch ein Fenster beobachtet. Es ist symptomatisch für ihre Beziehung zu ihrem Vater. Er ist es letztlich, der Ruhm und Ehre für sein gelungenes »Experiment« einheimst.

Vier Jahre später reisen Vater und Tochter nach Lübeck. Dort lernt Dorothea den wohlhabenden Kaufmann und Senator Mattheus Rodde kennen. Als dieser ihr einen Antrag macht, ist der Vater zunächst gegen eine Heirat, aber Dorothea setzt sich durch. 1792 kommt es zur Vermählung. Von nun an unterschreibt

Dorothea mit dem Namen Rodde–Schlözer und führt so den weiblichen Doppelnamen in Deutschland ein. Sie fügt sich nun in ihre neue Rolle als Hausfrau und Mutter dreier Kinder. Dennoch verkehrt sie weiter in intellektuellen Kreisen und unterhält selbst einen Salon in ihrer neuen Heimatstadt Lübeck. 1794 lernt sie den mittellosen französischen Philosophen und Bewunderer Kants, Charles de Viller, kennen. Sie ist begeistert von ihm und mit Zustimmung ihres Ehemannes nimmt sie ihn bei sich zu Hause auf.

Ménage à trois

Eine Ehe zu dritt beginnt, die bis zum Tod Villers andauert. Während der Napoleonischen Kriege wird Mattheus Rodde zum Vermittler ernannt und nach Paris geschickt. Dorothea und Viller begleiten ihn. Die deutsche Doktorin weckt das Interesse der französischen Professoren und lernt auch Napoléon Bonaparte persönlich kennen. 1809 stirbt August Ludwig von Schlözer. Ist es Ironie, vielleicht sogar eine kleine, persönliche Rache, dass Dorothea von Rodde-Schlözer ihrem Neffen zu Weihnachten des folgenden Jahres das »Basedowsche Elementarwerk« schenkt? Sie, die die Lehren des Philanthropen doch hatte widerlegen sollen!

Der Krieg lässt die Wirtschaft in der Heimat erlahmen, in den Hafen der Hansestadt Lübeck können nur noch wenige Schiffe einlaufen. Im Jahr 1810 muss Mattheus Rodde Konkurs anmelden. Das Ehepaar zieht nach Göttingen, Viller folgt ihnen, da er an die dortige Universität berufen wird. Dorothea sorgt nun für den Lebensunterhalt der Familie; zum einen durch das Erbe des Vaters, zum anderen durch Übersetzungsarbeiten. Der Tod Villers im Jahr 1815 und das Ableben zweier Töchter in den folgenden Jahren nehmen ihr alle Lebenskraft. Gemeinsam mit dem verblieben Kind tritt Dorothea eine Erholungsreise nach Südfrankreich an. Sie stirbt auf dem Rückweg in Avignon an einer Lungenentzündung.

Leben und Werk

- **Geburtsdatum:** 18. August 1770
- **Geburtsort:** Göttingen
- **Todesdatum:** 12. Juli 1825
- **Todesort:** Avignon
- **Leben:** Vom Vater extrem ausgebildete und gebildete Frau, erste deutsche Doktorin der Philosophie.
- **Werke:** Nachrichten von dem Andreasberg und von den Vergnügungen im Harz überhaupt. In: Neues Magazin für Frauenzimmer, 1787. Münz-, Geld- und Bergwerksgeschichte des Russischen Kaiserthums vom Jahre 1700–1789, 1791 (zusammen mit ihrem Vater).

Rahel Varnhagen

»Auf das Selbstdenken kommt alles an.«

»Dass in Europa Männer und Weiber zwei verschiedene Nationen sind, ist hart. Die einen sittlich, die andern nicht; das geht nimmermehr!« Rahel Varnhagen leidet sehr unter der Unterordnung der Frau unter den Mann.

Nicht nur ihr Geschlecht macht sie zur Außenseiterin. Rahel ist Jüdin; sie ist weder reich noch schön und hat somit kaum Chancen auf eine Heirat, die ihr gesellschaftliche Anerkennung verschaffen könnte. Zeitlebens sucht sie nach Anerkennung. Trotz der Widrigkeiten, mit denen sie zu kämpfen hat, steht sie im Ruf, eine der geistreichsten Frauen Europas zu sein. Sie unterhält in Berlin im Laufe ihres Lebens zwei Salons, die von den bekanntesten Dichtern und Philosophen ihrer Zeit besucht werden. Ihre eigenen Gedanken schreibt sie auch in ihren vielen Briefen an ihre Freunde nieder. Etwa 6000 Schreiben aus ihren Briefwechseln mit 300 verschiedenen Adressaten sind noch erhalten. »Sie ist, was ich eine schöne Seele nennen möchte«, sagt Johann Wolfgang von Goethe über Rahel Varnhagen.

Nicht reich, nicht schön und Jüdin

Ihre »infame Geburt«, so ihre eigene, abwertende Bezeichnung für ihre Herkunft, ereignet sich 1771 in Berlin. Sie kommt als Tochter eines jüdischen Kaufmanns unter dem Namen Rahel Levin zur Welt. Unterricht für Frauen gilt zu dieser Zeit als überflüssig, und so besucht die junge Rahel nie eine Schule und erhält auch sonst keinerlei Bildung. Völlig auf sich gestellt, eignet sie sich Wissen an, indem sie schon in jungen

Jahren die Werke Shakespeares, Dantes, Lessings oder Rousseaus liest. Ganz und gar eigenständig erzieht sie sich zum »Selbstdenken« und zur »Wahrheitsleidenschaft«.

Bald gründet Rahel Levin einen eigenen Salon und empfängt die unterschiedlichsten Gäste in ihrer Dachwohnung. Hier gelten weder Religion noch Geschlecht, weder Herkunft noch Reichtum. Einzig mit Esprit, Witz und Wortgewandtheit kann man die Salonière und ihre Gäste beeindrucken. »Nicht nur, dass bei ihr Menschen mit jeglicher Konfession und Weltanschauung zu Worte kommen konnten«, wird berichtet, »Rahel war darüber hinaus auch bekannt dafür, einen jeden ihrer Gäste nach seinem ganz eigenen Maßstab und keineswegs der gesellschaftlichen Konvention und Etikette folgend zu klassifizieren und zu behandeln.«

Im Salon Rahel Levins verkehren unter anderem Jean Paul, Friedrich Schlegel, Clemens Bretano, Bettina von Arnim, die Brüder Wilhelm und Alexander von Humboldt und auch der preußische Prinz Louis Ferdinand, der sich dort mit seiner schönen Geliebten Pauline Wiesel trifft. Mit ihren »Dachstubenwahrheiten« macht sich Rahel Levin rasch einen Namen. Was ihr an Schönheit, Herkunft und Reichtum mangelt, macht sie durch Intelligenz, Offenheit und Charme wieder wett.

Rahel Varnhagen führt einen der anspruchsvollsten Salons Europas.

Unglückliche Liebschaften und die Sehnsucht nach Assimilation

Mit 24 Jahren verliebt sie sich in Karl Graf von Finckenstein, einen Landadligen. Die beiden verloben sich. Für Rahel ist das die Gelegenheit zum sozialen Aufstieg. Doch die Familie des Grafen stellt sich gegen sie. Sie ist doch bloß eine Jüdin, dazu noch unvermögend und zu allem Überfluss nicht einmal hübsch. Außerdem kann ihr Verlobter nicht verstehen, dass seine adelige Herkunft ihm in Rahels Salon keine Achtung verschafft. Die Verlobung wird gelöst. In der Zeit ihres persönlichen Unglücks führt sie ihren Salon in die Blütezeit. Doch Rahel leidet. Sie verliebt sich Hals über Kopf in Raphael d'Urquijo, den spanischen Gesandtschaftssekretär. Aber sie ist zu stark und zu selbstständig, um sich den konservativen Ansichten ihres Ge-

Rahels Mann Karl August im Gespräch mit dem Naturforscher Alexander von Humboldt

liebten unterordnen zu können. Wieder einmal wird Rahel enttäuscht.

Während der Koalitionskriege gegen Frankreich erleidet ihre Familie schwere finanzielle Verluste. Als Napoléon 1808 in Berlin einmarschiert, muss Rahel ihren Salon aufgeben. Die frühromantischen Freundeskreise lösen sich auf. Die neuen Salons, die entstehen, zeigen sich konservativer und patriotischer und stehen weder Frauen noch Juden offen. Wieder wird Rahel Levin schmerzhaft deutlich, dass sie eine Außenseiterin ist. »Von Menschen kommt kein Glück«, klagt sie. »Da erwartet man es nur.« Auch eine neue Liebschaft mit dem 16 Jahre jüngeren Alexander von Marwitz geht bald in die Brüche. Der junge Offizier kann ihren Wunsch, ein vollwertiger Teil der Gesellschaft zu sein, nicht verstehen. 1813 geht Rahel nach Prag, um sich dort für die im Krieg gegen Frankreich Verwundeten beider Seiten zu engagieren und Spenden zu sammeln.

Im Gegensatz zur populären Meinung lehnt sie den Krieg ab. Im Alter von 43 Jahren heiratet Rahel den 14 Jahre jüngeren Karl August Varnhagen, den sie bereits 1808 kennengelernt hat. Der ehemalige Medizinstudent, der mittellos ist und ohne Stand in der Gesellschaft, fühlt tiefe Bewunderung für Rahel; er wird zu ihrem »Prophet« und »Apostel«.

Konvertierung zum christlichen Glauben

Um August Varnhagen heiraten zu können, muss die geborene Jüdin zum christlichen Glauben konvertieren. Die erwünschte Assimilation ist ihr nun endlich möglich. Ihren christlichen Taufnamen Antonie Friederike benutzt sie allerdings nur selten, ihr Rufname bleibt das jüdische Rahel. In der Ehe mit

Varnhagen fühlt sie sich frei. Auf Rahels Drängen hin stellt Karl August Nachforschungen über seine Herkunft an und findet heraus, dass er aus einem Adelsgeschlecht stammt. Ab sofort führt das Ehepaar nun den Namen Varnhagen von Ense. Als Adliger beginnt der soziale Aufstieg Karl Augusts, der sein Einkommen als politischer Journalist verdient. Rahel »wird richtig dumm und platt vor lauter überschwenglichem Glück darüber, daß man ihr gnädigst erlaubt mitzutun«, urteilt Hannah Arendt in ihrer »inneren Biografie« Rahel Varnhagens scharf.

Doch nach und nach versteht Rahel, dass sie nur aufgrund des sozialen Rangs ihres Ehemanns in der Gesellschaft akzeptiert wird. Persönlich bleiben ihr auch weiterhin viele Türen verschlossen. Schließlich gründet sie ihren »zweiten Salon«. Auch dieser wird wieder von prominenten Gästen besucht, so beispielsweise von Heinrich Heine oder Fürst Hermann von Pückler-Muskau, dennoch erreicht er bei Weitem nicht die Bedeutung des ersten Salons. Auf ihrem Totenbett schließt sie Frieden mit ihrer Herkunft und begreift das, was sie so lange abstreifen wollte, endlich als Auszeichnung: »Was so lange Zeit meines Lebens«, sagt sie, »mir die größte Schmach, das herbste Leid und Unglück war, eine Jüdin geboren zu sein, um keinen Preis möcht' ich das jetzt missen«.

Ein Berliner Salonabend in der Tradition Rahel Varnhagens: mit der Publizistin Lea Rosh und Gästen aus Kultur, Wirtschaft und Politik

Leben und Werk

- **Geburtsdatum:** 19. Mai 1771
- **Geburtsort:** Berlin
- **Todesdatum:** 7. März 1833
- **Todesort:** Berlin
- **Leben:** Rahel Varnhagen fühlt sich als Frau und Jüdin ihr Leben lang als Außenseiterin. Sie wird bekannt durch ihren Berliner Salon, in dem sie ihre Intelligenz und Wortgewandtheit beweist und so bedeutende Künstler für sich einnimmt.
- **Werke (Auswahl):** Briefwechsel mit David Veit, 1861. Briefwechsel mit Pauline Wiesel, 1867. Briefwechsel mit K. A. Varnhagen von Ense, 1873–74

George Sand

»Ihr könnt Taten verfolgen, nicht aber Überzeugungen, das Denken muss frei sein.«

»Das Handwerk des Schreibens ist eine glühende, fast unzerstörbare Leidenschaft. Wenn sie sich eines armen Kopfes bemächtigt hat, kommt er davon nicht mehr los.« Davon zeugt George Sands unglaubliches Lebenswerk.

Hundertachtzig Romane, zahllose Zeitungsartikel, an die 40000 Briefe: Kein französischer Schriftsteller des 19. Jahrhunderts ist derart produktiv. Acht Stunden am Tag verbringt George Sand in der Regel am Schreibtisch. Schon der Debütroman »Indiana« wird von Kritikern und einflussreichen Künstlern der Pariser Szene gefeiert. »Typisch männlich« wird ihr Stil genannt. Aber hinter dem Pseudonym George Sand steckt keinesfalls ein Mann. Amandine-Aurore-Lucile Dupin de Francueil ist eine Frau, die, oder vielmehr deren Deckname, schon bald in einem Atemzug mit Honoré de Balzac und Alexandre Dumas genannt wird.

Eine aristokratische Rebellin

Das junge Mädchen wächst bei seiner aristokratischen Großmutter auf, die strengen Wert darauf legt, dass die Enkelin ihrem gesellschaftlichen Rang entsprechend erzogen wird. 13-jährig schickt sie Aurore in ein Kloster. Als das Mädchen aber nach zwei Jahren des Aufenthalts im Konvent die feste Absicht äußert, Nonne zu werden, ist die Großmutter entsetzt und holt es gleich wieder zurück auf das heimatliche Landgut Nohant südlich von Paris. Als die Großmutter schwer erkrankt, kann sich Amandine-Aurore freier bewegen. Zum Reiten und Jagen trägt sie jetzt, da die Argusaugen der Großmutter sie nicht mehr überwachen, Männerkleidung, die viel praktischer und bequemer ist als die Röcke der Frauen. Aurore ist gerade 17, als die Großmutter stirbt.

Das Mädchen erbt das Landgut und außerdem ein Haus in Paris. Dort wird es zunächst bei seiner Mutter wohnen und noch im gleichen Jahr Casimir Baron Dudevant ehelichen. Neun Monate später kommt der gemeinsame Sohn Maurice zur Welt. Schon bald durchschaut Aurore die Einschränkungen des ehelichen Lebens: »Die Frau wird, sobald sie sich dem Mann hingibt, entweder versklavt oder schuldig.«

In solchen Umständen kann sie als Freigeist einfach nicht glücklich werden. Ihre Beziehung geht in die Brüche, dem Gatten ist die junge Frau entschieden zu »überspannt und verstiegen«. Aurore hält sich einen Liebhaber, den Jurastudenten Jules Sandeau, den sie nachts durchs Fenster einlässt. Ihr zweites Kind, Solange, ist wohl kaum Casimirs leibliche Tochter. Als Aurore auch noch Casimirs Testament findet und (unerlaubt) öffnet, ist es aus und vorbei. Das Schriftstück enthält nichts als Beleidigungen ihrer Person. »Diese Lektüre«, so schreibt sie später, »hat mich endlich aus dem Schlaf gerissen!« Im Jahr 1831 stellt sie Casimir vor vollendete Tatsachen. Sie verlässt ihn und zieht mit ihrem Liebhaber Jules Sandeau zusammen. Ein Skandal in einer Zeit, in der Ehebruch mit

Die Daguerreotypie aus der Zeit um 1865 zeigt Amandine-Aurore-Lucile Dupin de Francueil – George Sand – als bereits reife Frau.

Zuchthaus bestraft wird, schließlich ist Aurore offiziell noch immer verheiratet!

Eine Schriftstellerin in Männerkleidern

Das Liebespaar aber lässt sich nicht stören. Sie schreiben beide für das Satiremagazin »Figaro« und veröffentlichen gemeinsam ihr erstes Buch »Rose et Blanche ou la Comédienne et la Religieuse« unter dem Pseudonym J. Sand. Nur zwei Monate später hat Aurore den nächsten Roman fertiggestellt. Doch

Vereint in der Kunst: George Sand und Frédéric Chopin in einem Gemälde von Delacroix

auf ihrer Suche nach einem Verleger erweist sich ihr Geschlecht als Hindernis: »Machen Sie keine Bücher«, rät man ihr, »setzen Sie Kinder in die Welt!«
Aurore aber sieht keine Veranlassung, klein beizugeben. Allen Bedenken zum Trotz publiziert sie ihren Roman »Indiana« und nimmt dabei den Künstlernamen George Sand an. Und sie versteht es, ihre neu gewonnene Freiheit demonstrativ zu inszenieren: Aurore raucht Pfeife und Zigarren, trägt Männerkleidung und spricht von sich in der männlichen Form. »Ich wollte so weit Mann sein«, begründet sie ihr Verhalten, »dass ich in Bereiche und Milieus eindringen konnte, die mir als Frau verschlossen waren.«
Mit ihrem dritten Roman »Lélia« porträtiert sie sich selbst. Es ist ein Roman, der traditionelle Werte der Gesellschaft in Frage stellt und somit für Empörung sorgt. Aber er ebnet George Sand auch den Weg in die höchsten literarischen Kreise. Sie verkehrt mit Honoré de Balzac, Alexandre Dumas dem Älteren, Franz Liszt und Frédéric Chopin. Sie beginnt eine Affäre mit Alfred de Musset, doch die währt nicht lange. Als das Paar nach Venedig reist, erkrankt de Musset. George Sand verliebt sich in den behandelnden Arzt Pietro Pagello und schickt ihren ehemaligen Liebhaber alleine nach Paris zurück. Dieses »Liebesdrama von Venedig« wird vielfach als Inspiration für Romane und Theaterstücke verwendet. George Sand selbst macht daraus den Roman »Elle et lui« (»Sie und Er«).
1836 lässt sie sich offiziell von Baron Casimir scheiden. Nur wenig später beginnt sie ein Verhältnis mit Frédéric Chopin. Dabei soll der Komponist nach ihrem ersten Treffen entsetzt ausgerufen

Im Dorf Valdemossa auf Mallorca verbringen George Sand und Frédéric Chopin einen Winter.

haben: »Was für eine unsympathische Frau!« Neun Jahre lang sind die beiden ein Liebespaar. Gemeinsam mit ihm und ihren beiden Kindern unternimmt George Sand einen Erholungsaufenthalt auf Mallorca. Die Einheimischen sind empört. Keiner der vier Reisenden besucht die Kirche! George Sand und ihre Tochter tragen Hosen!

Politischer Aufbruch und Restauration

Der Aufenthalt gerät teilweise zum Albtraum. Zurück in Paris, verarbeitet die Schriftstellerin auch diese Erlebnisse zu einem Roman: »Ein Winter auf Mallorca«. Die temperamentvolle Frau ist auch politisch aktiv. George Sand wird bekennende Sozialistin, später lässt sie sich von den Ideen des Kommunismus begeistern. So befürwortet sie begeistert die Revolutionsbemühungen von 1848. In der beginnenden Restauration muss auch sie den Zwängen der Zensur gehorchen, sie verzichtet schließlich darauf, in ihren Romanen weiterhin sozialkritische Themen anzusprechen.

In ihren letzten Lebensjahren pflegt sie eine enge Freundschaft mit Gustave Flaubert, dem Autor der »Madame Bovary«. Als George Sand 72-jährig auf dem Landgut Nohant stirbt, erweisen ihr die bedeutendsten Künstler ihrer Zeit die letzte Ehre, die Grabrede verfasst Victor Hugo. Mit George Sand stirbt eine der eigenwilligsten, aber auch eine der wegweisenden Frauengestalten der französischen Geschichte.

Leben und Werk

- **Geburtsdatum:** 1. Juli 1804
- **Geburtsort:** Paris
- **Todesdatum:** 8. Juni 1876
- **Todesort:** Nohan
- **Leben:** Französische Schriftstellerin des 19. Jahrhunderts. Sie spricht sich gegen die Institution der Ehe aus und hat selbst viele Liebhaber. Sie trägt oft Männerkleidung, um sich für Frauen unzugängliche Milieus zu erschließen.
- **Werke (Auswahl):** Indiana, 1832. Lélia, 1833. Mauprat, 1837. Horace, 1841. Consuelo, 1842. Histoire de ma vie, 1855. Elle et lui, 1859

Fanny Hensel

»Die Musik wird für Felix vielleicht zum Beruf, während sie für dich stets nur Zierde, niemals Grundbass deines Seins und Tuns werden kann und soll ...«
Abraham Mendelssohn-Bartholdy an seine Tochter Fanny, 1819

Heute gilt Fanny Cäcilie Mendelssohn-Bartholdy als das begabteste der vier Mendelssohn-Kinder. Sie hätte eine wegweisende Stellung in der deutschen Musik des 19. Jahrhunderts einnehmen können – doch sie war eine Frau.

Das renommierte Lexikon »Musik in Geschichte und Gegenwart« stellt in seinem Band 16 fest: »Ohne Zweifel ist Fanny Hensel die bedeutendste Komponistin des 19. Jahrhunderts gewesen.« Wie bitte? Fanny Hensel, geborene Mendelssohn-Bartholdy, die Schwester des berühmten Felix? Von der die meisten Musikkenner bis dahin nur wussten, dass sie begnadet Klavier gespielt und wohl auch einige hübsche Lieder komponiert hat. Das Lexikon stellt weiter fest, dass ihr kompositorisches Schaffen über 400 einzelne Stücke umfasst, die aber bisher noch nicht eingehender untersucht worden sind. Wie kann ein so großes und wohl auch bedeutendes Werk so unbekannt bleiben? Warum wird ihr Name nie in einem Atemzug mit Schubert und Schumann, Brahms und eben Felix Mendelssohn genannt? Die Antwort ist einfach: Fanny Hensel war eine Frau.

Der Wunsch, es allen recht zu machen

Der »Wunsch, Euch und Allen, die ich liebe, es in meinem Leben recht zu machen«, steht der Verwirklichung ihrer künstlerischen Ziele zeitlebens entgegen. Erst in ihrem letzten Lebensjahr setzt sich Fanny Hensel über die Restriktionen ihrer Familie hinweg. Entgegen dem ausdrücklichen Wunsch ihres Bruders Felix und ihres Vaters Abraham beginnt Fanny, Lieder für eine Singstimme mit Klavier, Chorlieder a capella und Klavierstücke als op.1-7 zu veröffentlichen. Als sie am 14. Mai 1847 mit nur 42 Jahren unerwartet an einem Gehirnschlag stirbt, versuchte ihr Mann, der Berliner Hofmaler Wilhelm Hensel, alles, um seinen Schwager Felix Mendelssohn-Bartholdy zu einer weiteren Herausgabe von Fannys Werken zu bewegen. Doch der Tod seiner Schwester führt Felix in eine tiefe Depression – er stirbt völlig überraschend ein halbes Jahr später am 4. November 1847. Und es vergehen 130 Jahre, bis ihre Klavier-und Kammermusik sowie ihre Kompositionen mit größerer Besetzung erstmalig veröffentlicht werden.

So stellt ihr Mann, der Hofmaler Wilhelm Hensel, seine Frau Fanny dar.

Kunstverständiges Elternhaus

Was für ein Lebenswerk verbirgt sich hinter diesem Schaffen? In Hamburg als ältestes der vier Kinder von Abraham und Lea Mendelssohn geboren, wächst Fanny Hensel nach der Übersiedelung der Bankiersfamilie nach Berlin in wohlsituierten Verhältnissen auf. In Berlin lässt die jüdische Familie Mendelssohn ihre Kinder am 21. März 1816 evangelisch taufen, Fanny erhält so ihren Zweitnamen Cäcilie, zusammen mit dem Zusatz Bartholdy, der dem Familiennamen beigefügt wird. Musik und Bildung werden in ihrem Elternhaus großgeschrieben, nicht nur ihre Brüder, auch Fanny und ihre Schwester Rebecca erhalten privaten Unterricht bei den besten Lehrern ihrer Zeit. Darüber hinaus erteilt ihre Mutter ihnen Klavier-

Musikalische Geschwister Fanny und Felix Mendelssohn-Bartholdy: Felix wird berühmt, Fanny bleibt als Frau der Durchbruch versagt.

unterricht. 13-jährig kann sie bereits die 24 Präludien aus Johann Sebastian Bachs »Wohltemperiertem Klavier« auswendig vortragen. Die als musikalischen »Wunderkinder« geltenden Ältesten Fanny und Felix werden ab 1819 von Carl Friedrich Zelter, dem damaligen Leiter der Berliner Singakademie, in Klavier und Tonsatz unterrichtet.

Eine anständige Frau meidet den öffentlichen Auftritt

Doch während Felix als junger Mann auf Bildungsreisen geschickt wird, achtet die Familie Mendelssohn genau darauf, dass sich Fannys Aktivitäten im Rahmen des Schicklichen bewegen. Konzertieren darf die junge Frau sehr wohl, aber nicht in der Öffentlichkeit und schon gar nicht für Geld. Fanny Mendelssohn komponiert und musiziert viele Jahre nur im privaten Rahmen und sie ist sich dieser Beschränkung schmerzlich bewusst. Einmal bekennt sie: »Komponiert habe ich in diesen Winter rein gar nichts. Was ist auch daran gelegen, kräht ja doch kein Hahn danach und tanzt niemand nach meiner Pfeife.«

Fanny heiratet am 3. Oktober 1829 Wilhelm Hensel, den berühmten Hofmaler an der Akademie der Künste in Berlin. Ein Jahr später wird ihr Sohn Sebastian Hensel geboren. Im Gegensatz zu ihrem Vater und Bruder fördert Wilhelm Hensel die kompositorische Begabung seiner Frau und unterstützt sie nach Kräften. Es ist ihrem Ehemann zu verdanken, dass

Fanny im Laufe ihres Lebens immer stärker zu eigenem kompositorischen Schaffen findet und sich langsam, aber beharrlich weiterentwickeln kann. Im Jahr 1823 eröffnet die Familie Mendelssohn in ihrem Berliner Palais die anfangs von ihrem Bruder Felix geleitete und bald sehr hochgerühmte Reihe der »Sonntagsmusiken«. Fanny Mendelssohn, die diese musikalischen Darbietungen häufig als Pianistin unterstützt, übernimmt nach Felix erster großer England-Reise 1831 die vollständige Programmgestaltung, wie auch die Spiel-, Kompositions- und die Chor- bzw. Orchesterleitung. In einem Brief an Goethe vom 18. Februar 1831 lobt ihr früherer Lehrer und Tonmeister Zelter ihre Fähigkeiten als Pianistin: »Sie spielt wie ein Mann.«

Das jahrelange Ringen um Anerkennung

Das außerordentliche Niveau dieser Darbietungen, die Fanny bald auch als Bühne für ihre eigenen Werke nutzt, ist derart, dass sie die berühmtesten Persönlichkeiten der preußischen Hauptstadt in ihrem Elternhaus versammeln kann. Wilhelm von Humboldt und Georg Friedrich Hegel, Franz Liszt und Clara Schumann, Heinrich Heine und Bettina von Arnim wie auch Rahel Varnhagen und viele andere sind bei Fanny Hensels Darbietungen zu Gast. Die damit gewonnene Aufführungspraxis fördert Fanny Hensels musikalisches Schaffen enorm. In den über 470 eigenen Werken Fanny Hensels dokumentieren sich die Erfahrungen ihres pianistischen Könnens. Der französischen Komponist Charles Gounod schreibt über sie: »Frau Hensel war außerordentlich musikalisch gebildet und spielte vorzüglich Klavier. Trotz ihrer kleinen, schmächtigen Statur war sie eine Frau von hervorragendem Geiste und von einer Energie, die man in ihren tiefen, feurig blickenden Augen lesen konnte. Zugleich war sie eine selten begabte Komponistin.« Die Wertschätzung in der Fremde tut ihr gut. In ihrem letzten Lebensjahr findet Fanny endlich den Mut, mit der systematischen Drucklegung ihrer Werke zu beginnen. Für unsere heutige Generation besteht kein Zweifel mehr daran, dass Fanny Hensel zu den bedeutendsten Komponist(inn)en der Romantik gezählt werden muss.

Leben und Werk

- **Geburtsdatum:** 14. November 1805
- **Geburtsort:** Hamburg
- **Todesdatum:** 14. Mai 1847
- **Todesort:** Berlin
- **Leben:** Fanny Hensel-Mendelssohn-Bartholdy ist die bedeutendste Komponistin des 19. Jahrhunderts.

Clara Schumann

»Es ist schlimm, dass mich Robert in seinem Zimmer hört, wenn ich spiele, daher ich auch die Morgenstunden, die schönsten zu einem Studium, nicht benutzen kann.«

Willensstark und diszipliniert: Clara Schumann ist die berühmteste Klaviervirtuosin des 19. Jahrhunderts.

Claras Dilemma, das sie als junge Ehefrau von Robert Schumann in ihrem Ehetagebuch beschreibt, bringt es auf den Punkt: Komponieren ist wichtiger als Interpretieren. Schon in den ersten Ehewochen werden die Weichen gestellt. Die Frau sei dem Manne untertan, das Recht des Ehemanns steht über den Bedürfnissen der »Kaiserlich-Königlichen Kammervirtuosin«, ein Ehrentitel, der Clara bereits mit 18 Jahren in Wien verliehen wird. Doch in ihrer Ehe mit Robert nützt ihr diese Berühmtheit gar nichts. Denn Robert möchte, dass sie das Konzertieren und die damit verbundenen Reisen aufgibt, er möchte die Frau, die er liebt, an seiner Seite wissen.

Ein Wunderkind unter Kontrolle

Das pianistische »Wunderkind« Clara lernt Robert schon mit elf Jahren kennen. Das Mädchen himmelt den angehenden Komponisten Robert Schumann so offensichtlich an, dass ihr strenger Vater, der Klavierpädagoge Friedrich Wieck, alles dransetzt, den Kontakt der Heranwachsenden zu dem mittellosen Musiker und Musikredakteur zu verbieten. Denn Vater Wieck weiß zu diesem Zeitpunkt längst, was für ein Juwel ihm da herangewachsen ist. Clara führt Tagebuch über ihre Fortschritte und protokolliert das väterliche Lob und Tadel. Wieck schirmt sie so gut es geht von der Außenwelt ab, er unterrichtet sie privat.

Darüber hinaus erhält Clara Kompositionsunterricht, ihre eigenen Werke werden stolz in der Öffentlichkeit präsentiert.

Der Vater versteht sich als Claras Impressario und organisiert die oft strapaziösen Reisen mit Postkutsche und Eisenbahn zu den Veranstaltungsorten. Jedes Konzert wird zur Herausforderung, denn die Instrumente, die Vater und Tochter dort vorfinden, sind oft in desolatem Zustand. Der Klavierpädagoge führt stets einen ganzen Koffer mit Klavierwerkzeugen mit, um die schlimmsten Mängel vor Ort selbst beheben zu können. Ob Eis und Schnee oder Hitze und Schwüle, ob eine Erkältung plagt oder Zahnschmerzen drohen: Clara spielt. Der strenge, aber nicht ungerechte Friedrich Wieck fordert von dem Mädchen äußerste Härte und Selbstdisziplin, Eigenschaften, die Clara in ihrem späteren Leben zugute kommen werden.

Clara Wieck, verheiratete Schumann, eine der großen Musikerinnen der Romantik, findet erst spät die verdiente Anerkennung.

Liebestraum und Künstlerexistenz

Denn die Ehe mit dem Komponisten Robert Schumann ist alles andere als einfach, körperliche Bedrückungen und psychische Probleme belasten seine Konstitution und stellen Clara vor außerordentliche Schwierigkeiten. Acht Kinder kommen zur Welt, die wie damals üblich weitgehend von Ammen und Kindermädchen aufgezogen werden. Die finanzielle Situation der kinderreichen Familie gestaltet sich durch Roberts Erkrankung zunehmend schwierig, auch das ist ein Grund, warum Clara immer wieder darauf drängt, konzertieren zu dürfen. Dabei hatte alles so romantisch begonnen. Heimlich nur haben sich Clara und Robert schreiben dürfen, ihre Treffen finden im Verborgenen statt, der Traum von einer Heirat, einem wirklichen Zusammenleben als Mann und Frau, wird in den glühendsten Farben gemalt. Die junge Clara ist selbstbewusst. Als Wieck seine Zustimmung zu einer Heirat endgültig verweigert, reichen Robert und Clara 1839 beim Gericht Leipzig Klage ein. Als sie am 1. August 1840 endlich

die Zustimmung des Gerichts erhalten, heiraten sie sechs Wochen später. Es wird Jahre dauern, bis sich Clara mit ihrem Vater versöhnt.

Das Tagebuchschreiben führt sie an der Seite Roberts fort. Nun ist er es, der anstelle des gestrengen Vaters liest, redigiert, mitschreibt. Doch Clara lässt sich davon nicht einschüchtern, sie nutzt diese Chance, um offen zu formulieren, was sie denkt. Und so wird sie auch ihren Wunsch nach öffentlichen Auftritten entgegen Roberts Wünschen wieder in die Tat umsetzen. Doch sosehr Clara für die Verwirklichung ihrer Virtuosenbegabung kämpft, so wenig bemüht sie sich um einen angemessenen Raum für ihre eigenen Kompositionen. Roberts Einschätzung spricht hier Bände: »Clara hat eine Reihe von kleineren Stücken geschrieben, in der Erfindung so zart und musikreich, wie es ihr früher noch nicht gelungen. Aber Kinder haben und einen immer fantasierenden Mann und komponieren, geht nicht zusammen …« Als die Familie nach Düsseldorf geht, wo Robert Schumann Städtischer Musikdirektor geworden ist, kommt es zur Katastrophe. Schumann hört Geräusche, hat unerträgliche Schmerzattacken und verfällt in Halluzinationen. Am 27. Februar 1854 versucht er, sich das Leben zu nehmen, und wird wenig später in die Nervenheilanstalt Endenich bei Bonn eingeliefert. Clara ist wieder schwanger. Über Schumanns Zeit in Endenich und Claras angebliche Weigerung, ihn in dieser dunkelsten Zeit seines Lebens zu besuchen, ist viel spekuliert worden. Heute kann als gesichert gelten, dass sie sich immer wieder um einen Besuch bei ihrem Mann bemüht, die Ärzte dies aus der psychiatrischen Auffassung der Zeit heraus jedoch strikt ablehnen. Erst zwei Tage vor seinem Tod darf sie ihn ein letztes Mal sehen.

Konzentriert auf ihre Musik: Clara Schumann am Klavier

Die Bühne als Lebensraum

Da hat ein anderer Mann längst einen festen Platz in ihrem Leben errungen, es ist der Platz eines bleibenden Freundes und eines vergeblich Liebenden: Johannes Brahms. Jung und mittellos hat der 14 Jahre jüngere Brahms die Nähe des erfolgreichen Musikerpaares gesucht und in Robert einen überzeugten Förderer seiner großen Begabung gefunden. Der junge Mann verehrt Clara, zahllose Brie-

Stätte der Kunst: Clara und Robert Schumanns Arbeitszimmer in Leipzig

fe zeugen von seiner rückhaltlosen Bewunderung für die schöne und reife Virtuosin; aber er belässt es nicht bei der Anbetung, er steht der jungen Witwe und ihrer Kinderschar nach Roberts Tod mit Rat und Tat zur Seite. Und doch kommt es zum Bruch, die Briefe verraten den jähen Klimasturz in ihrer Beziehung, eine Vereisung der Gefühle, die nie mehr gutzumachen ist. Was da wirklich zwischen den beiden geschehen ist, bleibt Spekulation. Als sicher gilt, dass Clara keinen neuen Mann nach Schumann will.

Rastlos wird sie bis an ihr Lebensende konzertieren, Beifall erhalten von Kaisern und Königen, ein »Wunderkind« bis in ihr hohes Alter hinein. Ihre eigenen Kinder verteilt sie in verschiedene Städte, nur manchmal findet die Familie noch in Baden-Baden zusammen, für einige Sommerwochen, aus denen Clara oft genug Hals über Kopf wieder entflieht. Ein plötzliches Konzert ruft, eine dringende Verpflichtung. Wirklich sicher fühlt sie sich nur in dem Lebensrhythmus, den sie von Kindesbeinen an gelernt hat: Reisen. Konzertieren. Applaus.

Leben und Werk

- **Geburtsdatum:** 13. September 1819
- **Geburtsort:** Leipzig
- **Todesdatum:** 20. Mai 1896
- **Todesort:** Frankfurt am Main
- **Leben:** Clara Schumann, Ehefrau von Robert Schumann, ist eine deutsche Pianistin und Komponistin. Sie gilt als die berühmteste Klaviervirtuosin des 19. Jahrhunderts.

Isabelle Eberhardt

»Abreisen, abreisen in die Ferne und lange Zeit umherirren!«

Die europäische Abenteurerin mit arabischer Seele wollte vor allem eines: frei sein!

Das traditionelle Leben einer europäischen Hausfrau schreckt sie mehr als die Gefahren der Wüste. Isabelle Eberhardt verweilt niemals allzu lange an einem Ort. »Ich bin nur eine Einzelgängerin«, bekennt sie, »eine Träumerin, die fernab von der Welt frei leben will wie die Nomaden.« Ihr intensiv gelebtes Leben dauert nur 27 Jahre lang. Die in dieser Zeit entstehenden Reiseberichte und Tagebücher bieten eine aufregende Lektüre. Sie erfreuen sich in der westlichen Welt großer Beliebtheit und sorgen gleichzeitig für große Empörung.

Was ist das für eine Frau, die sich weder körperlich noch geistig in ein Korsett zwängen lässt? Bereits die Umstände von Isabelles Geburt im Jahr 1877 in Genf sind alles andere als konventionell. Denn ihre Mutter Nathalie Eberhardt ist bereits seit vier Jahren Witwe – ein Ehemann ist nicht in Sicht.

Folglich wird Isabelle für illegitim erklärt, ein Vater wird in ihrer Geburtsurkunde nicht erwähnt. Aller Wahrscheinlichkeit nach handelt es sich dabei aber um ihren Hauslehrer Alexander Trofimowski, einem ehemaligen russisch-orthodoxen Priester und bekennenden Anarchisten. Wahrlich ungewöhnliche familiäre Verhältnisse zu dieser Zeit. Kein Wunder, dass Isabelle sich nicht in Traditionen einfügt. Schon als junges Mädchen weigert sie sich, Kleider zu tragen. Von Alexander Trofimowski wird sie gemeinsam mit ihrem Bruder privat unterrichtet. Dabei entpuppt sich Isabelle als regelrechtes Sprachgenie, das Mädchen beherrscht Russisch, Deutsch, Französisch und Italienisch. Besonders hat es ihr aber das Arabische angetan. Reiseberichte aus dem Orient sind im imperialistischen Europa des 19. Jahrhunderts eine Modeerscheinung und Isabelle ist fasziniert von der exotischen Welt des Morgenlandes. Mittels einiger Zeitungsanzeigen knüpft sie brieflichen Kontakt zur islamischen Welt, begierig lernt sie alles, was sie über die arabische Welt in Erfahrung bringen kann. Schon jetzt ist ihr klar: »Mein Körper ist im Okzident, aber meine Seele ist im Orient.«

Mit Mut und Selbstbewusstsein gegen alle Konventionen: Isabelle Eberhardt

Eine Frau in Männerkleidern

Im Alter von 20 Jahren erfüllt sich ihr größter Wunsch. Da die kränkelnde Mutter von ihrem Arzt einen Klimawechsel verschrieben bekommt, reist Nathalie Eberhardt mit ihrer Tochter nach Algerien. Beide treten dort zum Islam über. Isabelle trägt arabische Männerkleidung. Sie fühlt sich unter den Einheimischen pudelwohl und denkt gar nicht daran, wieder nach Europa zurückzukehren. Als die Mutter stirbt, verschafft sie sich eine neue Identität. Sie heißt nun Si Mahmoud und gibt sich als Sohn einer deutschen Mutter und eines Tunesiers aus. Ihr Nomadenleben beginnt.

In ihrer Männerkleidung zieht sie durch Bars und Bordelle, trinkt Absinth und raucht Cannabis. Um sich ihren Lebensunterhalt zu verdienen, nimmt sie Aufträge als Reporterin an, außerdem beginnt sie, ihre Reiseerfahrungen niederzuschreiben und zu »versuchen, davon zu erzählen, diesem oder jenem den ehrfürchtigen und wehmütigen Schauer zu vermitteln, den ich angesichts der traurigen Herrlichkeit der Sahara gespürt habe«.

Verlorene Heimat Europa

1899 reist sie nach Genf zurück, um dem todkranken Trofimowski beizustehen. Als er stirbt, reist Isabelle weiter nach Paris, um dort einen Verleger für ihre Prosaskizzen zu suchen. Aber Europa ist schon lange nicht mehr ihre Heimat.

»Jetzt habe ich nur einen Wunsch«, so sagt sie. »Mich wieder in diese vertraute Persönlichkeit zu hüllen, die im Grunde genommen meine wirkliche ist, und nach Afrika zurückkehren. Ich sehne mich danach, in der kühlen tiefen Stille unter Sternen zu liegen, mit nichts als dem unendlichen Himmel als Dach und einem warmen Boden als Bett.« Noch im gleichen Jahr kehrt sie zurück nach Algerien und durchreist die Weiten der Sahara.

Liebe und Flucht

In einer Oasenstadt verliebt sie sich in den algerischen General der dort stationierten französischen Truppen, Slimène Ehnni. Gemeinsam treten sie einer moslemischen Bruderschaft bei. Dabei gehört sie zu den sehr wenigen Europäern, denen die Aufnahme in eine solche Gemeinschaft gestattet wird. Die Mitgliedschaft ist nicht ohne Gefahren: 1901 wird durch eine gegnerische Bruderschaft ein Attentat auf Isabelle Eberhardt verübt. Sie überlebt und tritt bei der folgenden Verhandlung sogar dafür ein, dass der Attentäter verschont wird. Von den französischen Kolonialherren aber wird Isabelle verdächtigt, eine Spionin zu sein, und somit des Landes verwiesen. Sie muss ihre Wahlheimat und ihren Geliebten verlassen.

In Aïn Sefra, Algerien, ist die Grabplatte Isabelle Eberhardts erhalten.

Zunächst geht sie zu ihrem Bruder Augustin nach Marseille, aber mit der als Unrecht empfundenen Ausweisung vermag sie sich nicht abzufinden. Noch im gleichen Jahr heiratet sie im Exil Slimène Ehnni und erlangt so die französische Staatsbürgerschaft. Es ist der einzige Anlass, zu dem sie tatsächlich ein Kleid anzieht. Ihr steht es nun jedenfalls wieder frei, nach Algerien zurückzukehren. Isabelle beginnt dort, ihre Reiseberichte zu veröffentlichen. Sie beschreibt ihre Erfahrungen »erfüllt von glühender Farbigkeit und Sinnlichkeit«. Sie zeigt sich als Kritikerin der Kolonialherrschaft und als empfindsame, oft auch einsame Frau, die aber mit sich selbst und ihrem Schicksal völlig im Reinen ist. »Ich stelle fest, dass ich einmal mehr Gefahr laufe, mich im Unsagbaren zu verlieren, in dieser materiellen Welt, die ich fühle und ganz klar verstehe, die ich aber nie habe in Wor-

Diese Landschaft fasziniert Isabelle Eberhardt: Szene in der nordafrikanischen Wüste

te fassen können«, schreibt sie. »Trotzdem, und wenn auch mein Leben nur eine einzige Verstrickung aus Schmerz und Trauer gewesen ist, ich würde dennoch dieses klägliche Leben nie verfluchen, dieses trostlose Universum ... wo die Liebe und der Tod Seite an Seite gehen und alles flüchtig und vergänglich ist.« 1904 quartiert sie sich gemeinsam mit ihrem Ehemann in einer Lehmhütte in einem ausgetrockneten Flussbett ein. Ein unerwartetes Gewitter füllt das Flussbett wieder mit Wasser und reißt die Lehmhütten fort. Isabelle ertrinkt im Alter von 27 Jahren.

Leben und Werk

- **Geburtsdatum:** 17. Februar 1877
- **Geburtsort:** Genf
- **Todesdatum:** 21. Oktober 1904
- **Todesort:** Aïn Sefra, Algerien
- **Leben:** Russisch-schweizerische Abenteurerin und Schriftstellerin. Sie lebt wie ein Nomade, in Männerkleidern und unter dem Pseudonym Si Mahmoud reist sie durch Algerien, Marokko und Tunesien. Um Geld zu verdienen, veröffentlicht sie ihre Reiseberichte.
- **Werke:** Nouvelles algériennes, 1905. Dans l'ombre chaude de l'islam, 1905. Mes journaliers, 1922

Was heute selbstverständlich ist, muss von den Frauen für die Frauen erst mühsam erkämpft werden: das Frauenwahlrecht. Aus einem Plakat der Frauenbewegung von 1914.

Der Kampf um Gleichberechtigung

Deutsche Frauenbewegung im 19. und 20. Jahrhundert

Keine Frage: Die aufklärerischen und freiheitlichen Ideen der Französischen Revolution von 1789 reiben sich heftig mit der von den Frauen im Europa des 19. Jahrhunderts erlebten Wirklichkeit. Auf dem Banner jener Zeit stehen Freiheit, Gleichheit, Brüderlichkeit, doch im Alltag der Frauen dominieren Unterdrückung und Unmündigkeit, kaum eine Frau kann frei über ihr Leben entscheiden. Das weibliche Geschlecht stellt die Hälfte der Menschheit und ist doch von den Menschenrechten so weit entfernt wie eh und je.

Vertreten wir unsere Rechte selbst!

Die Frauen jener Zeit können nicht länger die Augen davor verschließen, dass nur sie, und sie allein, diesen unwürdigen Zustand beenden können. Vor allem in Amerika, in Großbritannien und in Deutschland gehen die Frauen auf die Barrikaden. Die couragierte deutsche Journalistin und Schriftstellerin Louise Otto bringt die Lage auf den Punkt: »Vertreten wir unsere Rechte selbst!« Die Frauen wollen nicht länger abseits stehen, sie verlangen ihren Anteil an den Freiheitsgedanken des Jahrhunderts und fordern nun das gleiche Recht auf Selbstverwirklichung, Autonomie und Entfaltung ihrer Persönlichkeit wie die Männer.

Zur Mitte des 19. Jahrhunderts hin wird in Briefen und Aufsätzen, aber auch in der von Frauen geschriebenen Literatur deutlich, wie sehr sich das Selbstbild und das Selbstverständnis des weiblichen Geschlechts verändert haben. Die politische Aufbruchsstimmung in Deutschland spiegelt sich besonders deutlich in den Texten von Louise Otto, die nach ihrer Heirat mit dem politischen Journalisten August Peters den Doppelnamen Otto-Peters trägt. Mit ihren politischen Gedichten trifft sie ins Herz ihrer Frauengeneration, die »Lerche des Völkerfrühlings« versteht es wie kaum eine andere, zahlreiche Frauen des Bürgertums für ihre Ziele zu begeistern. 1843 fordert sie: Die Teilnahme der Frauen an den Interessen des Staates ist nicht ein Recht, sondern eine Pflicht«! Konsequent baut sie ihren Emanzipationsanspruch aus und erklärt 1847: »Selbstständig müssen die deutschen Frauen werden, nur dann werden sie auch fähig sein, ihrer Pflicht, teilzunehmen an den Interessen des Staates, immer und auf die rechte Weise nachkommen. Diese Selbstständigkeit kann nur durch individuelle Bildung befördert werden; denn nur ein selbstständiges Herz führt zu selbstständigem Handeln.«

Die Frauenfrage ist eine Bildungsfrage

Louise Otto-Peters gilt als Gründerin der bürgerlichen deutschen Frauenbewegung. Die von ihr 1849 gegründete politische »Frauenzeitung« trägt denn auch das Motto: »Dem Reich der Freiheit werb ich Bürgerinnen«. Die »Frauenzeitung« verbannt die traditionellen weiblichen Tugenden wie Bescheidenheit, Zurückhaltung und Unterordnung unter die Interessen des Mannes in die Mottenkiste der Geschichte. Unmissverständlich heißt es da: »Die Geschichte aller Zeiten, und die heutige ganz besonders, lehrt: dass diejenigen auch vergessen werden, welche an sich selbst zu denken vergaßen!«

Neben Louise Otto-Peters sehen Alice Schmidt (1833–1902), Henriette Goldschmidt (1825–1920), Louise Dittmar (1807–1884) und viele andere die mangelhafte weibliche Bildung als Hauptursache für die untergeordnete Position der Frauen in Staat und Gesellschaft. Mit vierzehn Jahren ist der Schulbesuch zu

Louise Aston, Frauenrechtlerin, Schriftstellerin und Vorkämpferin der demokratischen Revolution

Ende, noch immer wird den Mädchen der Zugang zu höherem Unterricht an öffentlichen Schulen versperrt. Alles Lernen dient ihrer gesellschaftlichen Bestimmung als Ehefrau, Hausfrau und Mutter: In Hauswirtschaft und Handarbeit liegen ihre zukünftigen Aufgaben. Gesang und Tanz, das Spielen eines Instrumentes oder die Befähigung zum Zeichnen und Malen sind dabei durchaus erwünscht, solange sich die Ambitionen der Frau auf das häusliche Umfeld beschränken.

Die erste Generation der modernen Frauenbewegung ist davon überzeugt, dass Selbstständigkeit und Mündigkeit der Frau nur über ihr Recht auf Bildung und Arbeit zu erreichen sei. Für die kompromissloser denkende und radikaler formulierende Schriftstellerin Louise Aston (1814–1871) ist die allein aus Versorgungs- und Prestigegründen von den Familien beschlossene Eheschließung junger Frauen ein grundsätzliches Übel, das zugunsten frei gewählter Gefühlsbindungen abgeschafft gehört. In der traditionellen Ehe ist die Frau nach Aston zur Sklaverei verdammt: »Die Frau ist, was der Mann vorstellt (…). Er ist der politische, moralische und ökonomische Repräsentant ihrer politischen, moralischen und ökonomischen Stellung. Sie ist Nichts, er Alles.«

Arbeiterinnen in der Textilproduktion im Elsass

Bürgerliche und proletarische Frauenbewegung

In den politischen Freiheitskämpfen des Deutschen Vormärz im Jahre 1848 leiden nicht wenige engagierte Frauen unter persönlicher Verfolgung, Flucht und Exil. Der Kampf um die Gleichberechtigung der Frauen auf ökonomischem, politischem, sozialem und kulturellem Gebiet bewegt sich zunehmend in zwei Richtungen, die von unterschiedlichen sozialen Voraussetzungen bestimmt werden.

Denn die Forderung der bürgerlichen Frauenbewegung, dass die »Arena der Arbeit auch für uns und unsere Schwestern geöffnet wird«, ist kaum verständlich für die unzähligen Frauen, die un-

ter häufig katastrophalen Umständen und unmenschlichen Bedingungen ihr Dasein als Arbeiterin, Dienstmädchen oder Tagelöhnerin fristen. Von einer frei gewählten Arbeit kann hier keine Rede sein, die Frauen des Proletariats sehen sich, mit und ohne Kinderschar, bei äußerst geringer Entlohnung und hoher Stundenzahl zur Arbeit gezwungen, wenn sie und ihre Familien nicht verhungern wollen. Anders als die feministische Orientierung der bürgerlichen Frauenbewegung bleibt die proletarische Frauenbewegung unter Frauen wie Clara Zetkin (1857–1933) und Emma Ihrer (1857–1911) eingebettet in die sozialistische Arbeiterbewegung. Die Frauenfrage ist hier Teil einer großen sozialen Frage, während die bürgerlichen Frauen ihre Rechte innerhalb des bestehenden gesellschaftlichen Systems durchsetzen wollen.

Der Übergang von der Mitte des 19. Jahrhunderts bis zu den ersten Jahrzehnten des 20. Jahrhunderts ist eine Phase umwälzender gesellschaftlicher Veränderungen gewesen. Die Modernisierungen in der Industrie, Wirtschaft und Technik, dem Verkehrs- und Kommunikationswesen wie auch der Forschungsentwicklung verändern die europäische Wirklichkeit.

In ganz Europa fordern Frauen ihre Rechte ein: Demonstration in London, 1908.

Das Frauenwahlrecht als oberstes Ziel

Vom 16. bis zum 19. Oktober 1865 findet die erste Frauenkonferenz in Deutschland statt. Zum ersten Mal leitet eine Frau, Louise Otto-Peters, eine große öffentliche Versammlung, die zur Geburtsstunde des »Allgemeinen Deutschen Frauenvereins« (ADV) wird: Die Grundsätze der Gerechtigkeit und Freiheit sollen von nun an für alle Bürger gelten! Der Verein greift sofort Themen auf, die zum Teil auch heute noch aktuell sind: die Forderung nach Industrie-und Handelsschulen für Mädchen, der Arbeiterinnen- und Mutterschutz, Chacengleichheit im Beruf, gleicher Lohn für gleiche Arbeit, Gewerbefreiheit für Frauen und als wichtigstes politischstes Ziel das Frauenwahlrecht! Zur gleichen Zeit fordert Hedwig Dohm (1831–1919) die gleiche Ausbildung für beide Geschlechter von der Elementarschule bis zur Universität, gleichberechtigten Zugang zu allen Berufen und eine absolute Gleichstellung von Männern und Frauen im Privaten und Öffentlichen Recht.

Zahlreiche Petitionen an das Preußische Abgeordnetenhaus und an das Kultusministerium wie auch der am 29. März 1894 erfolgte Zusammenschluss vieler bestehender Frauenverbände zum »Bund deutscher Frauenvereine (BdF) verstärken den Druck, den die Führerinnen der bürgerlichen und proletarischen Frauenbewegung auf die wilhelminische Gesellschaft ausüben. Öffentliches Rede-und Versammlungsverbot, zahllose, von höhnischen Kommentaren begleitete Karikaturen in der Tagespresse sind die Folge. Doch das wachsende Bewusstsein der Frauen für den Wert der eigenen Lebensziele ist nicht mehr zu stoppen. Die Aufbruchsstimmung einer Zeitenwende, die viele Menschen um das Jahr 1900 erleben, springt auch auf die Frauen über.

Doch erst mit dem Zusammenbruch des Deutschen Kaiserreiches nach dem Ersten Weltkrieg erfüllt sich die wichtigste politische Frauenforderung: das Bürgerrecht zu wählen. Mit dem Beginn der Weimarer Republik scheinen die Ziele, für die sich die erste deutsche Frauenbewegung stark gemacht hat, zumindest formal-rechtlich zu großen Teilen erfüllt: Endlich können junge Mädchen das Abitur machen und studieren, die meisten Berufe ergreifen, und das so heftig erkämpfte Wahlrecht steht ihnen zu. Mit dem Beginn der Zwanzigerjahre schneiden die Frauen sprichwörtlich die alten Zöpfe ab. Der freche Bubikopf wird zum Symbol eines modernen, selbstbestimmten Frauenbildes, das auch heute nichts von seiner Aktualität verloren hat. Doch der so mühsam errungene Aufbruch des weiblichen Geschlechts erfährt mit der Machtergreifung der Nationalsozialisten im Jahr 1933 eine brutale Kehrtwende, deren verheerende Folgen nicht nur für die Frauen jahrzehntelang nachwirken.

Louise Otto-Peters

»Wir wollen kämpfen und siegen durch die Reinheit unserer Sache.«

»Die Erziehung, welche bis jetzt mit wenigen Ausnahmen das weibliche Geschlecht genossen, lief darauf hinaus, die Frauen unselbstständig zu erhalten und ihr eigenes Urteil von den Urteilen anderer abhängig zu machen.«

Unmündig und unselbständig sein, das ist es, was Louise Otto-Peters anprangert. Mädchen und Frauen sollten die Fähigkeit erwerben, sich selbst zu versorgen, und somit auch zur Unabhängigkeit gelangen. Sie selbst genießt als Tochter einer wohlhabenden Familie zusammen mit ihren Schwestern eine umfassende Bildung. Der Vater fordert sie sogar auf, Zeitung zu lesen und das politische Geschehen zu diskutieren. Die Mutter lernt sie als eine Frau kennen, die in ihrer Tätigkeit als Hausfrau zufrieden ist und die für ihre Arbeit anerkannt wird. Von klein auf wird Louise ermahnt, die Angestellten des Hauses zu respektieren. Sie ist gerade erst 17, als beide Eltern an Tuberkulose sterben. Bereits mit elf Jahren hatte sie ihre ersten Gedichte verfasst, nun beginnt sie, einer ernsthaften schriftstellerischen Tätigkeit nachzugehen.

Gerechtigkeitssinn und Bildungsforderung

Ein Besuch bei ihrer Schwester im Erzgebirge reißt sie zum ersten Mal aus ihrem behüteten Umfeld. Das Elend der Arbeiterfamilien empört ihren anerzogenen Gerechtigkeitssinn. Ihre Gedichte werden politisch. »Klöpplerinnen« kritisiert die Umstände, die die Arbeiterinnen ertragen müssen. Ihre Gedichte erregen Aufsehen: Kritik von einer Frau? In der

Gesellschaft des 19. Jahrhunderts ist das ein Skandal! Robert Blum, Befürworter und Aktivist der kommenden Revolution, stellt in den »Sächsischen Vaterlandsblättern« die Frage, inwiefern es Frauen gestattet sein sollte, an der Politik teilzunehmen. Mit ihrer darauf folgenden Stellungnahme beginnt Louise Ottos Karriere als Journalistin. »Die Teilnahme der Frau an den Interessen des Staates«, schreibt sie, »ist nicht ein Recht, sondern eine Pflicht.«

Noch ist sie unsicher, ob sie sich mit diesem Schreiben nicht zu weit vorwagt. Doch Schweigen kann sie nicht, und so unterschreibt sie den Artikel nicht mit ihrem Namen, sondern lediglich als »ein sächsisches Mädchen«. Ihre weiteren gesellschaftskritischen Artikel veröffentlicht sie meist unter dem Pseudonym Otto Stern. Im Mittelpunkt stehen für sie dabei die Interessen der Arbeiterinnen, das Recht auf Unterricht für Mädchen und somit die Möglichkeit für Frauen, auch gehobenere Berufe ausüben zu können. »Bei uns schnürt man den Mädchen den Charakter zusammen«, entrüstet sie sich, »dass er so unentwickelt bleibt, dass bei ihm nie vom Selbststehen und Fortschreiten die Rede sein kann.«

Louise Otto-Peters kämpft für Frauenbildung und Gleichberechtigung, will aber die Weiblichkeit erhalten wissen.

Bildungsforderung

Und dennoch ist es für Louise Otto überaus wichtig, dass Frauen ihre Weiblichkeit nicht verlieren. Sie hält noch immer an den traditionellen Idealen fest, nach denen es die Bestimmung der Frau ist, Hausfrau und Mutter zu werden. Frauen, die sich wie Männer gebärden, sind für sie »Schauspielerinnen wie die meisten Forcierten, und wie diese gehören sie zu denen, welche das Wort Frauen-Emanzi-

1894 stellt die Zeitschrift »Die Gartenlaube« die Köpfe der deutschen Frauenbewegung vor.

pation in Misskredit gebracht haben und die man daher schlechthin die Emanzipierten nennt.« Nachdem sie viele politische Schriften in diversen Zeitungen veröffentlicht hat, gründet Louise Otto 1849 ihr eigenes Blatt, die »Frauenzeitung«. Beflügelt von der Revolution, gibt sie dem Heft das Motto: »Dem Reich der Freiheit werb' ich Bürgerinnen«.

Freiheitskampf und Pressezensur

Sie will die Frauen der Nation aufrütteln, denn »die Geschichte aller Zeiten, und die heutige ganz besonders, lehrt: dass diejenigen, welche selbst an ihre Rechte zu denken vergessen, auch vergessen wurden«. Ihre Schriften geraten zunehmend in die Kritik. 1850 verabschiedet Sachsen ein Pressegesetz, das als »Lex Otto« bekannt wird und die Herausgabe ihrer Zeitung verbietet. Drei Jahre kann sie die Zeitschrift noch im benachbarten Gera herausbringen, dann wird sie auch dort verboten.

Obwohl Louise Otto den Segen der Häuslichkeit predigt, ist sie selbst noch nicht verheiratet. Grund dafür ist, dass ihr Verlobter, der Schriftsteller August Peters, wegen Beteiligung an der Revolution von 1848 eine Gefängnisstrafe zu verbüßen hat. Als er 1858 begnadigt wird, heiraten die beiden. Peters wird Herausgeber der »Mitteldeutschen Volkszeitung«, seine Frau betraut er mit der Leitung des Feuilletons. Außer dieser Tätigkeit zieht sich Louise Otto-Peters von der Öffentlichkeitsarbeit zurück. Aber ihr Glück währt nicht lange. Ihr Mann stirbt bereits 1864, nur sechs Jahre nach der Hochzeit. Louise Otto-Peters nimmt nun wieder die Leitung der Frauenrechtsbewegung in die Hand. Sie ruft zu einer gesamtdeutschen Frauenkonferenz auf. Von Spöttern wird die Zusammenkunft als »Frauenschlacht« bezeichnet.

Vorkämpferin der Frauenbewegung
Gemeinsam mit der Lehrerin Auguste Schmidt gründet Louise Otto-Peters bei dieser Gelegenheit den »Bund deutscher Frauen« und organisiert so die zarten Ansätze einer feministischen Bewegung. Durch ihr geschicktes Vorgehen, das nichts überstürzt, sondern schrittweise die Veränderungen in der Stellung der Frau anstrebt, kann Louise Otto-Peters eine breite Masse für sich gewinnen. Das Wort Emanzipation, das im 19. Jahrhundert deutlich negativ besetzt ist, schreckt die meisten Frauen und auch einige Männer nun nicht mehr so sehr ab.
»Und wenn aber wieder ein paar Jahrhunderte um sein werden«, weiß Louise Otto-Peters, »wird es wieder andere deutsche Frauen geben, welche gutmütig lächeln werden über unsere heutigen Reformbestrebungen und sich nicht werden denken können, dass dergleichen jemals nötig gewesen, noch weniger begreifend, wie viele Kämpfe, wie viele Verketzerungen und Missdeutungen sie uns gekostet haben!«

Gedenkstein für Louise Otto-Peters in Leipzig

Es ist ihr Ziel, möglichst viele Frauen für ihren Kampf zu gewinnen und ihnen deutlich zu machen, dass es notwendig ist, als Frau gewisse Pflichten zu übernehmen, und dass es Rechte gibt, die ihrem Geschlecht nicht vorenthalten werden dürfen. Durch Bildung will sie insbesondere den Frauen, aber auch den Männern vermitteln: »Das Recht der freien Selbstbestimmung ist das heiligste und unveräußerlichste jedes vernunftbegabten Wesens. Wer sich dasselbe rauben lässt, wer freiwillig darauf verzichtet, der versündigt sich an seiner eigenen Menschenwürde, und es bewahrt sie nur, wer freudig seine Kraft einsetzt, jenes Recht zu bewahren oder sich zu erringen, wo man es ihm noch nicht gegeben oder wo man es ihm genommen hat.«

Leben und Werk

- **Geburtsdatum:** 26. März 1819
- **Geburtsort:** Meißen
- **Todesdatum:** 13. März 1895
- **Todesort:** Leipzig
- **Leben:** Schriftstellerin und Journalistin, Anführerin der Frauenbewegung in Deutschland. Sie organisiert den »Allgemeinen Deutschen Frauenverein« und kämpft für Bildung und die Rechte der Arbeiterinnen.
- **Werke (Auswahl):** Ludwig der Kellner, 1843. Schloss und Fabrik, 1846. Das Recht der Frauen auf Erwerb, 1866. Frauenleben im Deutschen Reich, 1876

Florence Nightingale

»Wenn man mit Flügeln geboren wird, sollte man alles dazu tun, sie zum Fliegen zu benutzen.«

»Nicht ein Mann, nicht einmal ein Doktor definiert die Art, wie eine Krankenschwester zu sein hat, anders als ›ergeben und gehorsam‹. Diese Definition trifft auf einen Gepäckträger zu. Oder vielleicht auf ein Pferd.«

Dass sie sich mit dem traditionellen Bild der dienenden Krankenschwester nicht abfinden mag, beweist Florence Nightingale mehrfach. Wie niemand vor ihr revolutioniert sie das britische Gesundheitswesen und begründet so das moderne Berufsverständnis der Krankenschwester, wie wir es heute kennen. Für ihre Bemühungen und insbesondere für ihre Erfolge während des Krimkrieges erhält sie als erste Frau den englischen Verdienstorden. Geboren als Tochter wohlhabender Eltern wird sie nach ihrem Geburtsort benannt: Florenz. Zurück in England, unterrichtet ihr Vater, ein liberaler Politiker, seine beiden Töchter persönlich. Bereits als junges Mädchen ist Florence Nightingale voller Tatendrang.

Das Schreckgespenst der Ehe

Ihr graut vor der Zukunft, die die Gesellschaft für eine Frau ihrer Stellung bereithält: heiraten, Kinder kriegen und die Hände in den Schoß legen. Das kann, das darf nicht ihr Leben sein, da ist sich Florence sicher. Für was hat sie ihre schnelle Auffassungsgabe, wenn sie die nicht nutzen darf? Zum Entsetzen ihrer Mutter schlägt sie im Alter von 17 Jahren den Heiratsantrag des wohlhabenden Politikers und Schriftstellers Richard Baron Houghton aus. Die Mutter kann die Ambitionen ihrer Tochter nicht verstehen. »Wir sind Enten, die einen wilden Schwan ausgebrütet haben«, seufzt sie. Und Florence will mit ihren eigenen Flügeln fliegen. Zu ihrer Zeit gibt es für Frauen nur sehr wenige Möglichkeiten, einen Beruf auszuüben, eine davon ist der soziale Dienst. Als Florence den Wunsch äußert, Krankenpflegerin zu werden, sind die Eltern empört. Das Personal in Krankenhäusern besteht in der Regel aus armen Frauen ohne jedwede Ausbildung. Für eine Dame ihres Standes ist ein solcher Beruf ein Ding der Unmöglichkeit! Doch Florence Nightingale lässt sich nicht beirren. Durch das Studieren von Büchern und Berichten eignet sie sich umfassendes theoretisches Wissen an. Erst im Alter von 30 Jahren ringt sie den Eltern die Erlaubnis ab, nach Deutschland gehen zu dürfen.

Florence Nightingale revolutioniert das Berufsbild der Krankenschwester.

Krankenpflege als Kunst

Die Diakonie Kaiserswerth am Rhein, gegründet von Theodor Fliedner, setzt internationale Maßstäbe im Bereich der Krankenpflege. Dort gewinnt Florence Nightingale erste praktische Erkenntnisse. Sie reist weiter zu den Barmherzigen Schwestern in Paris und erweitert dort ihr Können. Zurück in der Heimat, gründet sie mit ihrem privaten Vermögen ein Frauensanatorium. 1853 bricht zwischen Russland und dem Türkischen Reich mit seinen Verbündeten Großbritannien und Frankreich der Krimkrieg aus. Ein Artikel in der »London Times« berichtet über die katastrophalen Zustände in den englischen Lazaretten. Während es bei den französischen und den russischen

Florence Nightingale missachtet Verbote ihrer Eltern und folgt ihrer Berufung: hier während des Krimkrieges in einem Lazarett.

Truppen bereits üblich ist, zur Krankenpflege katholische Schwestern einzusetzen, findet sich im britischen Lager kein ausgebildetes Pflegepersonal.

Der Kriegsminister Sidney Herbert bittet Florence Nightingale um Hilfe. Denn die meisten Soldaten sterben nicht an Wunden, die sie während der Kämpfe davongetragen haben, sondern an späteren Infektionen und Krankheiten. Typhus und Cholera verlangen weit mehr Opfer als die feindlichen Truppen. Florence und ihre 38 Helferinnen erweisen sich auf der Krim als äußerst effektiv. Sie steht persönlich dafür ein, dass die Schwestern nicht nur Medikamente verteilen und Verbände anlegen. Auch »der ordnungsgemäße Gebrauch frischer Luft, Licht, Wärme, Reinheit, Ruhe und die angemessene Auswahl und Anpassung der Ernährung« gehören zur Arbeit der Pflegerinnen.

Durch ihr ausgeprägtes Organisationstalent und ihren energischen Einsatz gelingt es Florence Nightingale, die Sterberate in den Lazaretten von 42 auf 2 % zu senken. Mit ihren Helferinnen versorgt sie über 10 000 Soldaten. Für ihre Schützlinge wird sie zu einem »guten Engel«. Da sie tagsüber so sehr mit der Organisation beschäftigt ist, findet sie erst abends und nachts Zeit, sich mit einer Lampe in der Hand ihre Patienten noch einmal persönlich anzusehen. So erhält sie von den verletzten Soldaten den Beinamen »the Lady of the Lamp«, »die Dame mit der Lampe«. Als sie selbst erkrankt, muss sie gegen Ende des Krieges nach England zurückkehren.

Gesundheitsreform!

Sie nutzt ihre enorme Popularität und ihre mathematische Begabung und legt medizinische Statistiken an, mit deren Hilfe sich das Gesundheitswesen besser analysieren lässt und die auch im Hinblick auf die Erforschung von Epidemien gute Dienste leisten. 1858 wird ihr als erste Frau die Ehre einer Aufnahme in die Royal Statistical Society zuteil. Endlich werden ihre Bemühungen anerkannt. Die hochgeschätzte Beraterin des öffentlichen Gesundheitswesens veröffentlicht 1859 ihr Werk »Notes on Hospital«. Darin schildert sie ihre Erlebnisse während des Krimkrieges und ihre Ansichten über moderne Krankenhäuser. »Es mag seltsam erscheinen, deutlich zu sagen«, schreibt sie, »dass die allererste Voraussetzung in einem Krankenhaus die ist, dass es den Kranken keinen Schaden zufügen darf.»

Nur ein Jahre später veröffentlicht sie ein Lehrbuch für Krankenschwestern mit dem Titel »Notes on Nursing«. Mit Hilfe einer großzügigen Spende kann Florence Nightingale 1860 am St. Thomas Hospital in London ihre erste Schule für Krankenschwestern gründen. Sie versucht, ihr erworbenes Wissen und ihre umfangreichen Erfahrungen weiterzugeben, um zu gewährleisten, dass die Gesundheitsreform weiter voranschreiten kann. »Krankenpflege ist keine Ferienarbeit«, so schreibt sie. »Sie ist eine Kunst und fordert – wenn sie zur Kunst werden soll – eine ebenso große Hingabe, eine ebenso ernste Vorbereitung wie das Werk eines Malers oder Bildhauers, denn was bedeutet die Arbeit an einer toten Leinwand oder kaltem Marmor im Vergleich zu der am lebendigen Körper, dem Tempel für den Geist Gottes? Krankenpflege ist eine der schönsten Künste, fast hätte ich gesagt, die schönste aller Künste.«

Es ist Florence Nightingale, die Henry Dunant dazu inspiriert hat, das Rote Kreuz zu gründen. »Was mich während des Krieges von 1859 dazu brachte, nach Italien auf das Schlachtfeld von Solferino zu gehen und dort zu helfen«, sagte er, »war das große Vorbild, das Florence Nightingale uns auf der Krim gegeben hatte.«

Leben und Werk

- **Geburtsdatum:** 12. Mai 1820
- **Geburtsort:** Florenz
- **Todesdatum:** 13. August 1910
- **Todesort:** London
- **Leben:** Englische Krankenschwester, die maßgeblich zur Reform des Gesundheitswesens beiträgt. Ihr medizinischer Einsatz während des Krimkriegs macht sie europaweit bekannt und in England überaus populär. Begründerin der ersten englischen Schwesternschule.
- **Werke (Auswahl):** Cassandra, 1851 . Notes on Hospital, 1859. Notes on Nursing, 1860

Hedwig Dohm

»Mehr Stolz, ihr Frauen!«

»Glaube nicht, es muss so sein, weil es so ist und immer so war. Unmöglichkeiten sind Ausflüchte steriler Gehirne. Schaffe Möglichkeiten.«

Hedwig Dohm kämpft gegen Konventionen einer patriarchalischen Gesellschaft. Soziale Gleichberechtigung, eine bessere Ausbildung für Mädchen und selbstverständlich auch das Frauenwahlrecht: Hedwig Dohm bekämpft im 19. Jahrhundert gleich drei Tabus in Deutschland. Mit spitzer Zunge und bestechender Logik wendet sie sich auch gegen die Großen ihrer Zeit: Guy de Maupassant, Arthur Schopenhauer, Friedrich Nietzsche – die etablierten Schriftsteller und Philosophen mit ihren überholten Frauenbildern argumentiert sie in Grund und Boden. Bis ins hohe Alter – sie stirbt mit 87 Jahren – kämpft sie für ihre Überzeugung.

»Prügel und Erziehung waren beinahe identisch«

1831 kommt Marianne Adelaide Hedwig Dohm als Tochter eines wohlhabenden Tabakfabrikanten zur Welt. Gemeinsam mit ihren sieben Schwestern darf sie bis zum 15. Lebensjahr die Mädchenschule besuchen, danach sieht sie sich zur Hausarbeit verdammt. Sie versucht, der Langeweile zu entfliehen, indem sie alles liest, was ihr in die Finger kommt. Der Mutter, einer strengen und altmodischen Frau, gefällt das ganz und gar nicht. Die Bücher werden weggesperrt, das viel zu wissbegierige Mädchen durch Schläge gezüchtigt. »Ich fürchtete mich vor meiner Mutter«, schreibt sie, »vor ihren Gewaltsamkeiten. Herzhaft und mit gutem Gewissen wurde damals geprügelt. ... Prügel und Erziehung waren beinahe identisch.«

So ist es kein Wunder, dass Hedwig Dohm ihre acht Brüder beneidet, die das Gymnasium besuchen dürfen. Sie ist verzweifelt ob der Ungerechtigkeit, die ihr widerfährt: Intelligent, wissensdurstig und neugierig wie sie ist, darf sie doch nicht lernen, nur weil sie ein Mädchen ist. Ihre Brüder hingegen wollen nicht und müssen doch zur Schule gehen. Nach hartem Kampf kann sie ihren Eltern schließlich die Erlaubnis abringen, ein Lehrerinnenseminar besuchen zu dürfen. Es ist einer der wenigen Berufszweige, in dem Frauen toleriert werden. Doch Hedwig Dohm ist von dem Seminar enttäuscht. Wie schon auf der Mädchenschule fühlt sie sich völlig unterfordert und kann nicht recht glauben, dass das Wenige, das sie dort lernt, tatsächlich zum Lehrerinnenberuf befähigen soll. Für das kluge Mädchen ist die Zeit bei ihren spießbürgerlichen Eltern überaus frustrierend.

Zugang zur literarischen Welt

Mit 19 Jahren heiratet sie schließlich Ernst Dohm, den leitenden Redakteur der satirischen Zeitung »Kladderadatsch«. Durch ihn bekommt Hedwig Dohm Zutritt zu den literarischen Kreisen. Sie eröffnet ihren eigenen Salon in Berlin. Alexander von Humboldt, Theodor Fontane und Franz Liszt gehen dort ein und aus. Befreit von der herrischen Mutter, bildet sie sich autodidaktisch fort. Ihre erste Veröffentlichung ist das wissenschaftliche Werk »Die spanische National-Literatur in ihrer geschichtlichen Entwicklung«; eine gewaltige Leistung für eine Frau, die nur eine rudimentäre Ausbildung genossen hat. In ihren weiteren Ehejahren, in denen sie fünf Kinder zur Welt bringt, schreibt sie Romane, Novellen und Lustspiele, die in Berlin auch zur Aufführung kommen.

Hedwig Dohm, unermüdliche Kämpferin gegen Männerdominanz und für Frauenrechte

Meist handelt es sich bei den Protagonistinnen um Frauen, die aus der Norm fallen. Erst im Alter von 40 Jahren beginnt sie, explizit politische und gesellschaftskritische Pamphlete und Essays zu publizieren.

Scharfzüngige Kämpferin

Mit Scharfzüngigkeit, aber auch mit Humor demontiert sie jahrhundertealte Prinzipien, die der Frau Unterordnung aufzwingen. »Die Frauen haben Steuern zu zahlen wie die Männer, sie sind verantwortlich für Gesetze, an deren Beratung sie keinen Anteil gehabt; Sie sind also den Gesetzen unterworfen, die andere gemacht«, schreibt sie empört in »Der Jesuitismus im Hausstande«. »Das nennt man in allen Sprachen der Welt Tyrannei, einfache, absolute Tyrannei, sie mag noch so milde gehandhabt werden, sie bleibt Tyrannei. Die Frau besitzt wie der Sklave alles, was man ihr aus Güte bewilligt.«

Die angebliche natürliche Minderwertigkeit der Frau lehnt sie entschieden ab und vertritt vehement die Überzeugung, dass die Unterschiede zwischen Mann und Frau hauptsächlich aus den gesellschaftlichen Traditionen und der daraus erwachsenen Erziehung entstehen. »Der Mann hat längere Beine als die Frau«, stichelt sie, »bemerkt sehr richtig Herr von Bischof. Ein Schlußsüchtiger könnte allenfalls daraus schließen, dass der Mann sich mehr zum Briefträger eigne als die Frau; ihr aber aus diesem Grunde die Fähigkeit zum Erlernen des Griechischen und Lateinischen absprechen zu wollen, ist mehr kühn als logisch gedacht.«

Horrorbild für Hedwig Dohm: Ausschließlich Jungen sitzen im Gymnasium (um 1910).

Hedwig Dohm verlangt soziale Gleichheit, eine bessere Ausbildung der Mädchen, damit sie einen Beruf ergreifen und sich selbst versorgen können, sodass sie nicht von einem Mann abhängig sein müssen. Sie tritt ein für sexuelle Aufklärung, für Zulassung von Frauen zum Studium und für ihr größtes Ziel: das Wahlrecht für Frauen. Nicht nur Männern sind ihre Forderungen zu radikal, auch viele Frauen halten sie für zu rigoros in ihrem Vorgehen.

»Missbrauch des Todes«

Hedwig Dohm respektiert die gemäßigten Ansichten. »Wie käme ich dazu, meine ganz individuelle Veranlagung zum Maßstab der ganzen Frauenwelt zu machen?«, fragt sie. »Damit verfiele ich ja in den Fehler der Frauen, die sich mit allen anderen Frauen identifizieren. Nein, die Frauen in ihrer Gesamtheit lassen sich nicht unter einen Hut bringen.« Dennoch wird sie es nicht müde, alle Frauen zum Widerstand und zum Kämpfen aufzurufen. Nach dem Tod ihres Mannes 1883 gründet sie den »Frauenverein Reform«, außerdem wird sie Mitglied im »Bund für Mutterschutz und Sexualreform« und dem »Verein Frauenwohl«, die sich den Prinzipien verschrieben haben, die sie auch selbst verfolgt. Der radikale Flügel der Frauenbewegung befindet sich auf dem Vormarsch. Bis zu ihrem Tod veröffentlicht Hedwig Dohm noch weit über 80 Artikel und Essays. Als eine von wenigen schließt sie sich nicht der maßlosen Kriegbegeisterung an, die Deutschland 1914 befällt; sie bleibt strenge Pazifistin. Ihre Texte wie beispielsweise »Der Missbrauch des Todes« richten sich nun entschieden gegen den Kampf und das sinnlose Töten. Erst nach Ende des Ersten Weltkriegs, als Hedwig Dohm bereits 87 Jahre alt ist, tragen ihre jahrzehntelangen Bemühungen erste Früchte. Im November 1918 wird den deutschen Frauen das Wahlrecht zugestanden. Nur ein halbes Jahr später stirbt die unbeugsame Hedwig Dohm, eine Pionierin der deutschen Frauenbewegung.

Leben und Werk

- **Geburtsdatum:** 20. September 1831
- **Geburtsort:** Berlin
- **Todesdatum:** 1. Juni 1919
- **Todesort:** Berlin
- **Leben:** Vorreiterin der Emanzipation in Deutschland. Sie fordert als eine der Ersten das Frauenwahlrecht.
- **Werke (Auswahl):** Was die Pastoren von den Frauen denken, 1872. Der Jesuitismus im Hausstande, 1873. Die wissenschaftliche Emancipation der Frauen, 1874. Der Frauen Natur und Recht, 1876. Werde, die du bist!, 1894. Die Antifeministen, 1902. Der Mißbrauch des Todes, 1915

Bertha von Suttner

»Die Waffen nieder!«

»Keinem vernünftigen Menschen wird es einfallen, Tintenflecken mit Tinte, Ölflecken mit Öl wegwaschen zu wollen. Nur Blut soll immer wieder mit Blut abgewaschen werden.« Krieg als Notwendigkeit?

Bertha von Suttner verabscheut den Krieg. Mit dieser Haltung steht sie im krassen Gegensatz zum Zeitgeist des ausgehenden 19. Jahrhunderts, in dem Krieg als legitimes Mittel der politischen Auseinandersetzung angesehen wird. Berühmte Persönlichkeiten wie beispielsweise der Philosoph Immanuel Kant hatten noch die Ansicht vertreten, dass ein Frieden ohne Waffengewalt überhaupt nicht möglich sei. Bertha von Suttner aber ist überzeugt davon, dass es auch andere Lösungen gibt. Bis zu ihrem Tod kämpft sie darum, den Menschen ihre Ideen vom dauerhaften Frieden begreiflich zu machen.

Geborene Gräfin

Die Friedenskämpferin wird in eine feudale Welt hineingeboren. Als Bertha Sophia Felicita Gräfin Kinsky von Chinic und Tettau kommt sie am 9. Juni 1843 in Prag zur Welt. Ihren Vater – stolze 50 Jahre älter als ihre Mutter – lernt das Mädchen nie kennen, denn er stirbt kurz vor ihrer Geburt. Der familiäre Zugang zu höchsten Adelskreisen beruht auf seiner Herkunft, die Mutter Sophie, geborene von Körner, und die kleine Tochter Bertha werden von nun an nur noch naserümpfend geduldet. Aber Sophie Kinsky denkt gar nicht daran, ihren luxuriösen Lebensstil aufzugeben. Was die Mutter allein nicht vermag, soll nun die Tochter richten. Berthas Ausbildung zielt auf die Heirat mit einem wohlhabenden Adeligen, der Mutter und Tochter so das Ansehen in der Gesellschaft sichern soll. Um dies zu ermöglichen, gewährt Sophie Kinsky von Chinic und Tettau ihrer Tochter eine umfassende Bildung in Sachen Literatur, Musik, Philosophie und Naturwissenschaft. Die Tochter selbst steht dem Eifer der Mutter in nichts nach, und so ist es für beide eine herbe Enttäuschung, als sich beim Debütantinnenball niemand für die hübsche und intelligente, aber nun einmal gesellschaftlich zu niedrig gestellte Bertha interessiert.

Sophie Kinsky von Chinic und Tettau gibt nicht auf: Baron Gustav von Heine-Geldern, ein Bruder Heinrich Heines, ist zwar schon 52 Jahre alt und gehört nicht zu den höchsten Adelskreisen – aber er ist reich und das genügt. Der Verlobung steht nichts im Wege. Noch hofft sie, dass sie die Aussicht auf ein Leben im Luxus für alles entschädigen wird, doch schon beim ersten Kuss nimmt sie Reißaus. Bertha bringt es nicht über sich, einen ungeliebten Mann zu heiraten. Die Verlobung wird gelöst. Nun läuft Bertha die Zeit davon.

Die erste mit dem Friedensnobelpreis ausgezeichnete Frau: Bertha von Suttner, um 1911

Eine Liebesheirat und ihre Folgen

Als 30-Jährige hat sie kaum noch Chancen auf eine vorteilhafte Heirat. Das vom Vater hinterlassene Vermögen hat die Mutter mit ihrer Spielsucht fast aufgebraucht. Bertha Kinsky von Chinic und Tettau muss nun in den sauren Apfel beißen und sich eine Anstellung suchen. Im hochadeligen Hause von Suttner in Österreich wird sie Gouvernante und Gesellschafterin für die Töchter. Ihre fundierte Ausbildung kommt ihr hier zugute. Doch dann verliebt sie sich in den jüngsten Sohn der Familie. Der sieben Jahre jüngere Arthur Gundaccar von Suttner erwidert ihre Liebe. Als seine Mutter davon erfährt, wird Bertha unverzüglich des Hauses verwiesen.

Die Waffen nieder!

Monatsschrift zur Förderung der Friedensbewegung.

Herausgegeben von

Baronin Bertha von Suttner.

Redigirt von Alfred Hermann Fried.

Officielles Organ des Amtes der Interparlamentarischen Conferenzen, des Internationalen Friedensbureau in Bern, der Oesterreichischen Gesellschaft der Friedensfreunde und der Deutschen Friedensgesellschaft in Berlin.

Bertha von Suttner gibt unter dem Titel ihres Antikriegsromans auch eine Zeitschrift heraus.

Einer Zeitungsannonce folgend, macht sie sich auf nach Paris, wo ein älterer Herr eine sprachbegabte Sekretärin sucht. Es handelt sich dabei um niemand Geringeren als Alfred Nobel, den millionenschweren Erfinder des Dynamits. Bertha bleibt nur wenig länger als eine Woche bei ihm, denn die Sehnsucht nach Arthur treibt sie zurück in die Heimat. Dennoch wird sie eine lebenslange Freundschaft mit Nobel pflegen.

Heimlich heiratet sie Arthur in Wien. Als seine Eltern davon erfahren, wird er enterbt. Bertha und Arthur von Suttner verlassen Wien in Richtung Kaukasus zur Fürstin Ekaterina Dadiani von Mingrelien, eine alte Freundin Berthas. Die nächsten Jahre sind für das Ehepaar nicht einfach. Sie leben von kärglichen Gehältern, die sie als Klavier- und Gesangslehrer verdienen. Als 1877 der Russisch-Türkische Krieg ausbricht, hat man für musische Betätigung weder Zeit noch Geld; eine andere Einnahmequelle muss gefunden werden. Arthur von Suttner beginnt, Berichte über den Kriegsverlauf zu schreiben und in der österreichischen Presse zu veröffentlichen.

Schreiben gegen den Krieg

Auch Bertha schreibt, doch sie veröffentlicht ihre Artikel unter dem Pseudonym

B. Oulot. Niemand darf wissen, dass eine Frau Kriegsberichterstattung betreibt. Auch ihre ersten Romane publiziert sie unter diesem Decknamen. In Europa gewinnen ihre Veröffentlichungen ständig an Popularität. Nach neun Jahren im Kaukasus können Arthur und Bertha von Suttner endlich nach Wien zurückkehren. Arthurs Eltern haben sich mit ihm arrangiert, dennoch wird Bertha bei ihnen bestenfalls geduldet. Mit ihrer liberalen und demokratischen Auffassung eckt sie in dem konservativen Haushalt der von Suttners immer wieder an. Als ihr Pseudonym gelüftet wird, avanciert die 42-jährige Bertha von Suttner mit einem Schlag zur bekannten Autorin.

Im Jahr 1889 erscheint ihr Hauptwerk »Die Waffen nieder!«, in dem sie den Krieg ohne die Illusion von Heldentum und glorreichen Schlachten ganz realistisch betrachtet. Sie lehnt das Kämpfen als Mittel zur Verständigung ab und fordert stattdessen globale Abrüstung und internationale Schiedsgerichte. Das Buch bringt es in 20 Jahren auf 37 Auflagen und wird in zwölf Sprachen übersetzt! Bertha von Suttner spricht auf Friedenskongressen auf der ganzen Welt. 1891 gründet sie die »Österreichische Gesellschaft der Friedensfreunde«, die es auf hohe Mitgliederzahlen bringt. Im November desselben Jahres wird sie auf dem Weltfriedenskongress in Rom zur Vizepräsidentin des internationalen Friedensbüros gewählt. Leo Tolstoj, Peter Rosegger und Alfred Nobel unterstützen sie in ihren Bemühungen. Aber Bertha von Suttner hat auch ebenso namhafte Gegner, darunter Felix Dahn und Rainer Maria Rilke, die sich auch nicht zu schade sind, den ein oder anderen spöttelnden Vers üb er die »Friedensbertha« und ihre Überzeugungen zu verfassen. 1905 darf sie als erste Frau den Friedensnobelpreis, auf deren Entstehung sie durch ihre Freundschaft zum Stifter entscheidend eingewirkt hat, entgegennehmen. Sie stirbt am 21. Juni 1914. Es bleibt ihr erspart, den Ausbruch des Ersten Weltkrieges, vor dem sie so eindringlich gewarnt hat, mitzuerleben.

Leben und Werk

- **Geburtsdatum:** 9. Juni 1843
- **Geburtsort:** Prag
- **Todesdatum:** 21 . Juni 1914
- **Todesort:** Wien
- **Leben:** Österreichische Schriftstellerin und Pazifistin, erste weibliche Trägerin des Friedensnobelpreises, Vizepräsidentin des internationalen Friedensbüros.
- **Werke (Auswahl):** Ein schlechter Mensch, 1885. Das Maschinenalter entsteht, 1889. Die Waffen nieder!, 1889. Die Haager Friedenskonferenz, 1900. Marthas Kinder, 1902. Der Menschheit Hochgedanken, 1911

Franziska zu Reventlow

»Ich darf nur lieben, aber niemals jemandem gehören.«

»Vielleicht brächte ich es so weit, in Glanz zu leben, aber ich hätte dann alles andere nicht, meine absolute Freiheit und mein Leben für mich«, schreibt Franziska zu Reventlow in ihr Tagebuch.

Freiheit ist für die »tolle Gräfin« das oberste Gebot. Freiheit von gesellschaftlichen Verpflichtungen, Freiheit von überholten Moralvorstellungen, Freiheit zu sein, wer sie ist. Die moderne Hetäre, als die sie verklärt wird, die »heidnische Madonna« kann sich keinen Konventionen unterordnen. »Die kleinste Fessel, die andere gar nicht als solche ansehen«, sagt sie, »drückt mich unerträglich, unaushaltbar und ich muss gegen alle Fesseln, alle Schranken ankämpfen.« Die Konsequenz ist, dass Franziska zu Reventlow nirgends dazu gehört. Sie ist immer einsam.

Schon in ihrer Kindheit in Husum ist sie eine Außenseiterin. Sie hat das Gefühl, von ihren Eltern, dem Landrat von Husum und seiner Frau, einer geborenen Reichsgräfin zu Rantzau, nicht geliebt zu werden. Als einzige Tochter neben vier Söhnen ist sie überzeugt, dass ihr Geschlecht der Grund dafür ist. Sie wünscht sich, als Junge heranzuwachsen, und reagiert enttäuscht, als sie versteht, dass das nicht geschehen kann.

»Die kleinste Fessel drückt mich unerträglich«

»Ich will überhaupt lauter Unmögliches«, schreibt Fanny, wie die spätere Franziska eigentlich heißt, in ihr Tagebuch, »aber lieber will ich das wollen, als mich im Möglichen zurechtzulegen.«

Es ärgert sie, immer wieder von ihren Eltern Ermahnungen hören zu müssen. Sooft wie möglich versucht sie, der lästigen und stumpfen Hausarbeit zu entfliehen. Das stereotype Erziehungsprogramm, das aus jungen Mädchen achtbare Damen machen soll, ist ihr zuwider. In Pamphleten und Essays wird sie ein Leben lang dagegen ankämpfen. Franziska weigert sich, »gewaltsam in eine Schablone gepresst (zu) werden«, in die sie nicht passt. Der Mutter ist die widerspenstige Tochter ein Dorn im Auge. Doch auch der Aufenthalt in einem protestantischen Mädcheninternat kann ihren Willen nicht brechen. Nach nur einem Jahr wird sie der Schule verwiesen.

Lieber arm und frei als reich, aber gefangen in den Konventionen der höheren Gesellschaft: Franziska zu Reventlow

Nach ihrer Rückkehr zieht die Familie nach Lübeck. Dort kommt Franziska zu Reventlow mit dem Ibsenklub in Berührung – und ist sofort von dem norwegischen Schriftsteller begeistert. Henrik Ibsen kämpft gegen konservative Moral und prägt den Begriff der Lebenslüge. Bei den konservativen Familien des Adels und Großbürgertums sind seine Werke verpönt, und so ist es kein Wunder, dass sich gerade Franziska mit seinen Ideen verbunden fühlt. Sie setzt bei ihren Eltern durch, dass sie ein Lehrerinnenseminar besuchen darf. Von ihren dort erworbenen Qualifikationen macht sie nie Gebrauch, dennoch ist das Erlernen eines Berufes für sie ein erster Schritt in die Freiheit. Neue Familienkonflikte lassen nicht lange auf sich warten. Als ihr romantischer Briefwechsel mit einem Verehrer entdeckt wird, schickt man die junge Frau in ein Pastorenhaus, um »Moral und Haushalt« kennenzulernen. Franziska nimmt Reißaus.

Die Frau aus der Schwabinger Bohème als junge Mutter: die Reventlow mit Sohn Rolf

Flucht nach Schwabing

Nun ist der Bruch mit der Familie endgültig. Die Rückkehr in das Elternhaus ist ihr versperrt. In Wandsbek, der ersten Station ihrer Flucht, lernt sie Walter Lübke kennen. Er versteht ihr Verlangen nach Selbstverwirklichung und gewährt ihr viele Freiheiten. Die beiden heiraten 1894, aber die Ehe hält nur ein Jahr. Das Paar trennt sich, Franziska zu Reventlow zieht es in den Münchner Vorort Schwabing, den sie »Weltvorort« nennt. Hier treffen sich Künstler und Intellektuelle. Getragen von dem Wunsch, Malerin zu werden, stürzt sich Franziska in das Leben der Bohème. Doch ohne familiäre oder eheliche Unterstützung kann sie als Frau allein kaum überleben. Mit Gelegenheitsarbeiten schlägt sie sich durch, verdingt sich als Unterhalterin, Schauspielerin und Übersetzerin oder lässt sich von Herrenbekanntschaften aushalten. Das wenige Geld, das sie verdient, gibt sie sofort wieder aus. Franziska zu Reventlow lebt finanziell immer am Rande des Abgrunds und fühlt sich trotz zahlreicher Affären einsam.

Als sie 1897 ihren Sohn Rolf zur Welt bringt, gibt sie keinen Vater an. Sie will ihr »Göttertier«, wie sie ihn nennt, für sich, um ihn mit der Mutterliebe zu überschütten, die sie in ihrer Kindheit so sehr vermisst hat. Erst der Philosoph und Kosmiker Ludwig Klages bringt wieder ein wenig Ordnung in ihr Leben. Er träumt vom Matriarchat, von einer Gesellschaft, in der das Heidentum zum Ideal verklärt wird, in der Frauen als Hetären leben und es ihre Bestimmung ist, Mutter und nicht Gattin und Hausfrau zu sein. In Franziska zu Reventlow, der Alleinerziehenden, sieht er sein Ideal Wirklichkeit geworden. Er sieht in ihr die ersehnte »heidnische Madonna« und zunächst lässt die junge Mutter sich diese Rolle gefallen. Ludwig Klages übernimmt die Vormundschaft für Rolf. Er ist es, der Franziska zu Reventlow zu ihrem autobiografischen Roman »Ellen Olestjerne« ermutigt. Zum ersten Mal hat sie mit ihrem Schreiben wirklich Erfolg.

Aber mit der von ihm selbst propagierten Promiskuität der Frau kann Ludwig Klages sich doch nicht abfinden. Nach vier Jahren endet die Beziehung, denn Franziska zu Reventlow kann und will sich für niemanden ändern und einschränken. Sie arbeitet als Journalistin und Schriftstellerin. Mit Ironie und Wortwitz zerpflückt sie, die Hetäre selbst, in ihren Aufsätzen die Träume der Kosmiker. Viele ihrer Erzählungen und Romane sind autobiografisch angelegt.

»Der Geldkomplex«

Doch obwohl sich ihre Werke verkaufen, bleibt ihre finanzielle Situation ein Desaster. 1911 geht die Gräfin eine Scheinehe mit einem baltischen Baron ein. Er braucht eine vorzeigbare Ehefrau, um an sein Erbe zu gelangen, sie benötigt finanzielle Sicherheit. Diesmal will Franziska zu Reventlow sorgsam mit ihren Ersparnissen umgehen und bringt sie auf die Bank. Es mutet ironisch, ja grausam an, dass sie ihr erstes eigenes Vermögen nur wenig später bei einem Bankenkrach verliert. Sie trägt es mit Fassung. In ihrem Roman »Der Geldkomplex« legt Franziska zu Reventlow dar, wie ihr ihre pekuniäre Lage stets ein unüberwindbares Hindernis war. »Ich war mein Leben lang allen menschlichen und seelischen Konflikten gewachsen«, schreibt sie, »nur den wirtschaftlichen nicht.«

In der Schweiz verbringt sie ihre letzten Jahre. 1918 stirbt sie, als sie wegen eines Fahrradunfalls operiert werden muss. Unter den Nazis werden ihre Werke verboten und geraten für viele Jahrzehnte in Vergessenheit. Doch die Neue Frauenbewegung entdeckt diese originelle Autorin, die sich mit ihren Träumen an der gesellschaftlichen Wirklichkeit wund reibt und doch vieles offen ausspricht, was andere kaum zu denken wagen.

Leben und Werk

- **Geburtsdatum:** 18. Mai 1871
- **Geburtsort:** Husum
- **Todesdatum:** 26. Juli 1918
- **Todesort:** Locarno
- **Leben:** Deutsche Schriftstellerin. Die Tochter eines Grafen befreit sich von den gesellschaftlichen Konventionen, um unabhängig zu leben. Von manchen wird sie als Hetäre verklärt, von vielen nur als »Skandalgräfin« gesehen.
- **Werke (Auswahl):** Was Frauen ziemt, 1899. Ellen Olestjerne, 1903. Von Paul zu Pedro, 1912. Herrn Dames Aufzeichnungen, 1913. Der Geldkomplex, 1916

Rosa Luxemburg

»Freiheit ist immer auch die Freiheit der Andersdenkenden.«

»So ist das Leben, und so muss man es nehmen, tapfer, unverzagt und lächelnd – trotz alledem«. So schreibt Rosa Luxemburg während einem ihrer zahlreichen Gefängnisaufenthalte. Stets ist sie der Regierung unbequem.

Rosa Luxemburg hat in der Politik zunächst keinen leichten Stand. Nicht nur, weil sie eine Frau ist. Die gebürtige Polin und Jüdin gehört in zweifacher Hinsicht einer Minderheit an und wird dennoch zur Pionierin der deutschen Arbeiterbewegung. Kompromisslos kämpft sie für ihre Überzeugungen. Als die Revolutionärin zu unbequem wird, ermordet man sie und ihren Mitstreiter Karl Liebknecht.

Kompromisslos gegen den Kapitalismus

Rosa Luxemburg kommt 1871 als Tochter eines wohlhabenden jüdischen Holzhändlers in Zamosc, Polen zur Welt. Ihre Heimat ist zum Zeitpunkt ihrer Geburt von Russland besetzt. Die begabte Rosa absolviert sehr erfolgreich ein Mädchengymnasium und knüpft dort erste Verbindungen zu sozialistischen Zirkeln. Aufgrund ihrer Tätigkeit in der illegalen Bewegung »Proletariat« muss sie 17-jährig in einem Heuwagen versteckt aus Polen fliehen.

Rosa geht nach Zürich. An der dortigen Universität sind Frauen bereits zum Studium zugelassen, wenn auch deutlich in der Minderheit. Sie studiert Naturökonomie und Staatswissenschaften und promoviert mit der Dissertation »Die industrielle Entwicklung Polens« 1897 »magna cum laude«. In Zürich lernt sie Leo Jogiches, auch er ein polnischer Jude, kennen und lieben. 16 Jahre werden sie einander verbunden bleiben. Mit Jogiches gründet sie die revolutionäre Partei »Sozialdemokratie des Königreichs Polen und Litauen« (SDKPiL).

1898 geht Rosa Luxemburg mit dem Deutschen Gustav Lübeck eine Scheinehe ein, um die deutsche Staatsbürgerschaft annehmen zu können. Nur kurz nach ihrem Umzug nach Berlin tritt sie in die SPD ein. Dort entwickelt sie sich durch beeindruckende Reden und zahlreiche Beiträge in Zeitschriften schon bald zur Wortführerin des linken Parteiflügels. Kompromisslos kämpft sie für den Sozialismus und die Revolution und stellt sich gegen den Kapitalismus. Das bringt ihr Konflikte mit Parteigenossen, die zum Erhalt der Wählerstimmen einen Mittelweg suchen.

Bei ihrer Kritik an den europäischen Großmächten nimmt sie kein Blatt vor den Mund. Als sie Kaiser Wilhelm II. mit den Worten: »Der Mann, der von der guten und gesicherten Existenz der deutschen Arbeiter spricht, hat keine Ahnung von den Tatsachen« kritisiert, wird sie prompt unter Anklage der Majestätsbeleidigung verhaftet. Diese erste, dreimonatige Haftstrafe soll nicht die einzige bleiben. 1905 nimmt sie gemeinsam mit Leo Jogiches unter falschem Namen an der Russischen Revolution in Russisch-Polen teil. Beide werden verhaftet. Während Leo Jogiches fliehen kann, kommt Rosa Luxemburg gegen Kaution frei. Von 1907 bis 1914 lehrt sie an der Parteischule der SPD in Berlin.

Rednerin, Politikerin, Journalistin: die unermüdliche Kämpferin Rosa Luxemburg

Ungehorsam sein, für den Frieden kämpfen

Angesichts des Wettrüstens der europäischen Großmächte ruft Rosa Luxemburg präventiv zur Kriegsverweigerung auf. Daraus resultiert für sie ein weiterer, einjähriger Gefängnisaufenthalt wegen »Aufforderung zum Ungehorsam gegen

Gesetze und gegen Anordnungen der Obrigkeit«. Als trotz aller Friedensbemühungen der Erste Weltkrieg ausbricht und die Führung der SPD Zugeständnisse macht, um ein Parteiverbot zu verhindern, führt dies zum Zerwürfnis mit dem linken Flügel der Partei.

Rede an das Volk: Rosa Luxemburg bei einem Sozialistenkongress in Stuttgart im Jahr 1907

Eine Spaltung ist nun unvermeidlich geworden und so gründet Rosa Luxemburg 1914 die Gruppe »Internationale«. Darin vereinigen sich die Kriegsgegner, die gegen den aufstrebenden Nationalismus stehen und stattdessen für Solidarität und Internationalismus kämpfen. Zu den Anführern gehört auch Rosa Luxemburgs langjähriger Mitstreiter Karl Liebknecht. Aus der »Gruppe Internationale« entwickelt sich bald der Spartakusbund, benannt nach dem Anführer des Sklavenaufstandes im Römischen Reich 73 v. Chr. Im Jahr 1917 geht daraus die abgespaltene Unabhängige Sozialdemokratische Partei Deutschlands (USPD) hervor.

Den Großteil des Ersten Weltkrieges verbringt Rosa Luxemburg in verschiedenen Gefängnissen. Doch sie denkt nicht daran, ihre schriftstellerische Tätigkeit aufzugeben. Immer wieder schmuggeln Freunde Berichte von ihr heraus, die dann in Zeitungen publiziert werden. Ihre Artikel kritisieren unter anderem das Vorgehen Lenins in Russland. Während er eine Parteidiktatur etabliert und eine Geheimpolizei einführt, glaubt Rosa Luxemburg noch immer, dass eine sozialistische Revolution als spontane Erhebung des Volkes stattfinden muss. Eine politische Bildung der Masse und Freiheit der Meinung und der Presse sind für sie dabei unerlässlich. »Ohne allgemeine Wahlen, ungehemmte Presse- und Versammlungsfreiheit, freien Meinungskampf erstirbt das Leben in jeder öffentlichen Institution«, schreibt sie, »wird zum Scheinleben, in dem die Bürokratie allein das tätige Element bleibt.«

Revolution und Tod

Als sie 1918 entlassen wird, gründet sie gemeinsam mit Karl Liebknecht die Zeitung »Rote Fahne« und arbeitet dort als Redakteurin. Motiviert von der militärischen Niederlage Deutschlands und der

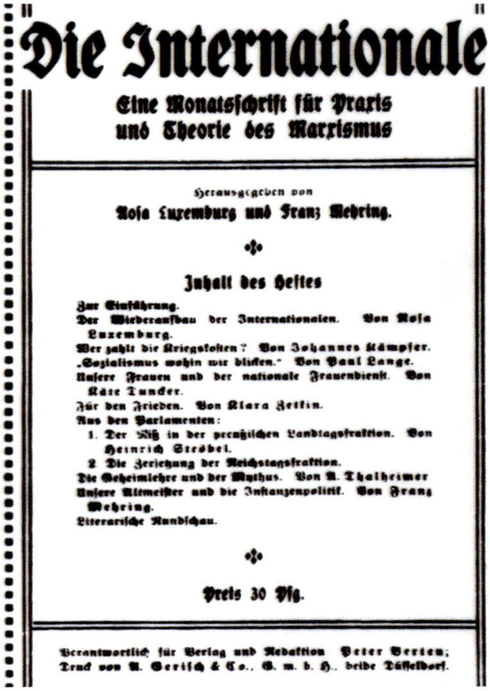

Die Internationale

Eine Monatsschrift für Praxis und Theorie des Marxismus

Herausgegeben von

Rosa Luxemburg und Franz Mehring.

Inhalt des Heftes

Zur Einführung.
Der Wiederaufbau der Internationalen. Von Rosa Luxemburg.
Wer zahlt die Kriegskosten? Von Johannes Kämpfer.
„Sozialismus wohin wir blicken." Von Paul Lange.
Unsere Frauen und der nationale Frauendienst. Von Käte Duncker.
Für den Frieden. Von Klara Zetkin.
Aus den Parlamenten:
1. Der Riß in der preußischen Landtagsfraktion. Von Heinrich Ströbel.
2. Die Zersetzung der Reichstagsfraktion.
Die Geheimlehre und der Mythus. Von A. Thalheimer
Unsere Altmeister und die Instanzenpolitik. Von Franz Mehring.
Literarische Rundschau.

Preis 30 Pfg.

Verantwortlich für Verlag und Redaktion Peter Berten; Druck von A. Gerisch & Co., G. m. b. H., beide Düsseldorf.

Ausriss aus Rosa Luxemburgs und Franz Mehrings Zeitschrift »Die Internationale«

Oktoberrevolution in Russland, starten Matrosen noch im gleichen Jahr in Wilhelmshaven eine Revolution, die sich bald über ganz Deutschland ausbreitet. Ihren Höhepunkt erreicht sie am 9. November in Berlin. Kaiser Wilhelm II. dankt ab und die Frage nach der neuen Staatsform kommt auf. Doch die USPD muss eine herbe Niederlage einstecken: Statt einem Rätesystem nach russischem Vorbild entscheidet man sich für die Einberufung einer Nationalversammlung, die eine demokratische Verfassung ausarbeiten soll.

Am 1. Januar 1919 formiert sich die KPD, an deren Gründung Rosa Luxemburg beteiligt ist und deren Parteiprogramm sie größtenteils mit ausgearbeitet hat. Nur vier Tage später kommt es zum Spartakusaufstand, der eine Woche andauert. In Berlin finden blutige Kämpfe zwischen den Truppen der Regierung und KPD-Mitgliedern statt. Rosa Luxemburg selbst kritisiert die überstürzten Handlungen. Nachdem die Aufständischen brutal niedergeschlagen wurden, werden nun die Anführer der Sozialisten gesucht. »Schlagt ihre Führer tot!«, heißt es in Flugblättern. »Tötet Liebknecht! Dann werdet ihr Frieden, Arbeit und Brot haben. Die Frontsoldaten.« Karl Liebknecht und Rosa Luxemburg tauchen unter. Am 15. Januar 1919 werden sie von Freikorpsoffizieren aufgespürt und ermordet. Bis heute sind die genauen Umstände ihres gewaltsamen Todes nicht vollständig geklärt.

Leben und Werk

- **Geburtsdatum:** 5. März 1871
- **Geburtsort:** Zamosc (Polen)
- **Todesdatum:** 15. Januar 1919
- **Todesort:** Berlin
- **Leben:** Polnisch-deutsche Sozialdemokratin und Kämpferin für den Frieden, Mitbegründerin der KPD. Von Rechtsradikalen ermordet.
- **Werke (Auswahl):** Die industrielle Entwicklung Polens, 1897. Sozialreform oder Revolution, 1899. Die Akkumulation des Kapitals, 1913. Die Krise der Sozialdemokratie, 1916

Gertrude Stein

»A rose is a rose is a rose is a rose.«

»Einstein war der schöpferische Geist der Philosophie des Jahrhunderts und ich war der schöpferische Geist der Literatur des Jahrhunderts.« An Selbstbewusstsein mangelt es Gertrude Stein nicht.

Gertrude Stein ist aus der »High Society« der Pariser Kunstszene nicht mehr wegzudenken. Henri Matisse, Pablo Picasso, Ernest Hemingway – sie alle gehen im Salon der amerikanischen Kunstmäzenin ein und aus. Doch Gertrude begnügt sich nicht nur mit dem Sammeln von Kunstwerken anderer, sie versteht sich als Schriftstellerin. Geboren wird sie am 3. Februar 1874 als jüngste Tochter des wohlhabenden deutsch-jüdischen Ehepaars Stein in Allegheny, Pennsylvania. Gertrude Stein und ihre Geschwister genießen eine gute Erziehung. Ihr Vater ist beruflich viel unterwegs; noch bevor sie ihr viertes Lebensjahr vollendet, hat Gertrude Stein bereits in Wien und Paris gelebt. Doch schon bald zieht die Familie zurück in die USA, diesmal nach Oakland in Kalifornien. Ihre beiden Eltern sterben kurz nacheinander, der älteste Bruder Michael übernimmt das Geschäft des Vaters. Gertrude und ihre Schwester Bertha werden nach nach Baltimore zu Verwandten geschickt.

Neugierig auf das Leben

Während ihres Aufenthaltes begegnet sie den Schwestern Cone, die zusammen jeden Samstag einen Salon veranstalten und für die junge Gertrude zur wichtigen Inspirationsquelle werden. Im Alter von neunzehn Jahren beginnt sie ihr Psychologiestudium am Radcliffe College. Sie zeigt sich besonders fasziniert von der Technik des automatischen Schreibens und experimentiert damit unter der Leitung ihres Professors. Doch Theorie und Praxis hält sie für grundverschieden. »Es kann automatische Bewegungen geben«, sagt sie, »aber nicht automatisches Schreiben. Schreiben ist für eine normale Person eine zu komplizierte Betätigung, um ihr automatisch frönen zu können.« Nach Abschluss ihres Literaturstudiums studiert sie Medizin an der John Hopkins Medical School. Aber das Fach langweilt sie bald, und so geht sie schließlich ohne Abschluß gemeinsam mit ihrem Bruder Leo, der als Kunstkritiker arbeitet, nach Paris. Beide betätigen sich als Sammler, sie beginnen, Kunstwerke von damals noch unbekannten Künstlern zu kaufen: jeweils zwei Gemälde von Gauguin und Renoir, außerdem eines von Cézanne. Gertrude und Leo eröffnen einen Salon in Paris und laden zu Kunstausstellungen ein. Auch Henri Matisse und Pablo Picasso gehören zu den jungen, aufstrebenden Künstlern, die sie fördern. »Immer regelmäßiger begannen die Leute vorbeizuschauen, um die Matisse-Gemälde zu sehen – und die Cézannes«, erklärt Gertrude Stein den Grund für die Eröffnung ihres Salons. »Matisse brachte Leute mit, jeder brachte jemanden mit und sie kamen zu jeder Zeit und es wurde zu einem Ärgernis und auf diese Weise begannen die Samstagabende.«

Gertrude Stein: Kunstsammlerin, Mäzenin, Schriftstellerin

Zu dieser Zeit schreibt Gertrude Stein ihren ersten Roman »Q.E.D.«, der allerdings zu ihren Lebzeiten nicht veröffentlicht wird. Ihr eigentliches Debüt als Schriftstellerin findet erst 1909 mit dem Roman »Three Lives« statt. Im selben Jahr begegnet Gertrude Stein Alice B. Toklas, die ihr zeitlebens zur wichtigsten Vertrauten, Geliebten, Sekretärin, Köchin, Muse, Lektorin und Kritikerin wird. Einige Jahre später trennt sie sich von ihrem Bruder Leo, der nach Italien zieht. Die gemeinsame Kunstsammlung teilen sie untereinander auf.

Darling der Künstler und Intellektuellen

Mit ihrem Charme und ihrer Eloquenz, ihren »noblen Gesichtszügen« und »intelligenten Augen« schlägt Gertrude Stein nicht nur die in Paris ansässigen Künstler in ihren Bann. Bald schon finden sich neben bekannten Malern auch Schriftsteller in ihrem Salon ein, darunter kein Geringerer als Ernest Hemingway. Er sieht in Gertrude Stein seine Mentorin, und als sein Sohn Gregory geboren wird, wird sie dessen Patin.

1925 erscheint ihr Werk »The Making of Americans«. Darin versucht sie, den Kubismus, den sie als Malstil bevorzugt, in Text umzusetzen. Interpunktion verwendet sie kaum, ihre Sätze werden länger und länger, sie verwendet oft Wiederholungen. Mit ihrem innovativen Stil spaltet sie die Kritiker. James Thurber nennt sie gar »die angesehenste aller Idiotinnen«, die in ihrem Werk »Geography and Plays« »ungefähr 80 000 Wörter niederschreibt, die absolut gar nichts bedeuten.«

Gertrude Stein und ihre Lebensgefährtin Alice B. Toklas während einer Schiffsreise

Gertrude Stein lässt sich davon nicht beirren. »Ich mag die Dinge einfach, aber sie müssen durch Verkomplizierung einfach sein«, kommentiert sie im Nachwort zu »What are master-pieces and why are there so few of them?«. »Alles muss in dein Schema passen, sonst kannst du keine wirkliche Einfachheit erreichen.« Die komplizierte Einfachheit, aber auch das Spiel mit Worten machen ihren Stil so einzigartig. Von weltpolitischen Entwicklungen bleibt ihre Karriere weitestgehend unberührt.

Kritische Zeitgenossenschaft

Sowohl Gertrude Stein als auch Alice B. Toklas sind Jüdinnen. Aufgrund ihrer Herkunft und ihrer offen gelebten Homosexualität sind beide während des Zweiten Weltkrieges großer Gefahr ausgesetzt. Doch die resolute Schriftstellerin nimmt auch in dieser dunklen Zeit kein Blatt vor den Mund. »Ich sage, dass Hitler den Friedenspreis bekommen sollte«, bemerkt sie sarkastisch, »denn er entfernt alle Elemente des Wettbewerbs und der Anstrengung

Aufführung von Gertrude Steins Stück »Four Saints in three acts«

aus Deutschland. Indem er die Juden, die Demokraten und die Linken vertreibt, vertreibt er alles, das der Regsamkeit dient. Das bedeutet Frieden ... Indem er die Juden unterdrückt ... endet er den Kampf in Deutschland.«

Durch gute Beziehungen zur Vichy-Regierung ist es Gertrude Stein und ihrer Lebensgefährtin möglich, den Weltkrieg zu überstehen, selbst, als Frankreich von den Deutschen besetzt wird. Ihre Eindrücke zu den beiden Weltkriegen, die sie miterlebt hat, schreibt sie in dem Buch »Wars I Have Seen« nieder. »Ein Krieg ist niemals fatal«, schreibt sie, »aber er geht immer verloren. Immer verloren.« Gertrude Stein stirbt im Juli 1946 an Magenkrebs. Als sie in den Operationsaal gebracht wird, soll sie ihre letzten Worte zu Alice B. Toklas gesprochen haben. »Was ist die Antwort?«, fragt sie ihre Lebensgefährtin. Als diese schweigt, fährt sie fort: »In diesem Fall, was ist die Frage?«

Leben und Werk

- **Geburtsdatum:** 3. Februar 1874
- **Geburtsort:** Allegheny, Pennsylvania (USA)
- **Todesdatum:** 27. Juli 1946
- **Todesort:** Paris
- **Leben:** Amerikanische Schriftstellerin und Kunstmäzenin, die viele heute weltberühmte Künstler fördert.
- **Werke (Auswahl):** Three Lives, 1909. Tender Buttons, 1914. Geography and Plays, 1922. The Making of Americans: The Hersland Family, 1925. The Autobiography of Alice B. Toklas, 1933. Everybody's Autobiography, 1937. Picasso, 1938. Wars I Have Seen, 1945

Paula Modersohn-Becker

»Ich fühle, dass nun bald die Zeit kommt, wo ich mich nicht mehr zu schämen brauche und stille werde, sondern wo ich mit Stolz fühlen werde, dass ich Malerin bin.«

»Sie ist eine echte Künstlerin, wie es wenige gibt in der Welt.«

Otto Modersohn

Schonungslos und offen zeigt sich Paula Modersohn-Becker in ihren Briefen und Tagebüchern. Vor sich selbst, vor ihrer Familie, engen Freunden oder Weggefährten nimmt sie kein Blatt vor den Mund. Rücksichtslos wird sie mitunter empfunden, ihre starke Persönlichkeit fordert die Menschen ihrer Umgebung heraus und lässt Familie und Freunde oft ratlos zurück. Denn Paulas Temperament schwankt seit frühester Jugend zwischen endloser Traurigkeit und unbändiger Lebensfreude.

Als drittes von sieben Kindern wächst Paula Becker wohlbehütet in Dresden und Bremen auf. Die Eltern fördern die musische Erziehung ihrer Kinder. Mit 16 Jahren erhält das Mädchen Zeichenunterricht in Bremen und London, wo sie bei einer Tante wohnen darf. Auf ausdrücklichen Wunsch des Vaters besucht Paula mit 17 Jahren ein Lehrerinnenseminar und schließt die ungeliebte Ausbildung 19-jährig mit einem guten Examen ab. Doch das Zeichnen gibt Paula nicht auf. Der Wunsch, das eigene Selbst und die übermächtige künstlerische Neigung weiterzuentwickeln, macht es ihr unmöglich, sich in einen Brotberuf zu fügen. Widerstrebend gibt der Vater nach.

In Berlin darf Paula im Jahr 1896 für zwei Jahre die Zeichen- und Malschule des »Vereins der Berliner Künstlerin-

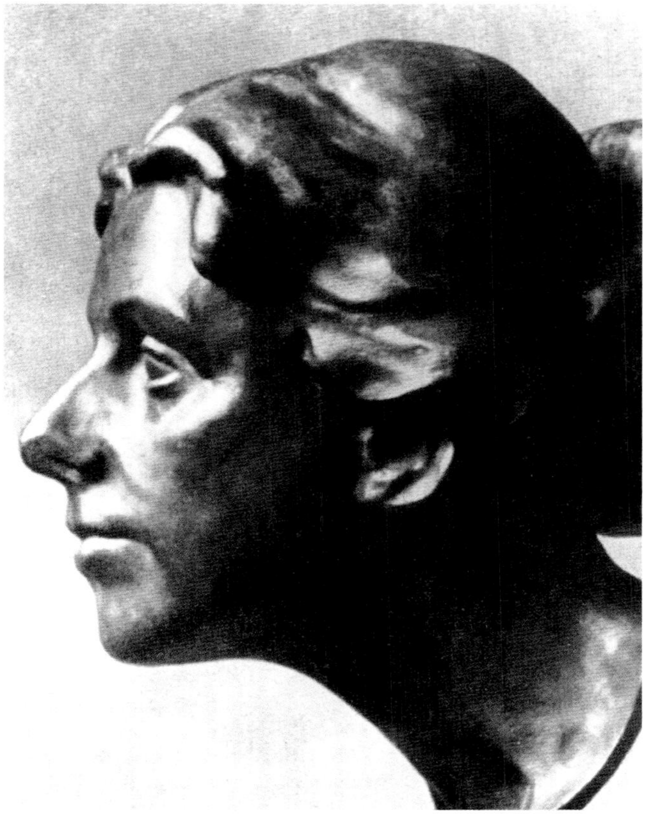

Künstlerin porträtiert Künstlerin: Bronzebüste Paula Modersohn-Beckers von Clara Westhoff

nen« besuchen. Bei einem gemeinsamen Familienausflug mit ihren Eltern lernt Paula Becker 1897 die vor den Toren Bremens gelegene Künstlerkolonie Worpswede kennen. Der Zauber der moorreichen Landschaft und die romantische Idee einer freien Künstlergemeinschaft begeistern sie. Schon zu Beginn des Herbstsemesters 1897 ist sie wieder dort und sucht das Gespräch mit den Malern Fritz Mackensen, Otto Modersohn, Fritz Overbeck, Heinrich Vogeler, Hans am Ende und Carl Vinnen. Bei Mackensen nimmt sie Unterricht, erkennt jedoch schnell, dass ihr seine milieugebundene Bildsprache nicht entspricht. In Worpswede lernt sie auch den Dichter Rainer Maria Rilke kennen und freundet sich eng mit der Bildhauerin Clara Westhoff an, Rilkes späterer Frau.

Aufbruch und Zweifel

Immer deutlicher spürt die junge Paula, dass sich ihr eigener Lebensweg von einer bürgerlichen Existenz, wie sie sich ihre Eltern für sie wünschen, entfernen wird. Sie gesteht ihrer Schwester: »Ich sehe, dass meine Ziele sich mehr von den Euren entfernen werden, dass Ihr sie weniger und weniger billigen werdet. Und trotz alledem muss ich ihnen folgen. Ich fühle, dass alle Menschen sich an mir erschrecken, und doch muss ich weiter. Ich darf nicht zurück.«

Bei allen Anregungen, die ihr die Gemeinschaft der Künstler in Worpswede vermitteln kann, spürt Paula Becker aber auch, dass ihr hier für ihre immer radikaler werdende Gestaltung von Farbe und Form die künstlerische Auseinandersetzung fehlt. In der Silvesternacht 1899 bricht Paula nach Paris auf. Um die

Worpsweder Landschaft um 1908

Jahrhundertwende ist die französische Hauptstadt das Kunstzentrum Europas, die Wiege der Moderne.

Die Stadt pulsiert, zahlreiche europäische Künstler haben sich hier versammelt, auch Clara Westhoff ist dabei. Gemeinsam besuchen die Freundinnen Kunstausstellungen und Museen. In der Académie Colarossi können beide endlich auch Kurse im Aktzeichnen belegen – eine für bildenden Künstler unverzichtbare Übung –, die den Frauen an deutschen Akademien damals noch verboten war. Das unkonventionelle Leben gefällt Paula. Dank weiterer familiärer Unterstützung kann sie sich ein kleines Zimmer leisten. Hier ist sie frei, sie kann die Nacht zum Tage machen und sich in das Studium einzelner Künstler vertiefen, ohne jemand Rechenschaft ablegen zu müssen.

Es sind vor allem die Ausstellungen von van Gogh, Matisse und Cézanne, die sie nachhaltig beeinflussen. Als sie im Sommer des Jahres 1900 nach Worpswede zurückkehrt, ist sie hin und her gerissen. Sie vermisst das Pulsieren der Großstadt und spürt doch, dass die Stille und Konzentration des Moordorfes ihren künstlerischen Arbeiten eine entscheidende Voraussetzung bieten.

Nach dem Tod von Otto Modersohns erster Frau Helene heiraten er und Paula. Sie erträumt sich von dieser Ehe die ideale Malergemeinschaft, ihre Eltern hoffen, die umtriebige Tochter endlich versorgt zu wissen. Otto Modersohn liebt sie und versucht alles, um Paulas Traum wahr werden zu lassen. In einem Tagebucheintrag schreibt er 1902: »Wundervoll ist dies wechselseitige Geben und Nehmen; ich fühle, wie ich lerne an ihr und mit ihr. Unser Verhältnis ist zu schön, schöner als ich je gedacht, ich bin wahrhaft glücklich, sie ist eine echte Künstlerin, wie es wenige gibt in der Welt, sie hat etwas ganz Seltenes.«

Wegbereiterin der Moderne

An der Seite Modersohns kann Paula nun endlich freie Malerin sein, doch der Zwiespalt zwischen familiären Pflichten und künstlerischen Zielen reibt sie auf. Ernüchtert schreibt sie im gleichen Jahr: »Es ist meine Erfahrung, dass die Ehe nicht glücklicher macht.« Ein kräftezehrendes Hin und Her beginnt, zwischen dem brennenden Wunsch, sich künstlerisch zu verwirklichen, und dem Versuch, diese Ehe auch wirklich zu leben. Worpswede und Paris heißen die beiden Pole, die Paula Modersohn-Becker in Hochspannung halten und ihrer Ehe mehrere Zerreißproben bescheren. In den Jahren 1903 und 1905 erbettelt sie sich neue Parisaufenthalte, wo sie wertvolle künstlerische Anregungen erhält.

Die Farb- und Formensprache von Paul Cézanne und Paul Gauguin vermitteln ihr wertvolle Impulse. Mit ihrer Flächigkeit, ihrer radikalen Farbgebung und bewussten Reduktion der Grundformen wird Paula Modersohn-Becker zu einer bedeutenden Wegbereiterin der Moderne. Obwohl der Künstlerin lange Zeit harsche Kritik und Unverständnis entgegenschlug, war sie sich der Notwendigkeit ihres Weges sicher. »Wie groß oder wie klein, das kann ich selbst nicht sagen, aber es wird etwas in sich Geschlossenes. Dieses unentwegte Brausen dem Ziele zu, das ist das Schönste im Leben.«

Als sie sich 1906 von ihrem Mann trennt und versucht, endgültig in Paris Fuß zu fassen, ist diese Entscheidung nicht von Dauer. Das Paar versöhnt sich, Paula wird schwanger. Die in den Jahren zuvor entstandenen zahlreichen Kinderporträts und ausdrucksstarken Mutter-Kind-Bildnisse geben Zeugnis von ihrem heftigen Kinderwunsch, der sich nun endlich erfüllen soll. Am 2. November 1907 kommt ihre Tochter Mathilde zur Welt, drei Wochen später stirbt Paula Modersohn-Becker an einer Embolie. «Wie schade«, sollen ihre letzten Worte gewesen sein.

Leben und Werk

- **Geburtsdatum:** 8. Februar 1876
- **Geburtsort:** Dresden
- **Todesdatum:** 20. November 1907
- **Todesort:** Worpswede
- **Leben:** In ihren Werken verfolgt die Malerin konsequent ihren eigenen Weg, heute gilt sie als Pionierin der Moderne.
- **Werke (Auswahl):** Selbstbildnis vor grünem Hintergrund mit blauer Iris, um 1905. Clara-Rilke Westhoff, 1905, Hamburger Kunsthalle. Kinderakt mit Goldfischglas, 1906–1907, München, Neue Pinakothek

Ausschnitt aus Paula Modersohn-Beckers Gemälde »Der barmherzige Samariter«

Sport als Symbol weiblicher Befreiung: Die Nationalsozialisten missbrauchen den Wegfall von Konventionen nach dem Ende des Kaiserreichs für einen rassistisch inspirierten Körperkult.

Frauen am Abgrund

Zwischen Moderne, Nationalsozialismus und Krieg

Wirtschaftskrise und Revolution, freie Berufswahl und die Befreiung aus den Fesseln traditioneller Moral und Lebensvorstellungen: Das Korsett der Kaiserzeit wird endgültig abgestreift. Die weibliche Kleidung darf Arme und Beine zeigen, das neue Idol der sportlichen Frau wird zum Symbol einer selbstbestimmten weiblichen Persönlichkeit. Mit der wachsenden beruflichen Selbstbestimmung geht auch der Wunsch nach sexueller Befreiung einher, die Diskussion um den § 218, der das Recht der Frau auf Abtreibung regelt, wird in den Zwanzigerjahren vehement geführt.

Die moderne Frau zwischen Wunsch und Wirklichkeit

In den Romanen und Erzählungen jener Jahre, etwa von Vicki Baum, Irmgard Keun, Clara Viebig und Marieluise Fleißer, taucht ein völlig neuer Typus der weiblichen Heldin auf: die berufstätige Frau. Plötzlich bevölkern Ärztinnen, Lehrerinnen, Wissenschaftlerinnen, Krankenschwestern, Angestellte, Künstlerinnen und Apothekerinnen die Erzählwelten. Das Bild der modernen Frau findet durch den Siegeszug der Massenmedien schnelle Verbreitung. Zeitungen und Zeitschriften, Radio und Kino spiegeln das Bedürfnis der weiblichen Leser nach diesen verführerischen Rollenmodellen, die Befreiung und Selbstbestimmung versprechen.

Doch die Hochglanzbilder der modernen Frauen, das schillernde Nachtleben in den großen Metropolen wie Berlin und Wien, Paris und London, zeigen nur die eine Seite der neuen Zeit. Die Realität sieht anders aus. Hunger und Massenarbeitslosigkeit, soziale Unruhen und der politische Versuch, die Frauen nach dem Ende des Ersten Weltkrieges wieder von ihren Arbeitsstellen in Industrie und Handel zu vertreiben, beschreiben die Kehrseite. Mit der »Demobilmachungsverordnung« vom 28. März 1919 sollen erwerbstätige Frauen zugunsten der aus dem Krieg heimkehrenden Männer in folgender Reihenfolge entlassen werden: 1. Alle erwerbstätigen Frauen, deren Männer Arbeit haben. 2. Alle nicht »versorgten«, alleinstehenden Frauen und Mädchen. 3. Alle Frauen und Mädchen, die nur ein bis zwei Personen zu versorgen haben. 4. Alle übrigen Frauen und Mädchen.

Grundsätzlich wird die Frauenerwerbsarbeit zölibatär gesehen, sie soll als Alternative zu Ehe und Mutterschutz betrach-

Frauen in der Produktion: Nach Ende des Ersten Weltkriegs müssen sie ihre Arbeitsplätze für aus dem Krieg heimkehrende Männer räumen.

tet oder als »notweniges Übel» geregelt werden. Von den verschiedensten politischen Blickwinkeln aus wird Frauenarbeit einzig als »Reservearbeit» geschätzt, auf die eine Gesellschaft in Krisenzeiten zurückgreifen kann. Der Emanzipationsanspruch der Frauen, die ihre berufliche Arbeit als »Wert an sich» begreifen, wird von der Arbeiterbewegung als »lohndrückend» und von der christlich-konservativen Seite als bedrohlich für den Fortbestand der Familie empfunden.

Die Mehrheit der schlecht bezahlten Industriearbeiterinnen, die nach einer Studie des Jahres 1928/29 zu über 40% unter 24 Jahren alt sind, hat sowieso ganz andere Sorgen: »Wir haben keinen Beruf, wir haben Arbeit», lautet deren Devise. Aufgrund der schlechten wirtschaftlichen Situation in Deutschland nach dem Ersten Weltkrieg zeigt der bürgerliche Mittelstand immer weniger Bedarf an Dienstboten. Die jungen Frauen suchen sich Hilfsarbeiten in den Büros oder in der Fabrik. Der Bedarf der Industrie an flexiblen Arbeitskräften durch die in den Zwanzigerjahren einsetzende Rationalisierung begünstigt den Austausch qualifizierter Arbeiter durch junge, ungelernte Frauen. Der Höchstlohn weiblicher Arbeiter liegt in den Zwanzigerjahren um 30% unter dem Durchschnittslohn eines männlichen Arbeiters.

Wegbereiterinnen der Moderne

Der tiefgreifende gesellschaftliche Wandel ist in allen sozialen Schichten spürbar. Die jahrhundertealten Werte und Rollenbilder von Bürgertum und Adel sind mit dem Ersten Weltkrieg untergegangen, die nationalen Werte, aber auch der Glaube an Familie und Tradition haben Schiffbruch erlitten. Das entstehende Vakuum führt zu einer kritischen und produktiven Entwicklung in den Künsten, die die Frage des Subjekts und seiner Empfindungen neu definieren. Die Expressionismusdebatte, aber auch eine neue Sachlichkeit lässt neue Kunstformen entstehen, an denen die Frauen lebhaften Anteil haben.

Malerinnen wie Paula Modersohn-Becker oder Frida Kahlo, Autorinnen w ie Gertrude Stein, Franziska zu Reventlow und Else Lasker-Schüler sind Wegbereiterinnen der Moderne. Die Naturwissenschaftlerinnen Marie Curie und Lise Meitner demonstrieren eindrucksvoll die weibliche Befähigung zur Spitzenforschung. Doch die wirtschaftlich instabile Situation der zwanziger Jahre, die in der Weltwirtschaftskrise 1928/29 ihren düsteren Höhepunkt erfährt, zeigt neben den ökonomischen auch immer stärker politische Folgen, deren Konsequenzen Europa in die Katastrophe führen.

Zurück zu Heim und Herd

Mit Hitlers Machtergreifung 1933 setzt eine massive Rückwendung zu nationalen Idealen ein. Der »Dienst an der Volksgemeinschaft» wird nun über die Freiheit des Einzelnen gestellt, die Nationalsozialisten erheben den zynischen Anspruch, die Frau »von der Emanzipation zu emanzipieren«. Unzählige von Arbeits- und Hoffnungslosigkeit gebeutelte Menschen klammern sich an die von der NS-Propaganda wirkungsvoll in Szene gesetzte Idee einer Volksgemeinschaft, die dem Einzelnen Schutz und Würde bietet.

Der »Führer« und die Frauen: Im »Bund deutscher Mädel« sollen junge Frauen massiv auf die NS-Ideologie eingeschworen werden.

Als »Mutter der Familie«, als »Mutter des Volkes« wird den deutschen Frauen ein neues Ideal geboten, um die Preisgabe aller selbstständigen Bestrebungen und eigenverantwortlicher Initiativen.

Die führenden Männer der Partei lehnen die alte Frauenbewegung ab. Und so streben der »Bund deutscher Frauenvereine« wie auch der »Allgemeine deutsche Lehrerinnenverband« sofort nach der Machtergreifung der National-

Mutterkreuz in Gold am Bande: Anerkennung für die Leistungen der deutschen Frau

sozialisten ihre Auflösung an, um einer Gleichschaltung zu entgehen. Neben dem Recht auf eigenständige Organisationen müssen die Frauen in Deutschland auch andere hart umkämpfte Rechte wieder abgeben. Das passive Wahlrecht wird ihnen genauso aberkannt wie die Zulassung zur Habilitation an Universitäten und Hochschulen. Die Zulassung zum Beruf des Rechtsanwaltes oder des Richters wird den Frauen genommen. Was bleibt, ist die Einstellung als Bürohilfsarbeiterin im gehobenen mittleren Dienst.

Ab 1933 kann sich eine deutsche Frau ihre gesellschaftliche Anerkennung nur noch als Mutter und Hausfrau erwerben. Das Mutterkreuz ab vier Geburten wird eingeführt. Hitler selbst hält übrigens die Frauenemanzipation im Ganzen für eine Ausgeburt des jüdischen Intellekts. Der NS-Männerstaat braucht die Frau nur wegen ihrer Gebärfähigkeit, allein diese verschafft ihr Anerkennung und reduziert sie doch sogleich auf ihren biologischen Wert.

Zur Katastrophe verführt

Die fatale Attraktion, die die NS-Ideologie gerade auch auf junge Mädchen ausübt, erklärt sich zum Teil aus dem Aufruf zum »Dienst an der Volksgemeinschaft«, der den Jugendlichen die Gelegenheit bietet, dem reglementierten Alltag des Elternhauses zu entfliehen. Musik, Wanderungen, Führungsschulungen, Sport, Redaktionsarbeit in der Presse der weiblichen Jugend, Ernteeinsätze und Sonnenwendfeiern vermitteln die Illusion von einer befreiten Jugend, als deren Höhepunkt die Olympiade 1936 in Berlin medienwirksam inszeniert wird. Melitta Maschmann, eine ehemalige Reichsjugendführerin, die mehr als ein »rundes Dutzend Jahre« gebraucht hat, um sich von der NS-Ideologie zu befreien, bringt die Identifizierung mit dem Faschismus auf den Punkt, wenn sie sagt: »Alles, was einmal ICH war, ist aufgegangen im Ganzen.«

Doch die vielen Millionen Menschen, die aufgrund ihrer Herkunft oder ihrer politischen Überzeugung nicht dem Raster der NS-Ideologie entsprechen können oder entsprechen wollen, sehen sich bald in eine unsichere Zukunft gestellt.

»Aufgehen im Ganzen« – mit ihrer Strategie der Volksverführung fangen die Nazis auch viele Frauen ein: jubelnde junge Hitler-Anhängerinnen.

Ausgrenzung und Verfolgung weiter Bevölkerungsteile sind die Folge. »Warum sind wir anders?«, fragt die 1929 geborene kleine Ilse Koehn ihre »jüdische Oma«. Als »Mischling zweiten Grades« wird das Kind zwischen der jüdischen Familie der Mutter und der »arischen« Familie des Vaters hin und her geschoben. Zum Schutz des Kindes haben sich die Eltern nach den »Rassegesetzen« zur Scheidung entschlossen. Erst nach Kriegsende wird die Familie wieder zusammenleben können. Unzählige andere Menschen überleben diese Zeit nicht. Als mit dem Überfall der deutschen Wehrmacht auf Polen am 1. September 1939 der Zweite Weltkrieg beginnt, eskaliert die Situation. Die Verfolgung, Inhaftierung und Ermordung der europäischen Juden oder Andersdenkender in den folgenden Jahren trifft über sechs Millionen Menschen. Nur ein kleiner Bruchteil der Verfolgten erreicht das sichere Exil. Wie kein anderes schriftliches Zeugnis jener Jahre führt uns das Tagebuch der jungen Anne Frank die heillose Situation der Bedrängten vor Augen. Und es ist das mutige Beispiel der jungen Widerstandskämpferin Sophie Scholl, die uns inmitten finsterster Demagogie und brutalster Vernichtung den Glauben an die Kraft der Menschlichkeit bewahren hilft.

Marie Curie

»Man braucht nichts im Leben zu fürchten, man muss nur alles verstehen.«

»Ein Gelehrter in seinem Laboratorium ist nicht nur ein Techniker; er steht auch vor den Naturgesetzen wie ein Kind vor der Märchenwelt.« Marie Curie und ihr Ehemann Pierre leben für die Wissenschaft.

An Prunk und Luxus liegen der zweimaligen Nobelpreisträgerin nichts; sie verabscheut es, wenn Journalisten zu sehr an ihrer Person interessiert sind. »Ein Gramm Radium, um damit zu experimentieren«, antwortet sie auf die Frage nach ihrem sehnlichsten Wunsch. Ein Leben für die Wissenschaft – doch um ein Haar wäre daraus nichts geworden.

Zwei Schwestern unterstützen sich

In Marie Curies Heimatland Polen ist es Frauen nicht gestattet zu studieren. Als Marie, geborene Maria Sklodowska, gerade mal zehn Jahre alt wird, stirbt ihre Mutter, Lehrerin an einer Mädchenschule, an Tuberkulose. Das Gehalt des Vaters als stellvertretender Direktor einer öffentlichen Schule reicht nicht aus, um Maria an der Universität in Paris studieren zu lassen. Ihre ältere Schwester Bronia studiert dort bereits Medizin. Um sie finanziell zu unterstützen, nimmt Maria, die ihre Schulausbildung als Beste ihres Jahrgangs abgeschlossen hat, 1885 eine Stelle als Gouvernante bei einer Gutsbesitzerfamilie an. Außerdem unterrichtet sie auch die Bauernkinder des Dorfes. Sie verliebt sich in den ältesten Sohn der Gutsbesitzerfamilie, der diese Liebe erwidert, doch seine Eltern verweigern ihm die Erlaubnis zu einer Ehe unter seinem Gesellschaftsstand. Zum Glück, muss man sagen, denn sonst wäre Maria nie

nach Frankreich gegangen, nie wäre sie die Wissenschaftlerin geworden, als die wir sie heute kennen.
Nachdem Bronia das Medizinstudium beendet hat, unterstützt sie nun ihrerseits Maria, und so ist es möglich, dass die 24-Jährige Polen doch noch verlassen und an der Sorbonne Physik studieren kann. In Frankreich ändert die junge Polin ihren Namen in Marie, dennoch wird sie eine Außenseiterin bleiben. Fürs Erste findet sie Unterkunft bei ihrer Schwester und deren Ehemann, später bezieht sie in eine eigene kleine Wohnung, um ungestört lernen zu können. Marie ist überaus eifrig, oft vergisst sie über ihren Studien das Essen. Die junge Frau gönnt sich keine Pause und ihre Mühen werden belohnt: Marie beendet ihr Physikstudium als Jahrgangsbeste und erhält so ein Stipendium, dass es ihr ermöglicht, ein zweites Fach zu studieren. Das Lizenziat in Mathematik absolviert sie 1894 immerhin als Zweitbeste. Anlässlich einer Magnetismusstudie lernt sie den acht Jahre älteren Physiker Pierre Curie kennen.

Marie Curie 1912 in ihrem Labor. Im Jahr zuvor hat sie ihren zweiten Nobelpreis erhalten, diesmal für Chemie.

Ein Leben für die Wissenschaft

Beide teilen sie die Leidenschaft für die Wissenschaften und merken bald, dass sie füreinander geschaffen sind. 1895 heiraten sie und forschen von nun an zusammen in einem nur notdürftig eingerichteten Laboratorium. Als Marie Curie ihre erste Tochter, Irène, zur Welt bringt, lässt sie diese von ihrem Schwiegervater aufziehen, während sie sich selbst sofort wieder an die Arbeit stürzt. Antoine Henri Becquerel, Professor für Physik, hat an Uran eine eigentümliche, nicht sichtbare Strahlung entdeckt.

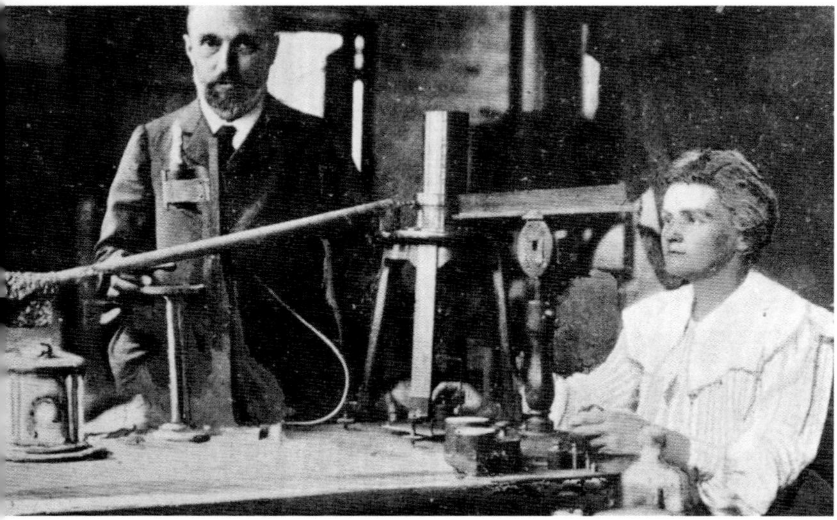

Zwei Größen in der Welt der kleinsten Teilchen: Pierre Curie und Marie Curie

Marie Curie setzt es sich in den Kopf, diese Strahlung, die von ihr die Bezeichnung »Radioaktivität« erhält, genauer zu untersuchen. Auch nach etlichen fehlgeschlagenen Experimenten drängt sie immer weiter, bis dem Forscherehepaar endlich der bahnbrechende Erfolg beschieden ist. Sie entdecken zwei neue, radioaktive Elemente, nämlich Radium und das nach Marie Curies Heimatland benannte Polonium. Dafür erhalten sie beide zusammen mit Antoine Henri Becquerel 1903 den Nobelpreis für Physik. Marie Curie ist die erste Frau, die diese Auszeichnung erhält, später wird sie auch die Einzige sein, die den Nobelpreis in zwei verschiedenen Disziplinen zuerkannt bekommt. Der Erhalt des Preises macht sie und Pierre nun zu anerkannten und berühmten Wissenschaftlern. Dabei geht es keinem der beiden darum, mit ihrer Forschung Geld zu verdienen, sondern immer um die Wissenschaft selbst. »Madame Curie«, so Albert Einstein, »ist unter allen berühmten Menschen der einzige, den der Ruhm nicht verdorben hat.« 1904 kommt die Tochter Eve zur Welt. Nur zwei Jahre später erleidet Pierre Curie bei einem Unfall einen Schädelbruch und stirbt. Marie Curie trauert sehr um ihn, wie ihren Tagebüchern aus dieser Zeit zu entnehmen ist. Doch es ist Pierre Curies Tod, der ihr die Übernahme seines Lehrstuhls an der Sorbonne erlaubt. Marie Curie wird so dort zur ersten Professorin. Sie forscht weiter, lässt sich vom Tod ihres geliebten Mannes nicht lange in ihrem wissenschaftlichen Eifer unterbrechen. 1911 erhält sie den Nobelpreis in Chemie.

Ruhm und Skandal

Als kurz vor der Verleihung ihre Affäre mit dem verheirateten Paul Langevin bekannt wird, gerät sie ins Kreuzfeuer der französischen Presse. Die Auszeichnung hängt an einem seidenen Faden. Gerade noch als erste Wissenschaftlerin Frankreichs gefeiert, ist sie nun die Polin, die Fremde, die französische Ehen

Die Forscherin als Familienmutter: mit ihrem Mann Pierre und der gemeinsamen Tocher Irène

ruiniert. Doch Marie Curie lässt sich nicht unterkriegen. Trotz des Skandals reist sie nach Stockholm, um den Preis entgegenzunehmen. Ihre Gesundheit ist angegriffen. Die lebenslange Arbeit mit radioaktiven Stoffen macht sich bemerkbar. Aber Marie Curie denkt nicht daran, sich von der wissenschaftlichen Arbeit zurückzuziehen. Im Ersten Weltkrieg arbeitet sie als Radiologin. Gemeinsam mit ihrer Tochter Irène entwickelte sie einen »Röntgenwagen«, eine mobiles Röntgengerät, das sie selbst an der Front fährt, um Verletzte rasch untersuchen zu können.
Nach Ende des Krieges steht Marie Curie vor immensen finanziellen Problemen. Für weitere Forschungen fehlt das Geld. Ein Gramm Radium hat einen Preis von 100 000 Dollar. Eine amerikanische Journalistin setzt sich in ihrer Heimat für Marie Curie ein und ruft zu Spenden auf. Insbesondere Frauenorganisationen geben gerne Geld zur Unterstützung der Wissenschaftlerin. 1921 reist Marie Curie, gesundheitlich bereits sehr angeschlagen, selbst in die USA und nimmt das Radium symbolisch von Präsident Warren G. Harding entgegen. Den Zweiten Weltkrieg mit all seinen verheerenden Folgen muss sie nicht mehr erleben. Die zweifache Nobelpreisträgerin stirbt 1934 an Anämie – es ist der Preis für die Erforschung der Radioaktivität, den sie zahlen muss.

Leben und Werk

- **Geburtsdatum:** 7. November 1867
- **Geburtsort:** Warschau
- **Todesdatum:** 4. Juli 1934
- **Todesort:** Sancellemoz (Schweiz)
- **Leben:** Polnisch-französische Wissenschaftlerin, die die Elemente Radium und Polonium entdeckt. Sie erhält als erste und einzige Frau den Nobelpreis zweimal.
- **Werke (Auswahl):** Recherches sur les substances radioactives, 1903. Traité de Radioactivité, 1910. La Radiologie et la Guerre, 1921. Pierre Curie, 1923. L'Isotopie et les éléments isotopes, 1924

Käthe Kollwitz

»Ich will wirken in dieser Zeit, in der die Menschen so ratlos und hilfsbedürftig sind.«

»Jetzt weiter! Jetzt Arbeiten wie das Anti-Kriegsplakat für den Internationalen Gewerkschaftsbund, jetzt wenn möglich lauter solche Arbeiten, die eine Wirkung in sich schließen.«

Nie wieder Krieg« – diese Forderung, die Käthe Kollwitz in den Zwanzigerjahren des 20. Jahrhunderts stellt, hat auch heute nichts von ihrer Aktualität eingebüßt. Ihre Kunst ist eine Kunst, wie sie lebensnaher und düsterer kaum sein könnte. Und das aus sehr gutem Grunde: Käthe Kollwitz weiß um das Leid des Volkes. Sie selbst verliert zuerst ihren Sohn, danach auch noch ihren Enkel im Krieg.

Im Sommer 1867 in Königsberg geboren, ist sie eine Frau des 19. Jahrhunderts – umso bemerkenswerter, dass sich Käthe Kollwitz nicht in das gängige Ideal der Frau als Hausfrau und Mutter fügt, sondern ihren eigenen Weg sucht.

Nie habe ich eine Arbeit kalt gemacht

Bereits im Alter von 13 Jahren fertigt sie erste Kupferstiche; bald darauf nimmt sie Zeichenunterricht. Später studiert sie bei Karl Stauffer-Bern in Berlin und Ludwig von Herterich in München. Durch ihre Ehe mit dem Kassenarzt Karl Kollwitz, aus der später zwei Söhne hervorgehen, kommt sie in Berührung mit den verarmten Gesellschaftsschichten, die von ihrem Mann medizinisch behandelt werden: abgehärmte Arbeiter, ausgemergelte Mütter, halb verhungerte Kinder. Sie alle suchen Hilfe. Und Käthe Kollwitz stellt sich dieser Not. Ihre Kunst ist immer aus dem Leben gegriffen. »Nie habe

ich eine Arbeit kalt gemacht«, sagt sie über sich selbst, »sondern immer gewissermaßen mit meinem Blut. Das müssen die, die sie sehen, spüren.«
Käthe Kollwitz erregt Aufsehen. Ihren Durchbruch schafft sie 1898 mit dem Radierzyklus »Ein Weberaufstand«, der von dem Bühnendrama Gerhard Hauptmanns inspiriert wurde. Doch diese düstere und zugleich reale Kunst gefällt nicht jedem. Als ein einflussreicher Bewunderer Käthe noch im gleichen Jahr zur Kleinen Goldenen Medaille, einer Auszeichnung für Künstler, vorschlägt, lehnt Kaiser Wilhelm II. diese Würdigung ab. Solche »Rinnsteinkunst«, wie er Käthe Kollwitz' Werk entsetzt nennt, entspreche nicht dem Zeitgeschmack. Die Aristokratie bevorzugt große, pathetische Werke – was schert sie das Leid der kleinen Leute? Gemeinsam mit anderen sozialkritischen Künstlern schließt sich Käthe Kollwitz zur Vereinigung der Berliner Secession zusammen, die sich gegen ein konventionelles Kunstverständnis ausspricht. Die Secessionskünstler verstehen sich als Naturalisten und Impressionisten, die mit ihrer Kunst nichts beschönigen, sondern die Lebenswirklichkeit darstellen wollen. Und Käthe Kollwitz triumphiert: Ein Jahr später wird ihr die zuvor verwehrte Auszeichnung zugesprochen. Für Käthe Kollwitz sind das glückliche Jahre.

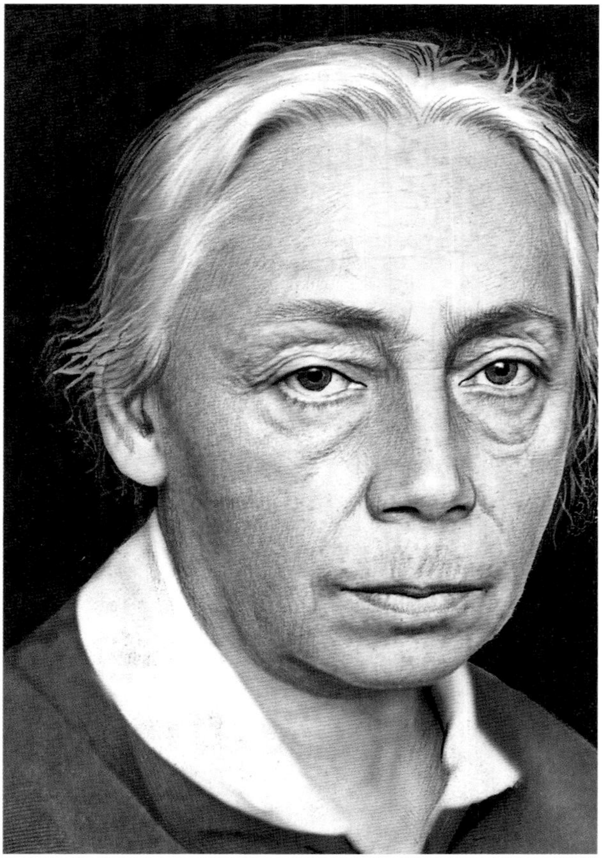

Aus dem Leben gegriffene Kunst: Käthe Kollwitz um das Jahr 1930

Anerkennung und Ablehnung

Sie arbeitet als Lehrerin an der Künstlerinnenschule in Berlin. Ihre Werke sind erfolgreich. Für den Zyklus »Bauernkrieg« erhält sie den Villa-Romana-Preis, der heute als ältester Kunstpreis Deutschlands gilt. Doch in der Aristokratie und im Bürgertum stößt Käthe immer wieder auf Widerstand. Der deutschen Kaiserin Auguste Viktoria missfällt ein von Käthe Kollwitz angefertigtes Plakat zur Deutsche Heimarbeit-Ausstellung 1906, das eine ausgezehrte, überarbeitete Frau darstellt. Sie weigert sich, die Ausstellung,

Das Elend der Menschen in der Kunst festhalten: Mutter und Kind, Kohlezeichnung, 1919

die öffentlich das Leid und das Elend der Arbeiterklasse anklagt, zu besuchen, wenn nicht alle diese Plakate überklebt werden.
Durch den Ausbruch des Ersten Weltkrieges 1914 erfährt auch Käthes Leben eine schmerzliche Veränderung. Ihr 18-jähriger Sohn Peter will sich wie so viele junge Männer freiwillig zum Kriegsdienst melden. Käthe ermutigt ihn, möchte, dass er Erfahrungen sammelt. Aber nur wenige Tage, nachdem er aufgebrochen ist, erhält sie die niederschmetternde Nachricht: Peter ist als Erster seines Regiments in Belgien gefallen. Ihr Schmerz findet sich in ihrer Kunst wieder, die nun nicht mehr nur die soziale Lage der Arbeiterklasse kritisiert, sondern auch vehement ein Ende des Krieges fordert.

Gegen den Krieg

»Es ist genug gestorben!«, schreibt sie im Wochenblatt »Vorwärts«, »Keiner darf mehr fallen. Ich berufe mich (...) auf einen Größeren«, hiermit meint sie Goethe, »welcher sagt: ›Saatfrüchte sollen nicht vermahlen werden.‹« 18 Jahre nach dem Tod ihres Sohnes errichtet sie ihm ein Denkmal auf dem Soldatenfriedhof bei Dixmuide, wo er begraben ist. »Die Eltern« nennt sie es. Zwei einsame niederkniende Gestalten, trauernd, anklagend.
Käthes Kunst erfährt höchste Anerkennung. 1919 erhält sie als erste Frau überhaupt eine Professur an der Preußischen Akademie der Künste. Zwar ist sie in keiner Partei Mitglied, aber Käthe versteht sich als Sozialistin. Folglich arbeitet sie in Organisationen wie der von Lenin ins Leben gerufenen Internationalen Arbeiterhilfe. Den 1933 an die Macht kommenden Nationalsozialisten ist sie mit ihrer Kritik, ihrer Sympathie mit dem

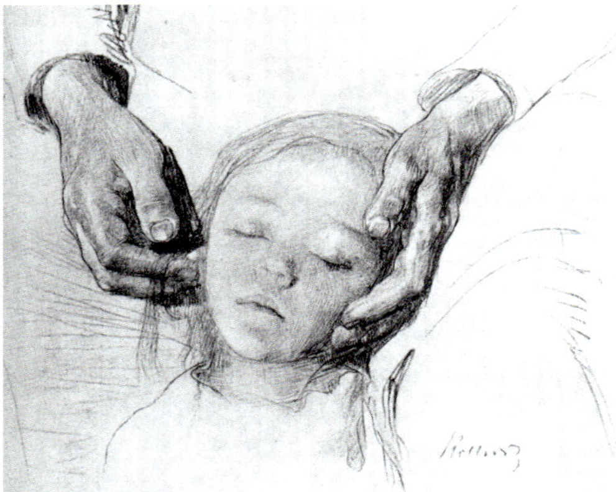

Liebe, Zuwendung, Verbundenheit: Kopf eines Kindes in den Händen der Mutter, Bleistift, 1900

Sozialismus und ihrer Ablehnung des Krieges ein wahrer Dorn im Auge! Als sie ihre Unterschrift unter einen Aufruf zur Bildung einer einheitlichen Arbeiterfront gegen den Nationalsozialismus setzt, wird sie noch im selben Jahr zum Austritt aus der Preußischen Akademie gezwungen. Wie für viele Künstler beginnt für sie in Hitlers Deutschland eine schwierige Zeit. Zwar werden ihre Werke nicht als »entartete Kunst« eingestuft, doch sie darf nicht mehr ausstellen. Ihrem Mann Karl wird zwischenzeitlich die Zulassung entzogen. Als kurz darauf in einer russischen Zeitung ein kritischer Artikel zu ihrer Lage und dem inoffiziellen Ausstellungsverbot ihrer Arbeiten erscheint, droht ihr das Konzentrationslager. Sie hat zu viel Angst, um Widerstand zu leisten, denkt sogar an Selbstmord. Käthes letzter Zyklus »Vom Tode« entsteht in den Jahren 1934/35. Und nur wenig später ereilt der Tod zwei ihrer Angehörigen. 1940 stirbt ihr Mann im Alter von 77 Jahren, ein Enkelsohn stirbt im Zweiten Weltkrieg. Für eine Lithographie, die sie kurz danach anfertigt, greift sie als Titel wieder auf ihr liebstes Goethezitat zurück: »Saatfrüchte sollen nicht vermahlen werden.« Ihr Wohnhaus in Berlin, dass sie kurz vorher verlassen hat, wird zerstört. Viele ihrer Werke gehen verloren. Nur wenige Tage vor Ende des Krieges, am 22. April 1945, stirbt Käthe Kollwitz mit 77 Jahren. Was bleibt, ist ein Lebenswerk, dass uns auch heute berührt und in seiner Ehrlichkeit beeindruckt.

Leben und Werk

- **Geburtsdatum:** 8. Juli 1867
- **Geburtsort:** Königsberg
- **Todesdatum:** 22. April 1945
- **Todesort:** Moritzburg bei Dresden
- **Leben:** Künstlerin des 20. Jahrhundert, die in ihrer Kunst soziale Missstände und das Elend des Krieges thematisiert. Inoffizielles Ausstellungsverbot unter dem NS-Regime.
- **Werke (Auswahl):** Zyklus »Ein Weberaufstand«, 1898. Zyklus »Bauernkrieg«, 1908. Holzschnitt »In memoriam Karl Liebknecht«, 1919. Selbstbildnis »Trauerndes Elternpaar«, 1932. Zyklus »Vom Tode«, 1935

Maria Montessori

»Was Kinder betrifft, betrifft die Menschheit!«

»Schule ist jenes Exil, in dem der Erwachsene das Kind so lange hält, bis es imstande ist, in der Erwachsenenwelt zu leben, ohne zu stören.« Maria Montessori versucht, diesem Exil die richtige Gestalt zu geben.

Lernen ohne Drill, in Gruppenarbeiten und mit Möbeln, die in ihrer Größe dem kindlichen Körper angepasst sind – all das ist in heutigen Schulen eigentlich selbstverständlich. Im späten 19. und frühen 20. Jahrhundert sieht es in den Lehranstalten allerdings völlig anders aus. Der Schülerin Maria Montessori sind diese strengen Erziehungsmethoden zuwider. Sie hat es satt, »wie Schmetterlinge aufgespießt« dazusitzen und ihren Lehrkräften beim Frontalunterricht zuzusehen. Dabei hat sie Glück, als Mädchen überhaupt zur Schule gehen zu dürfen und sogar eine technische Oberschule zu besuchen. Maria Montessori wächst in ihrem Geburtsort Ancona in einer liberalen Familie auf.

Von erstaunlicher Willenskraft

Insbesondere der Tastsinn wird in ihrer Pädagogik eine wichtige Rolle spielen. Bei den behinderten Kindern zeigen sich erste Erfolge. Maria Montessori baut ihre ersten pädagogischen Theorien auf ihren unmittelbaren Erfahrungen auf und lässt sich von ihren pädagogischen Vorbildern Jean Itard, Edouard Séguin und Johann Pestalozzi inspirieren. »In Wirklichkeit trägt das Kind den Schlüssel zu seinem rätselhaften individuellen Dasein von allem Anfang an in sich«, begreift sie. »Es verfügt über einen inneren Bauplan der Seele und über vorbestimmte Richtlinien für seine Entwicklung. Das alles aber ist zunächst äußerst zart und empfindlich, und ein unzeitgemäßes Eingreifen des Erwachsenen mit seinem Willen und seinen übertriebenen Vorstellungen von der eigenen Machtvollkommenheit kann jenen Bauplan zerstören oder seine Verwirklichung in falsche Bahnen lenken.« So vertritt sie die Theorie, dass Kriminalität durch angemessene Früherziehung verhindert werden kann.

Trotz ihrer eigenständigen Arbeit und ihrem gegen alle Konventionen verstoßenden Lebensweg ist Maria Montessori keine Feministin. Sich selbst sieht sie als Ausnahme; generell hält sie das Dasein als Hausfrau und Mutter aber durchaus für die Berufung einer Frau. Doch für sich persönlich lehnt sie eine Heirat ab. Selbst als sie von ihrem Mitarbeiter und Liebhaber Giuseppe Montesano schwanger wird, geht sie keine Ehe mit ihm ein. Ihren Sohn Mario lässt sie außerhalb Roms von Pflegeeltern aufziehen. 1901 schreibt sie sich erneut an der Universität ein, um ihr Wissen in Anthropologie, Psychologie und Pädagogik zu erweitern.

Kämpferin für Kinderrechte: die Pädagogin Maria Montessori in einem Altersporträt

Sechs Jahre später eröffnet sie in Rom das Casa dei Bambini, das für die Kinder der sozialen Unterschicht gedacht ist. Während des Unterrichts beobachtet sie ein dreijähriges Mädchen, das sich konzentriert mit den von Maria Montessori entworfenen Holzzylindern beschäftigt. Erst jetzt beginnt sie, die Methoden, die sie für die geistig behinderten Kinder entwickelt hat, auch bei gesunden Kindern anzuwenden. Es entsteht die Montessoripädagogik mit dem Motto »Hilf mir, es selbst zu tun!«

Freiheit und Würde der kindlichen Entwicklung

Kinder sollen nicht länger als kleine Erwachsene behandelt werden, sondern als die Kinder, die sie sind. »Nicht das Kind soll sich der Umgebung anpassen«, sagt sie, »sondern wir sollten die Umgebung dem Kind anpassen.« Das beinhaltet auch Möbel, die der Größe der Kinder entsprechen und an denen sie sich wohlfühlen können. Zum Erlernen des Alphabets stellt Maria Montessori große Holzbuchstaben für die Kinder her, denn die Sinne spielen in ihrem Konzept eine entscheidende Rolle. Außerdem soll es den Kindern möglich sein, ihr Lerntempo nach den ihnen gegebenen Talenten und Neigungen selbst bestimmen zu können.

Lernen mit den Sinnen: Kinder in einer Montessori-Schule in London

Maria Montessori ist überzeugt: »Wir müssen das Kind führen, indem wir es frei lassen.« Durch die Casa dei Bambini wird sie auch international bekannt. Ihr Konzept findet dabei eine immer weitere Verbreitung; insbesondere in den USA ist man davon begeistert. Als 1922 Benito Mussolini in Italien an die Macht kommt, unterstützt die Regierung die Montessori-Methode an den italienischen Schulen und so lässt sich Maria Montessori zunächst auf die Politik des Duce ein. Erst als der Faschismus durch das Tragen von Uniformen in der Schule immer mehr in die Klassenzimmer getragen werden soll, verweigert sie die weitere Zusammenarbeit. Gemeinsam mit ihrem Sohn Mario flüchtet sie nach Barcelona. Während des Zweiten Weltkriegs geht sie ins Exil nach Indien. Ihre letzten Lebensjahre verbringt sie in Amsterdam. Heute finden sich Elemente der Montessori-Methode in fast jeder Schule. Maria Montessori erkennt, wie wichtig Bildung in einer Gesellschaft ist. »Ohne das Kind, das ihm hilft, sich ständig zu erneuern«, weiß sie, »würde der Mensch degenerieren.«

Gerade heute schätzen viele Eltern die Erziehung nach Montessori-Methoden: Unterrichtsmaterial für Geometrie (oben), Montessori-Kindergarten in München.

Leben und Werk

- **Geburtsdatum:** 31 . August 1870
- **Geburtsort:** Ancona
- **Todesdatum:** 6. Mai 1952
- **Todesort:** Noordwijk aan Zee
- **Leben:** Italienische Ärztin, die als erste Italienerin in Medizin promoviert. Sie entwickelt die Montessori-Methode und revolutioniert so das Schulsystem.
- **Werke (Auswahl):** Il metodo della pedagogia scientifica, 1909. L'autoeducazione nelle scuole elementari, 1916. Il segreto dell'infanzia, 1938. Formazione dell'Uomo, 1949. L'Educazione e Pace, 1949

Grazia Deledda

»Alles ist Hass, Blut und Schmerz; aber vielleicht wird alles irgendwann von der Bedeutung der Liebe und des guten Willens besiegt.«

»Wir müssen das Leben verlangsamen, um es zu intensivieren und ihm so die größtmögliche Bedeutung zu geben. Man muss versuchen, über dem eigenen Leben zu leben, wie eine Wolke über dem Meer.«

Liebe, Tod und Schmerz gehören für Grazia Deledda zu den intensivsten und bedeutungsvollsten Momenten des Lebens. Die italienische Schriftstellerin versteht es, in ihren Romanen und Erzählungen über das zu berichten, was die Menschen damals wie heute bewegt. Die Inspiration zieht sie aus ihrer Heimat Sardinien und den dortigen Bewohnern. Ihr Vater ist ein gelehrter Mann und zeitweise Bürgermeister ihrer Heimatstadt Nuoro. Er hat oft Besuch, und so lernt Grazia Deledda viele verschiedene Menschen und deren Eigenheiten kennen – die Grundlage ihrer aus dem Leben gegriffenen Charaktere.

Dichterin mit dreizehn Jahren

Doch Grazia Deledda wird streng erzogen. »Wir Mädchen durften nie hinausgehen, außer zur Messe und gelegentlichen Spaziergängen auf dem Lande«, schreibt sie. Vom Fenster aus aber kann sie den Monte Ortobene sehen. »Nein, es ist nicht wahr, dass der Ortobene mit anderen Bergen vergleichbar wäre«, schreibt sie über diese schroffe Felswand, »den Ortobene gibt es nur einmal auf der Welt. Er ist unser Herz, er ist unsere Seele, unser Charakter, und alles, was in uns groß und klein, lieb und hart und rau und schmerzhaft ist.« Das einfühlsame und genaue Beschreiben der wilden und schönen sardischen Landschaft

charakterisiert ihren Schreibstil von Anfang an. Mehr noch, »in Grazia Deleddas Romanen, mehr als in den meisten anderen Romanen, bilden Mensch und Natur eine Einheit«.
Mit zwölf Jahren beginnt sie bereits, ihre ersten Verse zu verfassen. »Dichterin, Dichterin!«, soll ihre Lehrerin verzweifelt ausgerufen haben, »Ach, was soll nur aus diesem Kinde werden!« Grazia Deledda ist anders als die anderen, sie unterschiedet sich völlig von ihren Altersgenossen: Sie zeigt nur wenig Interesse an den Kinderspielen ihres Alters; schon das Kind begeistert sich für Literatur. Auch nachdem sie die Volksschule abgeschlossen hat, ist ihr Wissensdurst noch lange nicht gestillt. Grazia nimmt private Unterrichtsstunden in Italienisch. Ihr Lehrer erkennt schon früh ihr Potential. Er ist es, der sie ermutigt, ihre erste Erzählung an ein Magazin zu schicken. Grazia Deledda ist zu diesem Zeitpunkt gerade einmal 13 Jahre alt, aber die Erzählung wird umgehend veröffentlicht.
Im ländlichen und rückständigen Nuoro ist man entsetzt! Die meisten Einwohner – auch Grazias Mutter Francesca – sind streng katholisch. Eine Frau, die schreibt? Undenkbar! Doch allen Unkenrufen zum Trotz hat Grazia Deledda bald Erfolg. Ihr erster Roman »Fior di Sardegna« wird 1892 in Rom verlegt. Mit ihrem dritten Roman »Elias Portolú« (1903) kann sie sich auch international

Grazia Deleddas Charaktere entspringen dem Leben.

durchsetzen: Er wird in fast alle europäischen Sprachen übersetzt. Ihre Protagonisten sind Menschen mit nachvollziehbaren Problemen und Emotionen, die mit ihrem Schicksal hadern. Obwohl Grazias Nachbarn überzeugt sind, dass eine Schriftstellerin niemals einen Mann finden wird, heiratet sie im Jahr 1900

In ihrem Mädchenzimmer in Nuoro (Sardinien) lebt Grazia bis zu ihrer Hochzeit 1911.

den Beamten Palmiero Madesani und zieht mit ihm nach Rom. Aus der glücklichen Ehe gehen zwei Kinder hervor.

Sardinien als Ort der Literatur

Trotz des Umzugs verliert Grazia Deledda nicht den inneren Bezug zu ihrer Heimat. Auch in ihrem Roman »L'Edera« (Der Efeu, 1906) finden sich detaillierte Landschaftsbeschreibungen ihrer geliebten Heimat wieder, die Insel Sardinien selbst spielt in ihren Romanen noch immer eine wichtige Rolle. Grazia Deleddas Art zu erzählen gleicht einem minutiösen Bildnis, sie malt geradezu »eine wunderbar lebhafte Natur in perfekter Harmonie mit dem seelischen Leben ihrer Charaktere«. Doch ihr genauer Blick auf die Schönheit der Natur verstellt ihr nicht das Wissen um die soziale Realität. Ungeschönt und wirklichkeitsnah schildert die Autorin das harte Leben der schwer arbeitenden Bevölkerung.

Grazia Deledda wird zu der bedeutendsten naturalistischen Schriftstellerin Italiens. Über Jahrzehnte schreibt sie »aus einem inneren Bedürfnis heraus«, lebt eher zurückgezogen in einem Haus am Stadtrand und nimmt sich jeden Tag wenigstens einige Stunden Zeit zum Schreiben. Mit den Jahren verlieren ihre Romane und Erzählungen die Heimatbindung, ihre Geschichten werden ortloser, auch wenn der sardische Unterton bleibt. Die Schriftstellerin Grazia Deledda lebt gänzlich unpolitisch, und so äußert sie sich auch nicht zum Faschismus, als Mussolini 1922 an die Macht kommt. Unmittelbar und direkt gilt ihr Interesse immer den Menschen, nicht den politischen Ideen oder den Vorstellungen davon, wie Menschen zu leben haben.

Nobelpreisträgerin für Literatur

Im Jahr 1926 erhält sie den Nobelpreis für Literatur »für ihre von Idealismus getragenen Werke, die mit Anschaulichkeit und Klarheit das Leben auf ihrer heimatlichen Insel schildern und allgemein menschliche Probleme mit Tiefe und Wärme behandeln«. »Sie hat in der Tat eine große Entdeckung gemacht«, heißt es in der Laudatio. »Sie hat Sardinien entdeckt.« Grazia Deleddas Blick auf die Menschen bewegt sich jenseits festgefügter Konventionen. »Einfache Bauern mit primitiven Empfindungsvermögen und primitiver Denkweise, die aber ein wenig der Erhabenheit der sardischen Natur in sich tragen« sind ihre Charaktere. »Die Kunst, Realismus mit Idealismus zu verschmelzen«, die sie vollendet beherrscht, macht Grazia Deledda so beliebt. Nur zwei Tage nach Erhalt des Nobelpreises wird bei ihr Krebs diagnostiziert. Auch zwei Operationen können nicht mehr verhindern, dass der Tumor sich ausbreitet. Am 15. August 1936 erliegt Grazia Deledda schließlich der Krankheit. Ihr schriftstellerisches Werk umfasst zum Zeitpunkt ihres Todes sage und schreibe 35 Romane, 350 Novellen, 30 Erzählungen, acht Fabeln und 15 Skizzen, zwei Romane erscheinen noch postum. Nach ihrem Tod wird das Manuskript des autobiografischen Romans »Cosima« in ihrem Arbeitszimmer gefunden und veröffentlicht. »Ich habe in Berührung mit dem Volk und den schönsten und wildesten Landschaften gelebt, in die sich meine Seele versenkt hat«, sagt Grazia Deledda über sich selbst, »und daraus ist meine Kunst entstanden, wie ein Lied, ein Motiv, das sich plötzlich von den Lippen eines primitiven Dichters erhebt.«

Grazia Deleddas Werk im italienischen Original

Leben und Werk

- **Geburtsdatum:** 27. September 1871
- **Geburtsort:** Nuoro, Sardinien
- **Todesdatum:** 15. August 1936
- **Todesort:** Rom
- **Leben:** Naturalistische Schriftstellerin und Nobelpreisträgerin aus Sardinien. Sie bindet die Natur ihrer Heimat stark in ihre Romane mit ein.
- **Werke (Auswahl):** Fior di Sardegna, 1892. Anime oneste, 1895. La via del male, 1896. Elias Portolú, 1903. Cenere, 1904. L'Edera, 1906. Canne al vento, 1913. Marianna Sirca, 1915. La fuga in Egitto, 1925. Cosima, 1937

Lise Meitner

»Das Leben muss nicht leicht sein, wenn es nur inhaltsreich ist.«

»Das kann die Lise nicht, das steht nicht im Physikbüchl«, spotten die Geschwister als Kinder über Lise Meitner. Auch als erwachsene Frau zeigt sich die Physikerin mitunter weltfremd. In den Naturwissenschaften geht sie völlig auf.

Ich liebe Physik«, sagt Lise Meitner selbst, »ich kann sie mir schwer aus meinem Leben wegdenken. Es ist so eine Art persönlicher Liebe, wie gegen einen Menschen, dem man sehr viel verdankt.« Sie macht ihre revolutionärste Entdeckung auf dem Gebiet der Radioaktivität: die Kernspaltung. Gegen den Beinamen »Mutter der Atombombe« wehrt sich die überzeugte Pazifistin allerdings standhaft. Sie hätte es lieber gesehen, wenn ihre Entdeckung für friedliche Zwecke genutzt worden wäre. Doch die große Entdeckung der Naturwissenschaftlerin erfolgt zu verhängnisvoller Zeit: in den Jahren des Zweiten Weltkriegs. Jede der gegnerischen Parteien hofft auf eine Art »Superwaffe«.

Geboren wird Elise, kurz Lise, Meitner am 17. November 1878 in Wien. Die Tochter jüdischer Eltern wird liberal erzogen. Schon in jungen Jahren interessiert sich die ernste und zurückhaltende junge Frau für die Phänomene ihrer Umwelt.

Mädchen sind Gymnasium und Universität verwehrt

Der Weg zum Physikstudium aber ist voller Hindernisse. Zunächst einmal ist es Mädchen in Österreich nicht gestattet, ein Gymnasium zu besuchen. Lise Meitner geht also drei Jahre lang auf die Bürgerschule, dann macht sie eine Ausbildung als Französischlehrerin. Zeitgleich bereitet sie sich erst autodidaktisch, dann mit Privatstunden auf die Reifeprüfung vor. 1901 besteht sie am Akademischen Gymnasium in Wien als Externe das Abitur. Mittlerweile werden Frauen an österreichischen Universitäten angenommen und so kann Lise Meitner ihr Studium der Physik, Mathematik und Philosophie an der Universität Wien beginnen. Als zweite Frau überhaupt promoviert sie 1906. Ihr besonderes Interesse gilt der kürzlich von Marie und Pierre Curie näher erforschten Radioaktivität. Eine Bewerbung bei Marie Curie an der Sorbonne wird allerdings abgelehnt. Also geht Lise Meitner zu Max Planck nach Berlin. Dort tut sie sich mit dem jungen Chemiker Otto Hahn zusammen.

Verkannt als Assistentin des Meisters: Lise Meitner, Mitentdeckerin der Atomkernspaltung

Labor durch den Hintereingang

Doch noch immer sind Frauen an preußischen Universitäten offiziell nicht zugelassen und so wird Lise Meitner nur sehr skeptisch aufgenommen. Das gemeinsame, dürftig eingerichtete Laboratorium, das in einer Holzwerkstatt entsteht, darf sie nur durch den Hintereingang betreten. Die Zusammenarbeit mit Otto Hahn erweist sich als äußerst fruchtbar. Der intuitive Chemiker und die analytische Physikerin könnten unterschiedlicher kaum sein – und ergänzen sich gerade deshalb so gut. In einer Zeit, in der die Physik durch die Entwicklungen der Quantentheorie Plancks und der Relativitätstheorie Einsteins drastische Umbrüche erlebt, erforschen die beiden eifrig das noch neue Feld der Radioaktivität. Meist wird Lise Meitner als nichts weiter als eine Mitarbeiterin Otto Hahns gesehen, zeitweise muss sie als unbezahlter Gast arbeiten. Dabei hat sie die Zügel in die Hand. »Hähnchen, lass mich das machen, von Physik verstehst du nichts«, soll sie ihrem Partner des Öfteren gesagt haben.

Der Erste Weltkrieg beginnt. Ähnlich wie Marie Curie erklärt sich Lise Meitner bereit, in den österreichischen Lazaretten als Röntgenschwester zu arbeiten. Das Grauen, das sie dort sehen muss, mag zu ihrer pazifistischen Einstellung beigetragen haben. Ihr Kollege Otto Hahn wird gemeinsam mit anderen Forschern mit der Herstellung von Giftgas beauftragt.

Nach dem Ersten Weltkrieg arbeiten die beiden weiterhin zusammen und entdecken das fehlende Element 91, das sie Protactinium nennen. Seit den Zwanzigerjahren ist es Frauen endlich gestattet, sich zu habilitieren, und Lise Meitner nimmt diese Möglichkeit wahr. Endlich darf sie als Dozentin an einer Universität arbeiten. Doch mit Hitlers Machtergreifung 1933 wird ihr die Lehrerlaubnis aufgrund ihrer jüdischen Abstammung wieder entzogen. Noch macht sich Lise Meitner allerdings keine allzu großen Sorgen, ihre österreichische Staatsbürgerschaft schützt sie vor der Nazi-Willkür. Doch als Österreich von den Deutschen annektiert wird, muss sie im Alter von 60 Jahren in aller Hast nach Schweden fliehen.

Sie fühlt sich isoliert und allein, die Möglichkeit zu experimentieren vermisst sie am meisten. Von Otto Hahn wird sie in Briefen über die Fortschritte in der Erforschung der »Transurane« auf dem Laufenden gehalten. Als es bei der Beschießung von Uran mit Neutronen zu einem Resultat kommt, das sich Otto Hahn nicht erklären kann, ersucht er seine ehemalige Kollegin um Hilfe.

Der verdiente Nobelpreis bleibt ihr verwehrt: Lise Meitner als junge Frau um 1900.

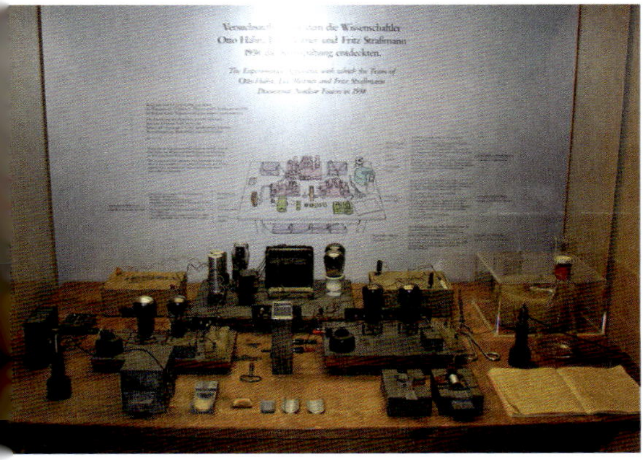

Hier werden große Entdeckungen gemacht: Versuchsanordnung zur Kernspaltung.

Der Nobelpreis geht an den männlichen Kollegen

Gemeinsam mit ihrem Neffen Robert Frisch stellt Lise Meitner Berechnungen an und kommt zu einem erstaunlichen Ergebnis: Das Uran hat sich gespalten, hat dabei aber an Masse eingebüßt. Diese fehlende Masse muss zur Freisetzung von Energie führen. Ihr Neffe prägt den Begriff »nuclear fission«, zu Deutsch »Kernspaltung«.

Obwohl dreimal nominiert, wird Lise Meitner niemals der Nobelpreis zugesprochen. Es ist Otto Hahn, der 1944 mit dem Nobelpreis in Chemie »für seine Entdeckung der Spaltung schwerer tomkerne« geehrt wird. Lise Meitner hat einen großen Teil zu dieser Entdeckung beigetragen und hätte den Nobelpreis ebenso sehr verdient. Etwas enttäuscht, aber keinesfalls missgünstig schreibt sie: »Hahn hat sicher den Nobelpreis für Chemie voll verdient, da ist wirklich kein Zweifel. Aber ich glaube, dass Frisch und ich etwas nicht Unwesentliches zur Aufklärung des Uranspaltungsprozesses beigetragen haben – wie er zustande kommt und dass er mit einer so großen Energieentwicklung verbunden ist, lag Hahn ganz fern.« Zwar hat die Physikerin auch andere Ehrungen vorzuweisen – so beispielsweise die Wahl zur Frau des Jahres 1946 in den USA oder den Orden »Pour le mérite« für Wissenschaft und Künste –, doch das Absurdum bleibt bestehen, dass Lise Meitners Arbeit durch den Nobelpreis für Otto Hahn seine größte Würdigung erfährt.

Leben und Werk

- **Geburtsdatum:** 17. November 1878
- **Geburtsort:** Wien
- **Todesdatum:** 27. Oktober 1968
- **Todesort:** Cambridge (England)
- **Leben:** Physikerin, nach der das Element Meitnerium benannt wird. Mit Otto Hahn entdeckt sie die Kernspaltung.
- **Werke (Auswahl):** Über die Absorption der Alpha- und Beta-Strahlen, 1906. Radioaktivität und Atomkonstitution, 1921 . Spaltung und Schalenmodell des Atomkerns, 1950. Atomenergie und Frieden, 1954. The Status of Women in the Professions, 1960

Frida Kahlo

»Meine Malerei trägt in sich eine Botschaft des Schmerzes.«

»Das Einzige, das ich weiß, ist, dass ich male, weil ich es muss, ich male, was auch immer mir durch den Kopf geht, ohne jede weitere Überlegung.« Frida Kahlos Kunst ist radikal und kraftvoll.

Kraft und Schmerz – in jedem Werk der großen mexikanischen Malerin spiegeln sich die zentralen persönlichen Erfahrungen mehrerer harter Schicksalsschläge wider. Ihr schwieriges Leben und ihre Kunst sind untrennbar miteinander verbunden. 55 ihrer 143 Bilder sind Selbstbildnisse. »Ich male Selbstporträts« sagt sie, »weil ich so oft allein bin, weil ich die Person bin, die ich am besten kenne.«

Radikal wie keine Malerin und auch kein anderer Maler vor ihr präsentiert sie sich mit verwundetem Körper und einem ernstem Gesicht. Verletzt, aber nicht gebrochen, grausam entblößt, aber immer stolz.

Kinderlähmung und ein schwerer Unfall

Frida Kahlo leidet ihr Leben lang unter starken körperlichen und auch seelischen Schmerzen, die sie oft nur mit Hilfe von Alkohol oder Morphinen ertragen kann. Zu ihren bekanntesten Werken zählt das Selbstbildnis »Die gebrochene Säule«. Es zeigt eine Frau in einem Korsett, den Leib aufgerissen, eine zerbröckelnde Säule als Rückgrat. Bereits im Alter von sechs Jahren erkrankt Magdalena Carmen Frida Kahlo y Calderón, die dritte Tochter einer Mexikanerin und eines Deutschen, an Kinderlähmung. Neun Monate kann sie das Bett nicht verlassen, ihr rechtes Bein trägt bleibende Schäden davon.

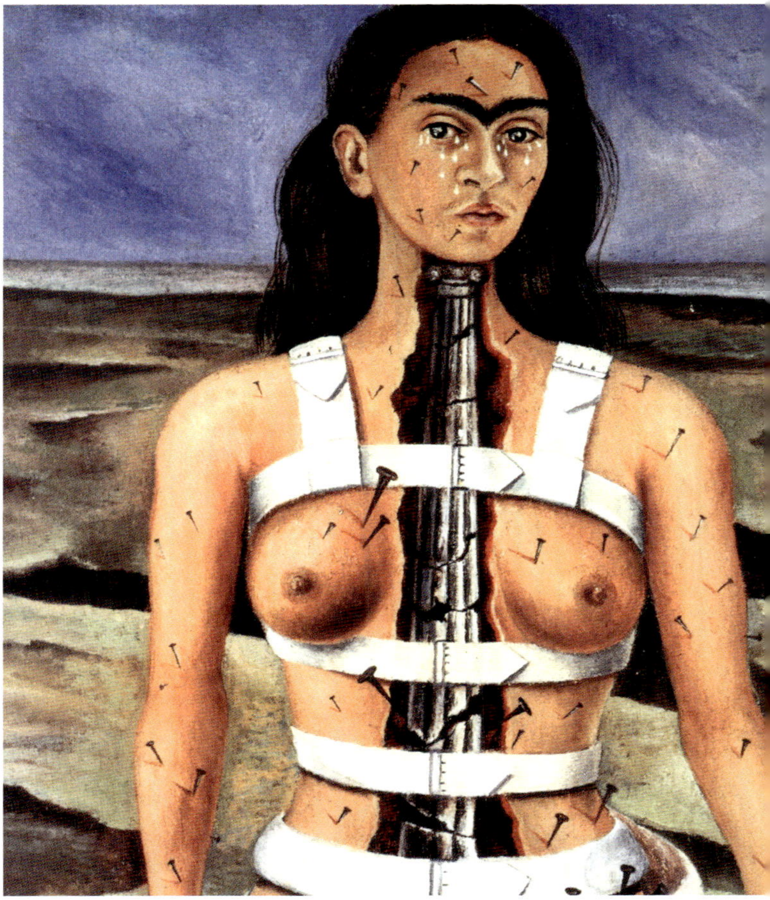

»Die gebrochene Säule«: Selbstbildnis Frida Kahlos als körperlich gebrochene Frau

Noch denkt Frida Kahlo nicht daran, Malerin zu werden. Sie ist entschlossen, Medizin zu studieren. Aus diesem Grund besucht sie als eine von wenigen Frauen die »Nationale Vorbereitungsschule«, an der die Hochschulzugangsberechtigung erlangt werden kann. Hier trifft sie zum ersten Mal ihren späteren Ehemann Diego Rivera. Er ist ein bekannter Vertreter des Muralismus, einer Kunstform der Wandbildmalerei, die im Mexiko der Zwanzigerjahre entsteht. Doch zunächst hat sie eine Beziehung mit Alejandro Gómez Arias, dem Anführer der marxistischen Gruppierung »Las Cachuchas«, der sie selbst auch angehört. Er ist bei ihr, als sie mit 18 Jahren Opfer eines furchtbaren Busunfalls wird. Eine Metallstange bohrt sich dabei durch ihr Becken. Frida Kahlo ist dem Tod nah. Sie überlebt, trägt allerdings lebenslange Behinderungen davon. Viele Male muss sie an der Wirbelsäule operiert werden, außerdem ist es notwendig, dass sie ein steifes Gipskorsett trägt. Fast ein Jahr verbringt sie im Krankenhaus, ohne das Bett verlassen zu dürfen. Aus purer Langeweile beginnt Frida Kahlo zu malen. Ihr erstes Selbstbildnis entsteht. Die Malerei wird für sie zur Möglichkeit, sich trotz ihrer starken körperlichen Einschränkungen frei zu entfalten.

Malen und Lieben

Nach ihrem Krankenhausaufenthalt trifft sie Diego Rivera erneut. Sie sind beide Mitglieder der kommunistischen Partei in Mexiko. In ihrem Geburtshaus, dem »Casa Azul«, das zum Schutz gegen Geister indigoblau gestrichen ist, beherbergt Frida Kahlo politische Flüchtlinge, unter anderem auch den russischen Revolutionär Leo Trotzki. Sie selbst zeigt sich meist in traditioneller mexikanischer Kleidung und betont so ihre indigene Herkunft, auf die sie stolz ist. 1929 heiratet sie Diego Rivera, obwohl ihre Mutter strikt gegen eine Vermählung ihrer Tochter mit dem 20 Jahre älteren »Muralista« ist. Frida Kahlo selbst wünscht sich nichts sehnlicher, als ein Kind von Diego zu bekommen. Die Warnungen der Ärzte, dass dies nach ihrem Unfall für sie zu gefährlich sei, schlägt sie in den Wind. In den kommenden Jahren wird sie dreimal schwanger, aber jedes Mal muss vorzeitig abgetrieben werden. Ihr Herzenswunsch, Mutter zu werden, bleibt ihr verwehrt.

Ihre Ehe erweist sich als äußerst turbulent. »Ich habe zwei schlimme Unfälle in meinen Leben erlitten«, sagt sie. »Der erste passierte, als mich ein Bus überfuhr … Der andere Unfall ist Diego.« Sie liebt ihn, doch sie weiß auch, dass er sie betrügt. Vor ihrer Ehe war Diego Rivera bereits zweimal verheiratet. Er ist ein regelrechter Casanova, der von Monogamie nicht viel hält. Aber auch Frida Kahlo selbst steht ihrem Ehemann in Sachen Affären – sowohl mit Männern als auch mit Frauen – in nichts nach. Als er allerdings ein Verhältnis mit Fridas Schwester Cristina beginnt, trennen sich die beiden nach fünf Jahren Ehe. Erst 1939 lassen sie sich scheiden. Im gleichen Jahr hat Frida Kahlo eine Ausstellung in Paris unter dem Namen »Mexique«. Zwar erwirbt der Louvre das Selbstporträt »Der Rahmen«, finanziell ist die Ausstellung aber nicht erfolgreich. Nichtsdestotrotz gewinnt Frida Kahlo an Bekanntheit. Nur ein Jahr nach ihrer Rückkehr nach Mexiko heiraten sie und Diego Rivera erneut.

Die berühmteste Künstlerin Mexikos

Als Künstlerin hat sie Erfolg. 1943 erhält sie einen Lehrstuhl an der Kunstschule »La Esmeralda«. Aber ihr Gesundheitszustand verschlechtert sich zusehends. Sie kann nur noch zu Hause unterrichten. Nur wenige Studenten besuchen deshalb noch ihre Kurse; sie werden »Los Fridos« genannt. Bald kann Frida Kahlo nur noch laufen, wenn sie ein starres Korsett trägt. »Die gebrochene Säule« entsteht in dieser Zeit. 1946 wird ihr der Mexikanische Nationalpreis für Kunst und Wissenschaft verliehen. Doch ihr Körper macht ihr weiterhin zu schaffen. Sie unterzieht sich einer Knochentransplantation und zahllosen weiteren Operationen. Sie ist ihre Gebrechlichkeit leid. »Verbrennt meinen Körper«, verlangt sie wütend. »Ich möchte nicht begraben werden. Ich habe viel Zeit im Bett liegend verbracht. Verbrennt ihn einfach!« In den letzten Jahren vor ihrem Tod kann sich Frida Kahlo nur noch im Rollstuhl fortbewegen. Doch trotz ihrer starken Schmerzen malt sie weiterhin. Selbstporträts bringt sie nun aber kaum noch auf die Leinwand, sie malt lieber Stillleben. Die Malerei ist das Einzige, was ihr noch Lebensfreude schenkt. In dieser für sie äußerst schweren Zeit erwägt Diego Rivera, sich ein weiteres Mal von ihr scheiden zu lassen, um eine Liebhaberin zu heiraten. Aber Fridas Schwester Cristina gelingt es, ihn davon abzubringen. So bleibt er bis zu ihrem Tod an Frida Kahlos Seite. Die körperlichen Qualen bleiben ihr Schicksal. Ein Jahr, bevor sie an einer Lungenembolie stirbt, muss ihr Fuß amputiert werden. Aber Frida Kahlo sagt von sich selbst: »Wozu brauche ich Füße, wenn ich Flügel zum Fliegen habe?«

Leben und Werk

- **Geburtsdatum:** 6. Juli 1907
- **Geburtsort:** Coyoacán (Mexiko)
- **Todesdatum:** 13. Juli 1954
- **Todesort:** Coyoacán
- **Leben:** Deutsch-mexikanische Malerin. Sie leidet ihr Leben lang unter schmerzhaften körperlichen Einschränkungen, die sich kraftvoll in ihrer Kunst widerspiegeln.
- **Werke (Auswahl):** Selbstbildnis mit Samtkleid, 1926. Meine Geburt, 1932. Meine Amme und ich, 1937. Erinnerung an die offene Wunde, 1938. Die zwei Fridas, 1939. Die gebrochene Säule, 1944. Moses, 1945. Diego und ich, 1949

Einer von zwei schlimmen Unfällen: Ausschnitt aus Frida Kahlos Gemälde »Diego und ich«

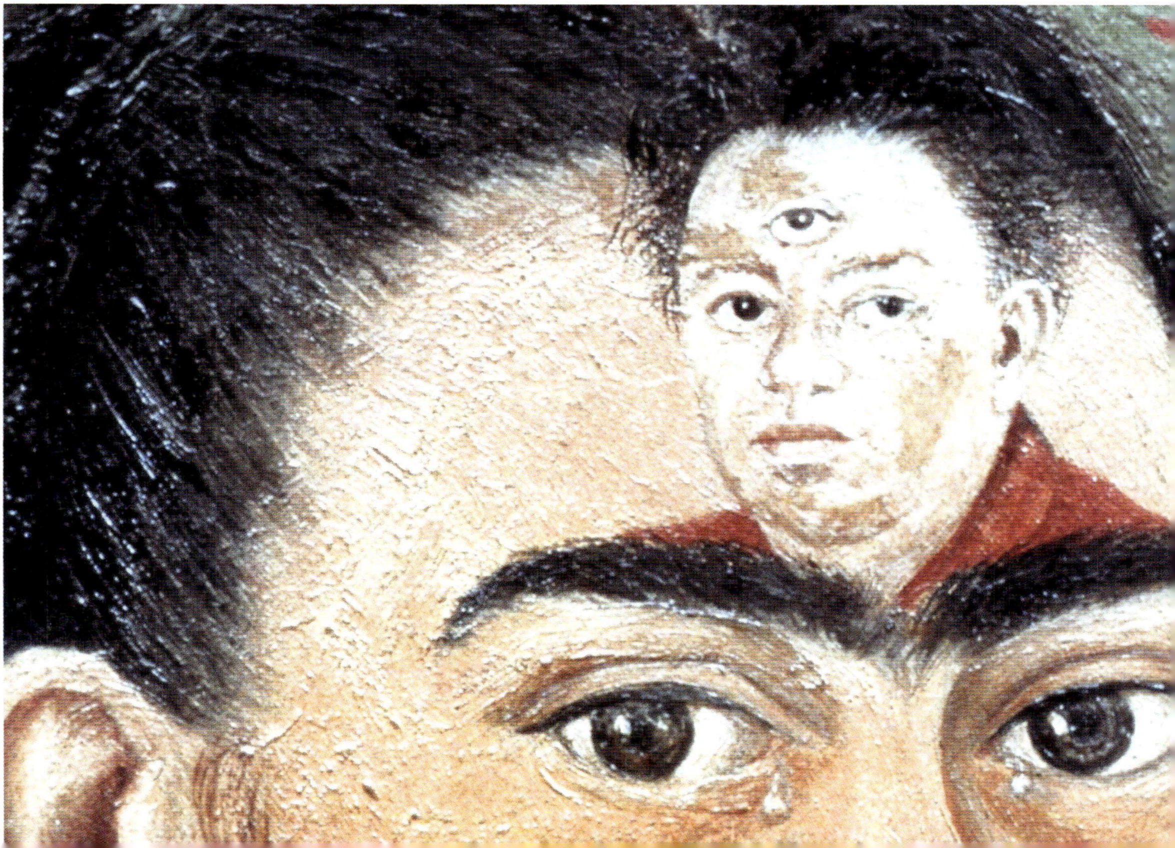

Sophie Scholl

»Wir schweigen nicht, wir sind Euer böses Gewissen; die Weiße Rose lässt euch keine Ruhe!«
Flugblatt IV der Weißen Rose

»Sie ging, ohne mit der Wimper zu zucken. Wir konnten nicht begreifen, dass so etwas möglich war. Der Scharfrichter sagte, so habe er noch niemanden sterben sehen.«
Inge Aicher-Scholl, Sophies Schwester

Ein starker Abgang für eine starke Frau. Bis zu ihrem Tod mit gerade einmal 22 Jahren verteidigt Sophie Scholl ihre Freunde, ihren Glauben und ihre Überzeugung. Sie ist eine starke, aber auch eine sensible und empfindsame Frau. »Il faut avoir l'esprit dûr et le cœur tendre« (»Man muss einen harten Geist und ein weiches Herz haben«) ist ein Zitat von Jacques Maritain, das sich immer wieder in ihren Aufzeichnungen findet. Diese Worte charakterisieren die tapfere Widerstandskämpferin gut.
Sophie interessiert sich für Naturwissenschaft und Religion, für Literatur und Kunst, will aber Biologie und Philosophie studieren. Um sich immatrikulieren zu können, muss sie in NS-Deutschland erst einmal Reichsarbeitsdienst ableisten. Sophie versucht, dem zu entgehen, indem sie 1940 eine Ausbildung zur Kindergärtnerin beginnt. Doch vergeblich.

»Manchmal kotzt mich alles an«
Ein halbes Jahr lang muss sie Kriegshilfsdienst in Krauchenwies leisten, zusammen mit anderen jungen Mädchen, deren Kulturlosigkeit sie mit aller Schärfe registriert. An ihre Freundin Lisa Remppis schreibt sie: »Es sind wohl Abiturientinnen darunter, die den Faust aus Pietät dabeihaben, sich auch sonst recht kultiviert gebärden, aber alles ist so sehr durchsichtig ... Der einzige, al-

lerbeliebteste Gesprächsstoff sind die Männer.« Der Kriegsdienst und die allerorts propagierten NS-Ideale sind ihr zutiefst zuwider, sie schreibt: »Manchmal kotzt mich alles an.«

Der Weg in den aktiven politischen Widerstand ist ihr nicht an der Wiege gesungen worden. Geboren wird Sophie im beschaulichen Forchtenberg, sie wächst mit vier Geschwistern heran und glaubt zunächst – wie auch ihr Bruder Hans – an das nationalsozialistische Gesellschaftsideal. Sie tritt sogar dem Bund deutscher Mädel bei. Ihrem Vater, einem Nazigegner, gefällt dies nicht, doch im Sinne seiner liberalen Überzeugung schränkt er die Handlungsfreiheit seiner Tochter nicht ein. Die christlich-humanistische Erziehung ihrer Jugend trägt auch so Früchte.

Gibt ihr Leben für die Sache: Sophie Scholl, Studentin und Widerstandskämpferin.

Wachsende Abneigung

Sophie wie auch ihr Bruder Hans können nicht länger die Augen vor dem Unrechtsstaat verschließen. Gemeinsam engagieren sie sich in der regimekritischen »Bündischen Jugend«. Für diese Arbeit werden die Geschwister mehrere Wochen in Stuttgart inhaftiert. Doch das schreckt sie nicht ab! Im Gegenteil, ihre Abneigung gegenüber dem Nationalsozialismus wächst stetig. Nicht nur der verhasste Kriegshilfsdienst macht Sophie zu schaffen. Auch die Angst um ihren Bruder Hans und ihren Verlobten Fritz Hartnagel, die an die Front müssen, steigert ihre Ablehnung. Hans kehrt wohlbehalten zurück, doch Fritz Hartnagel schreibt ihr 1943 aus Russland, dass er nur noch Tod oder Gefangenschaft vor Augen habe. Als auch er zurückkehrt, ist er nicht länger der treue Soldat, sondern – nach Erleben der Schlacht um Stalingrad – ein aktiver NS-Gegner und Unterstützer des Widerstandes.

Der Weg in den Widerstand

Als Sophie ihr Biologie- und Philosophiestudium 1942 an der Ludwig-Maximilians-Universität in München beginnt, ahnt sie zunächst nichts von der Widerstandsorganisation der Weißen Rose. Dennoch vertritt sie die Auffassung, dass kritisches Denken unbedingt notwendig ist, und stellt sich somit gegen den Geist ihrer Zeit. Oft trifft sich Sophie mit Kommilitonen und auch Professoren. Gemeinsam führen sie philosophische, ethische und auch politische Diskussionen – offen und ohne den Zwang zur propagierten Meinung. Noch im gleichen Jahr knüpft sie durch ihren Bruder, der Medizin studiert, Kontakt zur Weißen Rose. Die ersten vier Flugblätter der Organisation werden von Hans Scholl und Alexander Schmorell verfasst, am nächsten sind außerdem Willi Graf, Christoph Probst, der Professor Kurt Huber und eben Sophie beteiligt. Die sechste und letzte Flugschrift gelangt von München bis nach Skandinavien und England.

Ein Flugblatt der »Weißen Rose« hat, nach der Hinrichtung, den Weg nach England gefunden und wird dort in einer Zeitung abgedruckt.

EIN DEUTSCHES FLUGBLATT

DIES ist der Text eines deutschen Flugblatts, von dem ein Exemplar nach England gelangt ist. Studenten der Universität München haben es im Februar dieses Jahres verfasst und in der Universität verteilt. Sechs von ihnen sind dafür hingerichtet worden, andere wurden eingesperrt, andere strafweise an die Front geschickt. Seither werden auch an allen anderen deutschen Universitäten die Studenten „ausgesiebt". Das Flugblatt drückt also offenbar die Gesinnungen eines beträchtlichen Teils der deutschen Studenten aus.

Aber es sind nicht nur die Studenten. In allen Schichten gibt es Deutsche, die Deutschlands wirkliche Lage erkannt haben; Goebbels schimpft sie „die Objektiven". Ob Deutschland noch selber sein Schicksal wenden kann, hängt davon ab, dass diese Menschen sich zusammenfinden und handeln. Das weiss Goebbels, und deswegen beteuert er krampfhaft, „dass diese Sorte Mensch zahlenmässig nicht ins Gewicht fällt". Sie sollen nicht wissen, wie viele sie sind.

Wir werden den Krieg sowieso gewinnen. Aber wir sehen nicht ein, warum die Vernünftigen und Anständigen in Deutschland nicht zu Worte kommen sollen. Deswegen werfen die Flieger der RAF zugleich mit ihren Bomben jetzt dieses Flugblatt, für das sechs junge Deutsche gestorben sind, und das die Gestapo natürlich sofort konfisziert hat, in Millionen von Exemplaren über Deutschland ab.

Manifest der Münchner Studenten

Von dort aus werden Flugzeuge losgeschickt, die die Botschaft über ganz Deutschland abwerfen. Die Nächte am Vervielfältigungsapparat, in denen die Widerstandskämpfer immer wieder fürchten müssen, verraten oder entdeckt zu werden, scheinen den Durchbruch zu bringen. Sogar die Gestapo wird nervös. Dieses sechste Flugblatt allerdings ist es, das den Untergang der Gruppe besiegelt: Als die Geschwister Scholl am 18. Februar 1943 die Zettel mit der Überschrift »Kommilitoninnen! Kommilitonen!« im Universitätsgebäude auslegen, werden sie vom Hausmeister erwischt und der Gestapo übergeben.

Unsere Idee wird überleben

Der Verhandlung ist nichts anderes als ein Schauprozess. Vorsitz führt der fanatische Nationalsozialist Roland Freisler,

Sophie Scholl und ihr Bruder Hans am 22. Juli 1942. Der Transport der Studentenkompanie an die Ostfront steht unmittelbar bevor.

der allein zwischen 1942 und 1945 für über 2600 Todesstrafen verantwortlich zeichnet. Doch seiner voreingenommenen und demütigenden Art der Befragung hält Sophie Scholl tapfer stand. Nie weicht sie von ihrem Standpunkt ab; sie ist überzeugt: »Was wir sagten und schrieben, denken ja so viele. Nur wagen sie nicht, es auszusprechen«. In ihrem Buch »Die Weiße Rose« berichtet Sophies Schwester Inge von einem Traum, den ihr Sophie am Tag ihrer Hinrichtung erzählt: »Ich trug an einem sonnigen Tag ein Kind in langem weißem Kleid zur Taufe. Der Weg zur Kirche führte einen steilen Berg hinauf. Aber fest und sicher trug ich das Kind in meinen Armen. Da plötzlich war vor mir eine Gletscherspalte. Ich hatte gerade noch so viel Zeit, das Kind sicher auf der anderen Seite niederzulegen – dann stürzte ich in die Tiefe (…) Das Kind ist unsere Idee, sie wird sich trotz aller Hindernisse durchsetzen. Wir durften Wegbereiter sein, müssen aber zuvor für sie sterben.« Sie und ihr Bruder Hans sowie Christoph Probst werden aufgrund der »Vorbereitung zum Hochverrat« zum Tod durch das Beil verurteilt. Eine letzte Botschaft hat Sophie auf der Rückseite ihrer Anklageschrift in ihrer Zelle hinterlassen: »Freiheit!«

Leben und Werk

- **Geburtsdatum:** 9. Mai 1921
- **Geburtsort:** Forchtenberg, Baden-Württemberg
- **Todesdatum:** 22. Februar 1943
- **Todesort:** München
- **Leben:** Gemeinsam mit ihrem Bruder Hans ist sie die bekannteste Vertreterin der Widerstandsorganisation Weiße Rose zu Zeiten des NS-Regimes in Deutschland
- **Werke:** Hans Scholl und Sophie Scholl. Briefe und Aufzeichnungen. Fischer Verlag, Frankfurt/M. 1989. Damit wir uns nicht verlieren. Briefwechsel 1937–1943. Fischer Verlag, Frankfurt/M. 2005 (mit Fritz Hartnagel)

Anne Frank

»Ich weigere mich, ohne Hoffnung zu sein.«
Nadine Gordimer

»Es ist ein Wunder, dass ich nicht alle Erwartungen aufgegeben habe, denn sie scheinen absurd und unausführbar. Trotzdem halte ich an ihnen fest, trotz allem, weil ich noch immer an das Gute im Menschen glaube.« Tagebuch, Samstag, 15. Juli 1944

Dieses Mädchen schreibt Geschichte – und das im wahrsten Sinne des Wortes. Das Tagebuch der Anne Frank rührt mittlerweile Menschen in 55 Sprachen und gehört längst zur Weltliteratur. In diesem Tagebuch schildert Annelies Marie Frank, kurz Anne, ihr Schicksal als Jüdin im Zweiten Weltkrieg. Sie ist gerade 13 Jahre alt geworden, als sie von ihrem Vater Otto das rot karierte Heft geschenkt bekommt, das einmal für so viel Aufsehen sorgen soll.

Ein Tagebuch schreibt Geschichte

Sogleich beginnt sie, die weißen Seiten mit ihren Gedanken zu füllen. »Ich hoffe, dass ich Dir alles anvertrauen kann, wie ich es bisher noch niemals konnte«, lautet der erste Eintrag am 12. Juni 1942, »und ich hoffe, dass Du mir eine große Stütze sein wirst.« Bald beginnt sie, jeden Eintrag als Brief an ihre Fantasiefreundin Kitty zu verfassen. Anne schreibt auf Holländisch. Die Familie ist aus Deutschland emigriert, als sie gerade einmal vier Jahre alt war. Ihre Eltern hatten bis 1933 als assimilierte Juden und freie Bürger in Frankfurt gelebt.

Doch mit der Machtergreifung der NSDAP ändert sich das politische Klima. Juden sind dort nicht mehr erwünscht. Das begreift ihr Vater Otto früher als andere und bringt seine Familie nach Amsterdam und somit – wie er hofft – in Sicherheit.

Immer muss Anne sich mit ihrer drei Jahre älteren Schwester Margot vergleichen lassen, die besser in der Schule, aber auch weniger lebhaft ist als sie. Die jüngere der beiden entdeckt durch ihr Tagebuchschreiben ihr schriftstellerisches Talent und träumt davon, Autorin zu werden. In Holland können die Franks zunächst unbehelligt leben. Doch sie erfahren über den Rundfunk, wie es um Deutschland steht. Spätestens nach der »Reichskristallnacht« 1938 ahnt Otto, dass es auch im benachbarten Holland nicht mehr lange friedvoll weitergehen wird. Er beginnt, Vorkehrungen zu treffen.

Als deutsche Truppen im Mai 1940 die Niederlande besetzen, werden seine Befürchtungen wahr. Jüdische Bürger müssen sich registrieren lassen und von nun an einen gelben Stern tragen, der sie öffentlich brandmarkt. Sie dürfen weder öffentliche Verkehrsmittel noch Fahrräder benutzen. Geschäfte, Banken, Eisdielen und öffentliche Restaurants sind für Juden nicht mehr zugänglich.

Lebenslust am Abgrund

Doch Anne ist eine Kämpfernatur und lässt sich in ihrer Lebenslust nicht unterkriegen. Selbst im Juni 1942 schreibt sie noch vergnügt: »Da wir (...) schrecklich gerne Eis essen, endet das Spiel meistens

Glauben an das Gute im Menschen, Tod im Konzentrationslager: Anne Frank

mit einem Ausflug nach einer der Konditoreien, die für Juden noch zugänglich sind (...). Wir machen uns keine Sorgen, ob wir viel oder wenig im Portemonnaie haben. Es ist meistens so voll, dass wir unter den vielen Menschen immer (...) einen Verehrer finden, und so viel Eis, wie uns da angeboten wird, können wir in einer Woche nicht vertilgen.« Doch diese Ausflüge mit Freunden und Verehrern sollen bald der Vergangenheit angehören.

Als Margot im Juli einen Aufruf von der Zentralstelle für jüdische Auswanderung

In ihrem Tagebuch hält Anne ihre Hoffnungen und Ängste, ihre Gedanken und Gefühle fest.

erhält und sich zur Deportation in ein Arbeitslager melden soll, zieht die Familie Frank in das berühmt gewordene »Achterhuis«, ein Hinterhaus, das Otto Frank als Versteck vorbereitet hat. Außer ihnen zieht dort noch das Ehepaar van Pels mit Sohn Peter und Fritz Pfeffer ein. Mit Nahrungsmitteln und anderen Utensilien werden sie von ein paar Arbeitskollegen und Freunden, die sich durch ihre Hilfe in Todesgefahr begeben, versorgt. Die Regeln im Versteck sind streng. Laute Geräusche müssen vermieden werden. Niemand darf vor die Tür gehen oder auch nur zu nah am Fenster stehen. Und das bei acht Personen, die fast zwei Jahre lang auf einer Fläche von knapp 50 m² zusammengepfercht sind.

Für die unternehmungslustige Anne, die zu allem Überfluss nun auch noch in die Pubertät kommt, beginnt eine schwierige Zeit. Die Mutter und die Schwester streiten oft, nur der Vater bietet ihr noch Rückhalt. Zu den Problemen des Verfolgtseins kommen auch persönliche Probleme. Anne wird erwachsen, verliebt sich sogar in den »schüchternen Lulatsch« Peter, mit dem sie eine zarte Romanze beginnt.

Hoffnung bis zuletzt

Stets hofft sie auf das Ende des Krieges und bleibt fest in ihrem Glauben. Doch das Verbot, nicht nach draußen zu gehen, bedrückt Anne. Durchs Fenster erhascht sie ein wenig Natur: ein Stück Himmel und die kahlen Äste einer Kastanie, die heute den Namen Anne-Frank-Baum trägt, spenden ihr Trost. Im Radio werden täglich die Nachrichten verfolgt, um zu erfahren, wie es im Krieg steht.

Ein Aktenregal verdeckt den Eingang zum Versteck. Vor Verrat schützt er nicht.

So hört Anne auch einen Aufruf, Briefe und andere Zeugnisse sicher zu verwahren, damit Zeitdokumente erhalten bleiben. An diesem Tag beschließt sie, ihr Tagebuch zu gegebener Zeit zu veröffentlichen. Am 4. August 1944 wird das Versteck der Franks durch Verrat entdeckt und gestürmt. Alle acht Bewohner werden zu Verbrechern erklärt und zum Durchgangslager KZ Westerbork deportiert. Die Truppen entwenden aus der kleinen Wohnung alles, was ihnen wertvoll erscheint. Annes Tagebuch lassen sie zurück.

Es wird später von Miep Gies, einer der Helferinnen der Hinterhausbewohner, gefunden und aufbewahrt. Mit dem letzten Zug vor der Kapitulation werden die Franks nach Auschwitz gebracht und dort getrennt. Annes Mutter Edith stirbt schon bald an Hunger und Erschöpfung. Die beiden Töchter werden in das KZ Bergen-Belsen gebracht, in dem erst Margot, dann Anne an Typhus stirbt, nur wenige Wochen, bevor das Lager befreit wird. Von den Hinterhausbewohnern wird ihr Vater Otto als Einziger überleben. Annes Wunsch wird ihm zum Vermächtnis: Ihr Tagebuch soll der Öffentlichkeit zugänglich sein. »O ja, ich will nicht umsonst gelebt haben wie die meisten Menschen«, schreibt Anne nur etwa ein Jahr vor ihrem Tod. »Ich will den Menschen, die um mich herum leben und mich doch nicht kennen, Freude und Nutzen bringen. Ich will fortleben, auch nach meinem Tod.« Das hat sie – so kurz ihr Leben war – geschafft.

Leben und Werk

- **Geburtsdatum:** 12. Juni 1929
- **Geburtsort:** Frankfurt am Main
- **Todesdatum:** Anfang März 1945
- **Todesort:** KZ Bergen-Belsen
- **Leben:** Verfolgtes jüdisches Mädchen, das mit seiner Familie in einem Hinterhaus in Amsterdam untertaucht und während dieser Zeit ein heute weltbekanntes Tagebuch verfasst. Sie stirbt mit nur 15 Jahren, sechs Wochen vor Kriegsende, im Konzentrationslager Bergen-Belsen.
- **Werke:** Anne Frank. Das Tagebuch der Anne Frank. Lambert Schneider, Heidelberg. 1950

1951: Krieg und Trümmerjahre sind vorbei. Jetzt ist Wirtschaftswunder. In Adenauers Republik gehören Frauen in die Küche und ans Kinderbett – oder dürfen als hübsche Dekoration in die Autowerbung.

Der Neuanfang nach 1945

Die Frauen bestimmen ihren Weg

Europa liegt in Trümmern, doch die Bilder der Frauen, die auf Schuttbergen stehen, Steine abklopfen und aufschichten, gehen um die Welt. Auf die überlebenden Männer, die verletzt, traumatisiert oder in Gefangenschaft verblieben sind, kann keiner warten. Das Leben muss weitergehen. Nach den Verheerungen des Zweiten Weltkrieges sind es zweifellos die Frauen, die einen erheblichen Anteil am Wiederaufbau leisten. Viele Familien müssen ganz ohne Vater auskommen, und die Frauen sind, oft ohne richtige Ausbildung, gezwungen, mit Arbeiten aller Art sich selbst und ihre Kinder durchzubringen.

Sehnsucht nach der heilen Welt

Doch mit dem zügigen Wiederaufbau und Wirtschaftswachstum der Fünfzigerjahre setzt auch eine Restauration im Denken ein: Alles soll wieder »heil« werden, »wie früher«, »wie vor dem Krieg«. Und dazu gehören auch die angestammten Rollenbilder, der Mann will wieder das Oberhaupt der Familie sein, der »Ernährer«, die Frau soll sich auf ihre klassische Rolle als Hausfrau und Mutter besinnen und das Heim ihrer Lieben verschönern.

Populäre Filme und Zeitschriften der Fünfzigerjahre propagieren diese Sehnsucht nach einem Idyll, das so aussieht, als ob die Moderne nie stattgefunden, als ob es all die Kämpfe freiheitsbewegter Frauen nie gegeben hätte. Doch die Realität ist anders. Und es braucht die Literatur und Kunst jener Jahre, um den Blick für die Wirklichkeit zu schärfen. Es sind Schriftstellerinnen wie Anna Seghers, Ingeborg Bachmann, Marie Luise Kaschnitz oder Ilse Aichinger, die den Finger auf die Wunde einer traumatisierten Generation legen.

Zwei deutsche Staaten

Der Krieg hat fast eine ganze Männergeneration ausgelöscht. Viele Frauen sind erwerbstätig. Mit der Gründung der Bundesrepublik 1948 verbessert sich die rechtliche Situation der Frau erheblich. Artikel 3, Abs. 3 des Grundgesetzes verankert 1949 die Rechtsgleichheit der Geschlechter: »Männer und Frauen sind gleichberechtigt.« In den Jahren nach

Für die harte Knochenarbeit in den zerbombten Städten sind Frauen gefragt: »Trümmerfrauen« in Berlin, 1946 (oben) – und im Wirtschaftswunder auch noch in klassischen Frauenjobs wie als Näherin (unten).

1945 entstehen zahlreiche konfessionelle, berufsständische und kulturelle Frauenverbände, die sich 1949 im Deutschen Frauenring zusammenschließen. Im Bildungs- und Ausbildungswesen werden große Fortschritte erzielt. Doch in der Arbeitswelt und im öffentlichen Leben sehen sich Frauen nach wie vor zahlreichen Benachteiligungen ausgesetzt. Dazu gehören vor allem Lohndiskriminierung, geringe berufliche Aufstiegschancen, fehlende Kinderbetreuungseinrichtungen, ungenügende Beteiligung im politischen Bereich und eine mangelhafte Altersabsicherung.

Mit der Gründung der Deutschen Demokratischen Republik 1949 und dem staatlichen Selbstverständnis der herrschenden SED als »Arbeiter- und Bauernstaat« entwickelte sich die Wirtschaft im anderen Teil Deutschlands aufgrund unterschiedlicher Voraussetzungen deutlich langsamer. Zwischen 1949 und 1961 fliehen etwa 2,6 Millionen Menschen aus der DDR, bis am 13. August 1961 die Grenze endgültig abgeriegelt wird. Trotz aller Einschränkungen durch eine staatlich gelenkte Planwirtschaft und zahlreicher zentralistischer Strukturen, die mithilfe eines immer stärker ausgebauten Überwachungsapparates auch die privaten Lebensumstände reglementieren, finden die Frauen hier früher Fortschritte in der beruflichen Gleichstellung oder in der Kinderbetreuung, die die Vereinbarkeit von Familie und Beruf erleichtern.

Popkultur und Provokation

In den Sechzigerjahren verändert sich langsam, aber sicher das öffentliche Bewusstsein für die Lebensmöglichkeiten europäischer Frauen. Der starke Einfluss aus den USA, die dynamische Popkultur, der Siegeszug der Medien und ihrer Imagebilder lösen die traditionellen Frauenbilder zugunsten größerer persönlicher Freiräume auf. Immer mehr Ehen werden geschieden. Die heile Welt der Kleinfamilie ist kein unantastbarer Ort mehr. Es wird immer deutlicher, dass das Leben einer modernen Frau aus mehr als einer Rolle besteht: Da ist die Phase der Ausbildung und der Berufsstart, es folgt die Zeit einer möglichen Familiengründung und schließlich die Möglichkeit zur Rückkehr in den Beruf, falls eine Familienpause stattgefunden hat.

Konservative Familienbilder und gesellschaftskritische Betrachtungsweisen stehen sich zunehmend unversöhnlich gegenüber. Schriftstellerinnen wie Christa Wolf und Ingeborg Bachmann thematisieren die langjährige Verdrängung der nationalsozialistischen Vergangenheit. Die Bedeutung der kollektiven Erinnerung wird zum öffentlichen Thema. Wie viel NS-Gedankengut sich tatsächlich in den Institutionen von Staat und Gesellschaft verbirgt, wird zu einer entscheidenden Frage der 1968 entstehenden Studentenbewegung. Die politischen Auseinandersetzungen jener Jahre, das Aufbegehren einer rebellischen Jugend gegen das erstarrte Establishment verändern die Gesellschaft nachhaltig. Staat und Kirche sind keine unantastbaren Autoritäten mehr. Doch die Meinungsführer der Studentenrevolte sind nach wie vor Männer. Und politische engagierte Frauen erkennen, dass sie ihre eigenen Belange selbst in die Hand nehmen müssen.

In der DDR läuft die Entwicklung anders als im Westen: DDR-Eisenbahnerin 1963

Die Neue Frauenbewegung

Das Jahr 1968 wird zum Geburtsjahr der Neuen Frauenbewegung. Feminismus tritt als neue Lebensform auf. Der Begriff »Feminismus« versteht sich als eine aus Liberalismus und Egalitarismus hergeleitete Weltanschauung, die die Interessen von Frauen zum Ausgangspunkt ihrer Bemühungen macht. Feministisches En-

Bessere Bildungschancen für Mädchen im Gefolge der gesellschaftlichen Umbrüche der 1960er- und 1970er-Jahre: Studentinnen in Hamburg, 1964

gagement zielt auf eine verbesserte Lage der Frau und eine faktische Gleichstellung in allen Bereichen der Gesellschaft, die für viele Frauen nicht gegeben ist.

Zu den wichtigsten Forderungen gehört das Recht auf persönliche Selbstbestimmung und Gewissensfreiheit, vor allem aber die Gleichberechtigung der Geschlechter. 1968 wird in Berlin der erste Aktionsrat zur Befreiung der Frau gegründet. Autonome, feministische Frauengruppen bilden sich auf regionaler Ebene. Die Neue Frauenbewegung verzichtet bewusst auf feste, überregionale Trägerschaften und setzt auch hier ein deutliches Zeichen, dass sie sich in kritischer Distanz zu den etablierten Frauenverbänden positioniert.

Mit der 1976 stattfindenden gesellschaftlichen Debatte um die Reform des § 218, der die Straffreiheit eines Schwangerschaftsabbruchs bei bestimmten Indikationen regelt, tritt auch die Neue Frauenbewegung in ihre nächste Phase. Die feministischen Zeitschriften »EMMA« und »Courage« werden gegründet, in Berlin kommt es zur Gründung des ersten Frauenhauses, das sich dem Schutz misshandelter Frauen verschrieben hat. Mit der 1976 erfolgten Reform des Ehe- und Familienrechts löst das gesellschaftlich neue Verständnis der Ehe als partnerschaftliche Verbindung gleichberechtigter und gleich verpflichteter Ehegatten das alte Modell der Hausfrauenehe ab.

Auf allen Ebenen der Gesellschaft wird das neue Frauenverständnis spürbar. Immer besser ausgebildet, wollen die Frauen der Siebziger- und Achtzigerjahre nun ihren Anteil an zukunftsweisenden Berufen und den Karrierechancen der Arbeitswelt. Doch in Wirtschaft und Forschung dominieren noch immer die Männer, Frauen in Spitzenpositionen sind hier die Ausnahme. Ab 1978 entwickelt sich an zahlreichen Universitäten eine interdisziplinäre Frauenforschung, die die kulturgeschichtliche Lücke auf dem Feld bedeutender Frauen in Kultur, Politik und Wissenschaft sichtbar macht. In den großen Lexika und Enzyklopädien fehlen die Frauen völlig. Zahlreiche Forschungsinitiativen entstehen, die das verschüttete und verdrängte Wissen über die kulturgeschichtlichen Leistungen von Frauen aus vergangenen Jahrhunderten zu Tage fördern.

Der dornige Weg zur Gleichberechtigung

Noch 1980 weist die Enquête-Kommission zum Thema »Frau und Gesellschaft« des Deutschen Bundestages auf die sozialen Benachteiligungen der Frauen in der Arbeitswelt, dem Bildungsbereich, in sozialen Sicherungssystemen und in der Repräsentanz von Parteien und Parlamenten nach. Noch im gleichen Jahr wird die Gleichbehandlung von Frauen und Männern am Arbeitsplatz im Rahmen des EG-Anpassungsgesetzes festgeschrieben. Doch die Lebenswirklichkeit von vielen Mädchen und Frauen beweist, dass noch längst nicht alle Vorstellungen von Freiheit und Gleichberechtigung einer modernen Gesellschaft erfüllt sind.

Mit der deutschen Wiedervereinigung von 1989 sind neue Chancen und Probleme entstanden. Die unterschiedlichen gesellschaftlichen Erfahrungen wie auch eine große Ungleichheit der Wirtschaftsregionen schaffen neue Herausforderungen. Der lange unterschätzte gesellschaftliche Aspekt einer jahrzehntelangen Einwanderungspolitik zeigt, wie weit unsere Gesellschaft noch immer von einer Chancengleichheit für Frauen entfernt ist.

Wie in einem Zeitraffer haben die frauenpolitischen Initiativen der Jahre nach 1945 Themen aufgegriffen, die schon im 19. Jahrhundert oder in der Weimarer Republik der Zwanzigerjahre von engagierten Frauen erhoben worden. Längst nicht alle haben sich erfüllt. Die Überwindung jahrhundertealter Traditionen erweist sich als dorniger Weg, der von mehr als einer Generation beschritten werden muss.

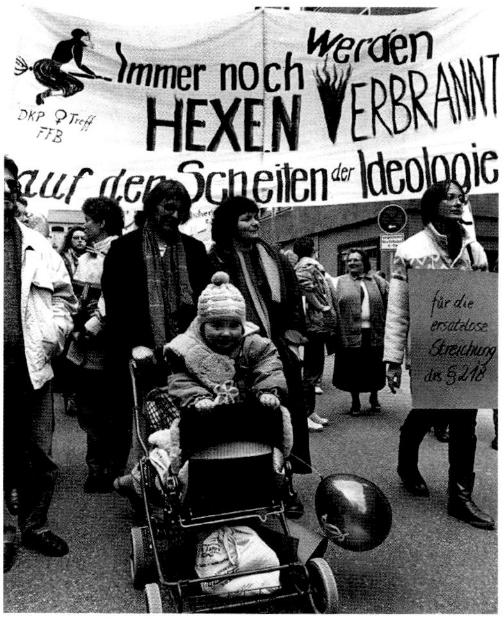

Die Selbstbestimmung über den eigenen Körper ist eine zentrale Forderung der Frauenbewegung: Noch 1989 wird gegen die Regulierung der Abtreibung im § 218 demonstriert.

Martha Graham

»Tanz ist die verborgene Sprache der Seele.«

»Es gibt eine Vitalität, eine Lebenskraft, eine Energie, eine Anregung, die durch dich in Handlungen umgesetzt wird, und da es dich über alle Zeit hinweg nur einmal gibt, ist dieser Ausdruck einzigartig.«

Depression, Alkohol, Selbstmitleid. Martha Graham kann es nicht akzeptieren, dass sie nie wieder als Tänzerin auf der Bühne stehen wird. Selbst im Alter von 75 Jahren tritt sie noch auf. Es dauert einige Zeit, bis sie einsieht, dass sie ihren Höhepunkt bereits lange überschritten hat, dass der Mittelpunkt der Bühne nicht mehr ihr Platz ist. »Erst Jahre nachdem ich das Ballett aufgegeben hatte, konnte ich es ertragen, jemand anderen es tanzen zu sehen (...)«, schreibt sie 1991, dem Jahr ihres Todes in der Biografie »Blood Memories«. »Ich denke, das ist ein Kreis der Hölle, den Dante ausgelassen hat.«

Der Tanz ist Martha Grahams Leben. Am 11. Mai 1894 in Allegheny County, Pennsylvania geboren, entwickelt das sportliche Mädchen zwar eine athletische Figur, doch vom Tanzen weiß sie nicht viel. Ihr Vater arbeitet als Nervenarzt, die gutbürgerliche Familie lebt streng presbyterianisch. Eigentlich keine guten Voraussetzungen, um eine Karriere als Künstlerin anzustreben.

Ein Leben für den Tanz

Als Martha Graham mit 17 Jahren erstmals eine Tanzvorstellung von Ruth St. Dennis besucht, ist sie fasziniert. Erst im Alter von 22 Jahren nimmt sie – reichlich spät für eine Tänzerin – Unterricht an der »Denishawn School«, die von Ruth St.

Denis und ihrem Ehemann Ted Shawn geleitet wird. Der Stil der beiden Lehrer legt erste Grundlagen für die Tanzart, die als »Modern Dance« bekannt werden sollte. Bald begreift Martha Graham: »Tanzen scheint glamourös, leicht, wunderbar. Aber der Weg zum Paradies des Erfolgs ist nicht leichter als der andere. Da ist Müdigkeit, so groß, dass der Körper schreit, sogar in seinem Schlaf. Da sind Zeiten der totalen Frustration und da sind täglich kleine Tode.«
Doch Martha Graham ist sich sicher, dass das Tanzen ihre Bestimmung ist. 1926 macht sie sich mit der »Martha Graham School of Contemporary Dance« selbstständig. Ihren Schülern vermittelt sie ihren eigenen, neuartigen Stil. Die Lizenz, die Technik ihrer Tanzlehrer zu unterrichten, kann sie sich im Übrigen auch gar nicht leisten. Und so entsteht eine Gegenbewegung zum klassischen Ballett. Statt grazilen, anmutigen Figuren herrschen bei Martha Graham eckige, kraftvolle und abstrakte Bewegung vor. »Ich wollte nicht mit Charakteren oder Ideen beginnen«, begründet sie ihr Vorgehen, »sondern mit Bewegungen. Ich wollte bedeutende Bewegung. Ich wollte nicht, dass sie schön oder flüssig sind.

»Totale Frustration und täglich kleine Tode«: Martha Graham revolutioniert den Tanz.

Tanz als Ausdruck nackter Realität

Ich wollte, dass sie voll innerer Bedeutung sind, mit Erregung und Aufwallung.« Denn »Bewegung lügt nie«. In ihren Anfängen unterrichtet Martha nur Frauen. Ihr Tanzverständnis entspringt der weiblichen Bewegung. Später kommen zu ihrem Ensemble auch Männer hinzu. Es geht Martha Graham darum, Gefühle im Tanz auszudrücken, impulsiv und ehrlich. Als Vorbild dient ihr

Kraftvoll und ausdrucksstark noch mit fast 70 Jahren: Martha Graham 1963

der Leben spendende Vorgang des Atmens. »All mein Schaffen«, so schreibt sie, »war bestimmt vom Rhythmus des Lebens, gleichbedeutend für mich mit unserem Atemrhythmus. Wann immer man das Leben einatmet und ausatmet, ist Entspannung oder Anspannung im Spiel.« Im Gegensatz zu den klassischen Tänzern sind ihre Füße immer nackt; der Boden wird in den Tanz eingebaut.

Die Kunst ihres Tanzes will die Realität darstellen, sie soll nichts beschönigen. Nicht von ungefähr stehen dabei starke Frauen im Mittelpunkt. Ihre Interpretation der Geschichte von Jeanne d'Arc oder der Medea in »Cave of the Heart« (1946) schreiben Tanzgeschichte. In ihrer Choreographie »Chronicle« von 1936 werden die Schattenseiten des Lebens im Tanz versinnbildlicht. Lange Zeit weigert sich Martha Graham, ihre zahlreichen Choreographien filmisch festhalten zu lassen, selten gestattet sie Fotografien. Für sie kann der Tanz nur dann seine Wirkung entfalten, wenn er direkt miterlebt wird. Denn der Tanz ist ein Ausdruck des Lebens, ein Ausdruck von Empfindungen. Martha Graham selbst mag den Ausdruck »Modern Dance« nicht, schließlich ist ständig etwas anderes modern. Sie verwendet den Begriff »Contemporary Dance«, was so viel heißt wie »zeitgenössischer Tanz«. Zunächst von Kritikern spöttisch betrachtet, entwickelt sich Martha Graham zur Pionierin.

Ohne Bühne kein Leben

Der Tänzerin mangelt es nicht an Selbstbewusstsein. »Das Zentrum der Bühne ist, wo ich bin«, lässt sie ihre Umwelt unmissverständlich wissen. Bei ihr werden nicht nur Tänzer wie Twyla Tharp und Paul Taylor ausgebildet, sondern auch Schauspieler. Gregory Peck, Liza Minnelli, Woody Allen, Kirk Douglas und Madonna, alle besuchen ihren Unterricht.

Doch Martha Graham revolutioniert nicht nur den Tanz selbst, sondern auch das Bühnenbild. Gemeinsam mit dem japanisch-amerikanischen Bildhauer Isamu Noguchi etabliert sie dreidimensionale Bühnenbilder. Die »Martha Graham Dance Company« existiert seit 1938 und geht noch heute in der ganzen Welt auf Tournee. Auch im fortgeschrittenen Alter will Martha Graham die Bühne nicht verlassen. Sie möchte als Tänzerin in Erinnerung bleiben, nicht als Choreografin. Und so steht sie auch mit 75 Jahren noch auf der Bühne, will nicht wahrhaben, dass ihr Körper nicht mehr seine jugendliche Kraft und Schönheit besitzt. Als auch sie ihre Karriere beenden muss, trauert sie dem Tanzen derart nach, dass sie ihren Körper mit Alkohol in den Zusammenbruch treibt. Nach einem Krankenhausaufenthalt findet sie sich schweren Herzens mit ihrem Schicksal ab.

Ganz mag sie den zeitgenössischen Tanz aber dennoch nicht aufgeben und arbeitet weiterhin als Choreografin. 1976 erscheint ihr autobiografisches Werk mit dem sprechenden Titel »Der Tanz, mein Leben«. Insgesamt bringt sie es auf 181 Choreographien. 1978 erhält sie die Presidential Medal of Freedom von Gerald Ford, dessen Frau früher zusammen mit Martha Graham getanzt hat. Die Ikone des modernen Tanzes stirbt im Alter von 96 Jahren an einer Lungenentzündung. Martha Graham steckt mitten in den Vorbereitungen zu einer Choreografie für die Olympischen Spiele in Barcelona, als sie die Bühne endgültig verlassen muss.

Leben und Werk

- **Geburtsdatum:** 11. Mai 1894
- **Geburtsort:** Allegheny County, Pennsylvania
- **Todesdatum:** 1. April 1991
- **Todesort:** New York
- **Leben:** Amerikanische Tänzerin und Choreografin, die den Stil des »Modern Dance« etabliert.
- **Werke (Auswahl):** Chorale, 1926. Lamentation, 1930. Chronicle, 1936. Every Soul is a Circus, 1939. Appalachian Spring, 1944. Cave of the Heart, 1946. Judith, 1950. Seraphic Dialogue, 1955. The Owl and the Pussycat, 1978. Maple Leaf Rag, 1990

Hannah Arendt

»Freundschaft ist die Grundlage aller Menschlichkeit.«

»Ich war wirklich der Meinung, dass der Eichmann ein Hanswurst ist, und ich sage Ihnen: Ich habe sein Polizeiverhör (…) sehr genau gelesen, und ich weiß nicht, wie oft ich gelacht habe, aber laut!.«

Provokant und kompromisslos, umstritten und berühmt, Hannah Arendts Wunsch, immer und überall »ohne Geländer« zu denken, macht sie für viele »unentschuldbar unabhängig«. Wer und was ist diese Frau eigentlich? Eine Journalistin? Eine Dichterin? Eine politische Denkerin? Eine Philosophin? In einem Brief hat sie einmal die Tragik und die Größe ihres Lebens auf den Punkt gebracht: »Ich fühle mich als das, was ich nun einmal bin, das Mädchen aus der Fremde.«

Kein Blatt vor den Mund

Hannah Arendt wird in eine wohlhabende jüdische Familie hineingeboren, die seit Generationen in Königsberg ansässig ist. Sie ist gerade sieben Jahre alt, als Hannahs Vater an Syphilis stirbt. Ihre Mutter Martha unternimmt alles, um ihrer aufgeweckten Tochter eine unbeschwerte Kindheit zu ermöglichen. Seit August 1913 besucht Hannah eine private Mädchenschule. Sie ist ihren Mitschülerinnen weit voraus, kann schon im Grundschulalter fließend lesen und schreiben.

Hannahs Familie gehört zum assimilierten Judentum, ihre Erziehung ist frei und selbstbewusst. Ohne orthodox zu sein, steht Hannahs Mutter Martha ohne Wenn und Aber zu ihrer jüdischen Herkunft. Hannah fühlt sich von ihrer

Mutter »absolut geschützt«. Die fordert ihre Tochter auf, bei antisemitischen Äußerungen von Lehrern sofort aufzustehen und das Klassenzimmer zu verlassen. Mit 14 Jahren liest sie bereits Kants »Kritik der reinen Vernunft«. Ihre Launen werden toleriert, sie muss frühmorgens nicht aufstehen um den Griechischunterricht zu besuchen. Hannah liest Homer eigenständig. Erst als sie zu weit geht und ihre Klasse zum Boykott gegen einen Lehrer aufruft, muss sie die Schule verlassen.

Doch Hannah will studieren und schreibt sich für Philosophie, Theologie und Griechisch an der Universität Marburg ein. Durch eine Sondergenehmigung darf sie einige Semester ohne Hochschulzugangsberechtigung studieren und dann als Externe das Abitur an ihrem ehemaligen Gymnasium absolvieren – ein Jahr vor ihren früheren Klassenkameraden.

Die Philosophin als junge Frau: Hannah Arendt – Denkerin, Journalistin, Provokateurin

Heidegger ist die Liebe ihres Lebens

In Marburg trifft die junge Studentin die Liebe ihres Lebens – Professor Martin Heidegger. Es gibt allerdings ein Hindernis: Der 17 Jahre ältere Professor ist verheiratet und Vater zweier Kinder. Als sein Hauptwerk »Sein und Zeit« 1927 erscheint, hat Hannah Marburg bereits verlassen und studiert nun, nach einem Semester in Freiburg, in Heidelberg. Dieser Schritt ist auch ein Versuch, sich aus der tiefen emotionalen Abhängigkeit von Heidegger zu befreien. Und doch kommt es immer wieder zu geheimen Treffen. Erst Heideggers umstrittene Rektoratsrede in Freiburg nach Hitlers Machtergreifung führt zum Bruch auf viele Jahre hin.

In Heidelberg trifft Hannah auf den Philosophen Karl Jaspers, dessen rückhaltlos offene philosophische Haltung Hannahs Denken verändert. 1928 promoviert die 22-jährige bei ihm über »Der Liebesbegriff bei Augustinus« und bleibt ihm in lebenslanger Freundschaft verbunden. 1929 zieht sie nach Berlin und heiratet

Die Banalität des Bösen: Naziverbrecher Adolf Eichmann in seiner Zelle in Israel

dort den Philosophen Günther Stern. In dieser Zeit entsteht ihr Buch über die geistreichste Frau der deutschen Romantik, Rahel Varnhagen, die für Hannah zur Identifikationsfigur wird. Als die Nationalsozialisten 1933 an die Macht kommen, folgt sie noch ihrem Mann Günther Stern nach Paris, doch 1937 lassen sich die beiden scheiden. In Paris hilft sie jüdischen Jugendlichen, ihre Auswanderung nach Palästina vorzubereiten. Drei Jahre später heiratet sie erneut. In dem Philosophen Heinrich Blücher erkennt sie ihren Seelenpartner. Als die Nationalsozialisten in Frankreich einmarschieren, fliehen beide gemeinsam mit Hannahs Mutter in die USA. Ohne Geld und ohne Bleibe muss Hannah ganz von vorne beginnen. Als freie Journalistin, als Cheflektorin des jüdischen Salman Schocken Verlages und schließlich als Direktorin der Jewish Cultural Reconstruction Organization, macht sich das Mädchen aus der Fremde in den USA einen Namen. Als sie nach dem Ende des Zweiten Weltkriegs wieder nach Deutschland reist, kommt es zu einem bewegenden Treffen mit Martin Heidegger. »Wir haben«, schreibt sie an ihren Mann Heinrich, »zum ersten Mal in unserem Leben miteinander gesprochen.«

Sich selber treu sein

1951 veröffentlicht Hannah Arendt das Werk, das sie über Nacht berühmt macht: »The Origins of Totalitarism« (deutsch: Elemente und Ursprünge totaler Herrschaft). Im gleichen Jahr erhält sie die amerikanische Staatsbürgerschaft. Nach 17 Jahren Flucht und Emigration ist Hannah angekommen. Und doch lässt sie die deutsche Vergangenheit nicht los. Wieder und wieder reist sie in den nächsten Jahren zwischen den USA und Deutschland hin und her. Hannah ist schockiert darüber, wie die Deutschen versuchen, die Geschehnisse in den Konzentrationslagern zu verdrängen, statt sie aufzuarbeiten.

1961 erhält sie von der Zeitung »New Yorker« den Auftrag, über den Prozess gegen Adolf Eichmann zu berichten. Der ehemalige SS-Obersturmbannführer war einer der Hauptorganisatoren der Judentransporte im Dritten Reich. Hannahs Denken und Einschätzung provozieren die Welt. Denn je tiefer sie in die Motive der NS-Täter eindringt, umso mehr schärft sich ihre Überzeugung von der »Banalität des Bösen«. In den Tätern erkennt sie keine Bestien, sondern Menschen, die Furchtbares getan haben. »Schiere Gedankenlosigkeit« und »mangelnde[s] Vorstellungsvermögen«, das sind die Eigenschaften, die sie Eichmann attestiert.

Viele Zeitgenossen reagieren empört und fordern eine andere Stellungnahme. Aber Hannah Arendt bleibt sich selbst treu, auch und gerade dann, wenn ihre Meinungen kontrovers diskutiert werden. Ihr ganzes Leben lang begeistert sie sich für jene, die sich nicht unterkriegen lassen und Widerstand leisten. So unterstützt sie auch die Studentenbewegung von 1968. Als sie 1975 in New York stirbt, bleibt ihr komplexes Werk »Vom Leben des Geistes« unvollendet. Ihr Studienfreund, der Philosoph Hans Jonas, sagt in seiner Trauerrede über sie: »Was sie auch immer zu sagen hatte, war wichtig, oft provokativ, manchmal auch falsch, aber nie trivial, nie gleichgültig, nie mehr zu vergessen.«

Leben und Werk

- **Geburtsdatum:** 14. Oktober 1906
- **Geburtsort:** Linden bei Hannover
- **Todesdatum:** 4. Dezember 1975
- **Todesort:** New York
- **Leben:** In Amerika lehrende politische Philosophin deutsch-jüdischer Herkunft. Sie prägt den kontroversen Begriff »Banalität des Bösen«.
- **Werke (Auswahl):** Der Liebesbegriff bei Augustin, 1929. Elemente und Ursprünge totaler Herrschaft, 1955. Rahel Varnhagen, 1958. Vita activa oder Vom tätigen Leben, 1960. Eichmann in Jerusalem, 1964. Macht und Gewalt, 1970

Simone de Beauvoir

»Mit 15 wünschte ich mir, dass die Leute eines Tages meine Biografie mit gerührter Neugier lesen würden. Diese Hoffnung war es, die in mir den Wunsch weckte, eine bekannte Autorin zu werden.«

Sie war die Ikone der modernen Frauenbewegung.

Wann entsteht Selbstbewusstsein? Wenn ein Kind zum ersten Mal »ich« sagt? Nein, viel früher. Wenn es auf etwas Selbstvollbrachtes stolz ist und dafür gelobt wird. Und wenn das öfter passiert, wenn das Kind in einer Umgebung aufwächst, die es bestätigt und fördert, dann wird daraus ein ich-starker Mensch.

Bedrückende Tyrannei und erstickender Konformismus

Für Mädchen im frühen 20. Jahrhundert war das jedoch nicht vorgesehen, schon gar nicht in der französischen Bourgeoisie. Selbstbewusstsein und Stärke galten als eher hinderlich für das Ziel, eine gute Partie zu machen und Mutter zu werden. Wie aber schafft es ein Mädchen, das in eine stockkonservative, streng katholische Pariser Anwaltsfamilie hineingeboren wird, der »bedrückenden Tyrannei« und dem »erstickenden Konformismus« dieser Gesellschaftsschicht zu entrinnen? Die Ketten aus Konventionen und Regeln, die Mädchen in frühester Jugend angelegt werden, abzustreifen, um ein freies Leben zu führen?

»Eine Frau ist, was ihr Mann aus ihr macht, er hat ihre Form zu bestimmen«, lautet ja das Credo der Eltern, wie sich Simone de Beauvoir in ihren »Memoiren einer Tochter aus gutem Hause« erinnert.

Erkennen und Schreiben

Dennoch fördern die Eltern ihre begabte Tochter, lassen ihr Selbstbewusstsein wachsen. Ihr Lebensziel wird nicht die Ehe sein, sondern das, was sie »ihr Projekt« nennt: erkennen und schreiben. Später auch das politische Engagement gegen die Kriege in Algerien und Vietnam und für die Sache der Frauen und Alten.

Vielleicht ist ihr Glück, dass sie keine große Mitgift zu erwarten hat. So kann sie als eine der ersten Frauen an der Sorbonne Philosophie studieren. Sie denke »wie ein Mann«, hatte ihr schon der Vater attestiert. »An der Philosophie zog mich vor allem an, dass sie meiner Meinung nach auf das Wesentliche ging ... Ich begriff lieber, als dass ich sah: Immer hatte ich alles erkennen wollen«, schreibt sie in den Erinnerungen.

Der Meisterfotograf Henri Cartier-Bresson hält Simone de Beauvoir 1947 im Bild fest.

Der Pakt mit Sartre

An der Sorbonne lernt sie auch den Menschen kennen, der die wichtigste Rolle in ihrem Leben spielen wird: Jean-Paul Sartre, der als Philosoph und Schriftsteller ebenfalls weltberühmt wird. Sie schließt das Studium 1929 als Zweitbeste nach Sartre ab und wird eine der ersten Philosophielehrerinnen Frankreichs. »Beruflich gehörte ich zu den Privilegierten ... ich war eine Ausnahmefrau« – das beantwortet vielleicht die Frage nach der Herkunft ihres Selbstbewusstseins, an dem es doch so vielen begabten Frauen mangelt. Dass sie sich später auch in der Männerwelt der Pariser Intellektuellen behauptet und ihr Projekt eines selbstbestimmten Lebens verwirklichen kann, hat auch mit Sartre zu tun. »Es ist wahrscheinlich, dass

Zwei Geistesgrößen des 20. Jahrhunderts: die Beauvoir und ihr Lebenspartner Jean-Paul Sartre

die bedeutendste Intellektuelle des 20. Jahrhunderts ohne diesen Mann an ihrer Seite nie die hätte werden können, die sie geworden ist«, schreibt Alice Schwarzer über sie.

Warum? Weil auch Sartre ein Ausnahmemann war: Er erkennt und schätzt ihre Ebenbürtigkeit; er missbraucht die Gesprächspartnerin weder als »Muse« noch als diejenige, die für sein Wohlergehen verantwortlich ist; er fordert keine Unterwerfung, sondern lässt ihr alle Freiheiten, die er selbst für sich in Anspruch nimmt – und das ist, lange vor der sexuellen Revolution, für einen Mann seiner Zeit mehr als ungewöhnlich. Beide verkehren auf Augenhöhe, sind sich treu mit Herz und Verstand, leben aber immer getrennt und lassen auch andere Lieben zu. Sie werden zum Vorbild vieler junger Paare in den Siebzigerjahren.

Man wird nicht als Frau geboren ...

1949 erregt Simone de Beauvoir nach zwei Romanen mit einem Sachbuch weltweit Aufsehen: »Das andere Geschlecht«, ein bis heute aktuelles Standardwerk des Feminismus. Darin analysiert sie umfassend die Rolle der Frau im Patriarchat und legt das theoretische Fundament für die künftige, zweite Frauenbewegung. Doch bis dahin werden noch gut zwei Jahrzehnte ins Land gehen. Jetzt ist gerade der Zweite Weltkrieg vorbei, und das Ideal der Zeit ist die brave Hausfrau und Mutter, die der Familie ein gemütliches Heim schafft.

Da schlägt das Buch wie eine Bombe ein. Denn nach Beauvoir sind es die Männer, die Frauen zum »anderen«, nachrangigen Geschlecht machen, um so ihre Diskriminierung zu rechtfertigen. »Man wird nicht als Frau geboren, man wird dazu gemacht«, heißt die zentrale These. Es gibt keine biologische Begründung für ihre Zurücksetzung, es gibt nur ein politisches Interesse daran. Die Frau soll dem Manne ja schließlich weiter nützlich sein – als Geliebte und Mutter seiner Kinder, als Zuarbeiterin und Bedienerin, als aufopferungsvolle Kranken- und Altenpflegerin.

Simone de Beauvoir geht damit viel weiter als die Frauen der ersten Frauenbewegung zu Beginn des Jahrhunderts, die vor allem für gleiche Rechte kämpften. Jetzt aber kommt alles zur Sprache: Ehe und Ehebruch, weibliche Sexualität und Abtreibung, Liebe und Prostitution – kein Tabu lässt sie aus.

Nicht nur Konservative und Katholiken schäumen, auch Linke mokieren sich, selbst Intellektuelle. Schriftstellerkollege Albert Camus giftet, Beauvoir habe »den französischen Mann lächerlich gemacht«. Der Nobelpreisträger François Mauriac schreibt an die Redaktion von Beauvoirs und Sartres Zeitschrift »Les Temps Modernes«: »Nun weiß ich alles über die Vagina ihrer Chefin.« Aber auch Frauen feinden sie an, weil sie vor Ehe und Mutterschaft warnt. Ja, sie schafft es sogar auf die schwarze Liste des Vatikans der verbotenen Bücher.

Erst Jahrzehnte später wird sie zur Ikone der neuen Frauenbewegung. Da hat sie noch ein Standardwerk verfasst: über »Das Alter«. Und auch mit diesem Thema ist sie 1970 wieder ihrer Zeit weit voraus und etwa zwei Jahrzehnte früher dran als alle anderen.

Zwar ärgert sich Simone de Beauvoir, dass ihre Sachbücher viel bekannter werden als ihre Romane und Novellen, doch sagt sie auch voll Stolz: »Wer hätte je ein Buch geschrieben, das das Schicksal aller Menschen verändern würde? Es wird Zeit brauchen, voll und ganz zu ermessen, welche Auswirkungen »Das andere Geschlecht« auf die Sozialgeschichte gehabt hat, auf das Privatleben, das Alltagsbewusstsein und die Wahrnehmung.«

Lesen und Schreiben sind ihr Leben: Simone de Beauvoir in ihrem Arbeitszimmer

Leben und Werk

- **Geburtsdatum:** 9. Januar 1908
- **Geburtsort:** Paris
- **Todesdatum:** 14. April 1986
- **Todesort:** Paris
- **Leben:** Die erfolgreiche Romanschriftstellerin und links engagierte Intellektuelle erschreibt sich mit »Das andere Geschlecht« Weltruhm und gilt als Mutter der modernen Feministinnen.
- **Werke (Auswahl):** Sie kam und blieb, 1943. Das Blut der anderen, 1945. Das andere Geschlecht, 1949. Die Mandarins von Paris, 1954, (Prix Goncourt). Memoiren einer Tochter aus gutem Hause, 1958. Eine gebrochene Frau, 1968. Das Alter, 1970. Die Zeremonie des Abschieds, 1974

Ingeborg Bachmann

»Die Wahrheit ist dem Menschen zumutbar.«

»Die Jugendjahre sind, ohne dass ein Schriftsteller es anfangs weiß, sein wirkliches Kapital.« – Früher und radikaler als andere kämpft Ingeborg Bachmann gegen die Verdrängung des Nationalsozialismus.

Sie war der Popstar unter den Schriftstellerinnen nach 1945, glamourös und scheu, verschlossen und durchsetzungsstark, voller Inszenierungswillen und doch gleichzeitig von vielen Lebensängsten gemartert und verstört. Als ihr das Hamburger Nachrichtenmagazin »Der Spiegel« am 18. August 1954 die Titelstory widmet, kennt sie plötzlich jeder. Das Bild der blonden jungen Frau mit dem nach innen gerichteten Blick brennt sich der Öffentlichkeit ein. Ihre Gedichte treffen den Nerv der Zeit.

Zertrümmerung der Kindheit

Als älteste Tochter eines Lehrers wird Ingeborg Bachmann 1926 in Klagenfurt, Kärnten geboren. Schon als Schulmädchen beginnt sie zu schreiben. Erste Gedichte, Erzählungen und historische Versdramen entstehen noch in der Gymnasialzeit. Ihre Motive findet sie in den Landschaften, Orten und Häusern ihrer Kärntener Heimat. Aus der Vielsprachigkeit der Grenzregion und des hier nah beieinander lebenden Völkergemischs von Slowenen, Italienern und Österreichern wird sie ihre Utopie von Humanität und Freiheit entwickeln, die das Fremde nicht ausgrenzt, in der das Andere als zugehörig empfunden werden darf.

Doch mit dem Anschluss Österreichs an den deutschen NS-Staat ist es mit dieser

Idylle vorbei. »Es hat einen bestimmten Moment gegeben, der hat meine Kindheit zertrümmert. Der Einmarsch von Hitlers Truppen in Klagenfurt. Es war etwas so Entsetzliches, dass mit diesem Tag meine Erinnerung anfängt: durch einen zu frühen Schmerz, wie ich ihn in dieser Stärke vielleicht später überhaupt nie mehr hatte.«

Schwierige Jahre und poetische Radikalität

Spröde und melodisch, anklagend und virtuos zugleich, entlarven Ingeborg Bachmanns Gedichte die biedermeierliche Geisteshaltung der Fünfzigerjahre, die nach einem furchtbaren Krieg keine Aufarbeitung, sondern nur Vergessen will. Früher und radikaler als andere legen die Gedichtbände »Die gestundete Zeit« (1953) und »Anrufung des großen Bären« (1956) den Finger auf die Wunde der Zeit: »Ich sage nicht: das war gestern.« Die klassische Modernität ihrer Gedichte und die geschickte Nutzung des damals populärsten Mediums Hörfunk für ihre Lesungen und Hörspiele, verdeckt vielen Zeitgenossen die Radikalität ihrer poetischen Aussagen. Als sie nach den erfolgreichen Hörspielen »Die Zikaden« und »Der gute Gott von Manhattan« (1958) und dem vielfach besprochenen Erzählband »Das dreißigste Jahr« (1961) in ihrer poetischen Arbeit immer kompromissloser wird, alle Formen

Utopie von Humanität und Freiheit: Ingeborg Bachmann, Porträt aus den 1960er-Jahren

sprengt und sich in einem atemlosen, in mehreren kompositorischen Fassungen vorliegenden Erzählwerk, dem »Todesarten-Zyklus« verstrickt, wenden sich viele

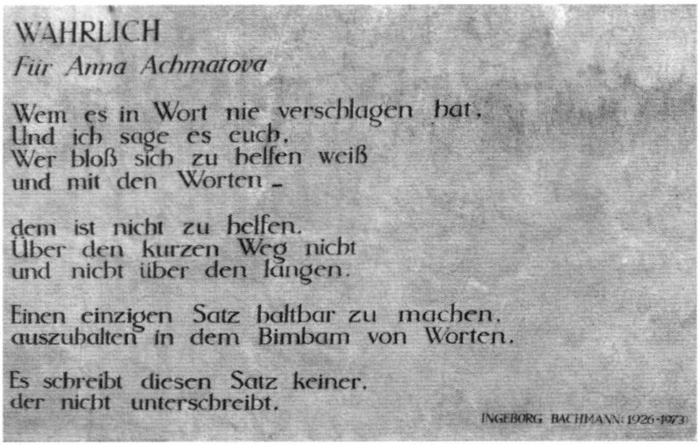

»Wahrlich« – Gedicht an einer Gebäudewand im niederländischen Leiden

der Kritiker, die sie bis dahin gefeiert haben, von ihr ab. Schwierige persönliche Jahre liegen hinter ihr. Mit ihrer großen Liebe, dem jüdischen Lyriker Paul Celan, den sie noch als Studentin 1948 in Wien kennenlernt, ist ein Zusammenleben nicht möglich. Mit ihrem langjährigen Freund und zeitweiligen Lebensgefährten, dem Komponisten Hans Werner Henze, plant und verwirft sie die Möglichkeit einer Eheschließung. Henze ist homosexuell, und doch fällt es beiden nicht leicht, angesichts der Exklusivität ihrer künstlerischen und menschlichen Beziehung auf ein gemeinsames Leben zu verzichten.

Als sie 1958 dem Schweizer Schriftsteller Max Frisch begegnet, glauben sich beide angekommen. Doch Eifersucht und Besitzansprüche führen diese leidenschaftliche Liebe in ein Desaster, von dem sich Ingeborg Bachmann nie mehr ganz erholen wird. Von Frisch wird sie sich Zeit ihres Lebens verraten fühlen. Nach Stationen auf der italienischen Insel Ischia, Neapel, Rom, der Schweiz, wieder Rom und 1963 in Berlin wird sie ihr letztes Lebensjahrzehnt in Rom verbringen, auch wenn sie immer wieder mit dem Gedanken spielt, ganz nach Österreich zurückzukehren. Die vielsprachige Ingeborg Bachmann wird in ganz Europa geschätzt und gelesen. Sie erhält alle damals wichtigen deutschen Literaturpreise, 1964 wird ihr der Georg-Büchner-Preis verliehen. Politisch engagiert und mit vielen zeitgenössischen Autoren befreundet, scheut sie sich nicht, politisch Stellung zu beziehen, und engagiert sich überall da, wo es ihr nötig erscheint.

»Malina« und ihr frühes Ende

Die Erfahrung des Nationalsozialismus und das Wissen um familiäre Verstrickungen, wie die NS-Mitgliedschaft des eigenen Vaters, lassen sie nicht los. Was es in einem Menschen anrichtet, schuldlos schuldig geworden zu sein, wird sie in brennend traumatischen Bildern erzählen. Als ihr Roman »Malina«, das einzig abgeschlossene Werk aus dem Zyklus »Todesarten«, erscheint, hagelt es spöttische und ablehnende Kommentare. Doch die Leser, unter ihnen viele Frauen, erkennen mehr in diesem Roman,

Erstaunliche Geschlechterperspektiven im Roman festgehalten: die Autorin bei der Arbeit

als ihm die Kritik zugestehen will. Der Roman »Malina«, in dem sich die Erzählerfigur in ein weibliches und ein männliches Ich aufspaltet und die Perspektiven auf Leben und Schreiben aus der Differenzierung der Geschlechter erstaunlichste Erzählmomente entstehen lässt, fasziniert die Leser bis heute. Die Geschichte des Romans »Malina« ist eine Erfolgsgeschichte geworden. Das Leben von Ingeborg Bachmann ist es nicht. Sie stirbt mit 49 Jahren im Herbst 1973 in Rom an den Folgen einer Brandverletzung. Eine jahrelange Alkohol- und Medikamentenabhängigkeit, quälende Schmerzattacken und Depressionen begleiten sie in ihrem letzten Jahrzehnt. Die großen Auftritte der frühen Jahre fallen ihr schwerer, immer wieder sucht und findet sie bei guten Freunden privaten Schutzraum. Doch in den entscheidenden Stunden des Brandunfalls ist keiner da, der ihr beistehen, der erkennen, der rechtzeitig eingreifen könnte. Als Freunde und Familie schließlich in Rom eintreffen, ist es zu spät. Ihre letzten Wochen in einer römischen Klinik sind ein Martyrium. Ihr Tod bleibt unbegreiflich, doch die poetische Kraft ihres Werkes und die hellsichtige Klarheit ihrer Worte berühren uns bis zum heutigen Tag.

Leben und Werk

- **Geburtsdatum:** 25. Juni 1926
- **Geburtsort:** Klagenfurt (Österreich)
- **Todesdatum:** 17. Oktober 1973
- **Todesort:** Rom
- **Leben:** Bedeutende deutschsprachige Schriftstellerin der Nachkriegszeit. Ihre Gedichte, Erzählungen und ihr Roman haben bis heute unzählige Auflagen erfahren.
- **Werke (Auswahl):** Die gestundete Zeit, Gedichtband, 1953. Anrufung des großen Bären, Gedichtband, 1956. Das dreißigste Jahr, Erzählungen, 1961. Malina, Roman, 1971. Simultan, Erzählungen, 1973

Toni Morrison

»Wenn es ein Buch gibt, das du wirklich lesen willst, das aber noch nicht geschrieben wurde, dann musst du es schreiben.«

»Die Rechte der Frauen sind nicht nur eine Abstraktion, eine Sache. Sie sind auch eine persönliche Angelegenheit. Sie betreffen nicht nur uns, sie betreffen auch mich und dich. Nur uns beide.«

Toni Morrison ist Afroamerikanerin und sie ist alleinerziehende Mutter. Vor allem aber ist sie eine leidenschaftliche Erzählerin, die ihre Leser in ihren Bann zu ziehen vermag. Als die Rassentrennung 1954 in den USA für verfassungswidrig erklärt wird, ist Toni 23 Jahre alt. Die verkrustete amerikanische Gesellschaft gerät in Bewegung. Toni Morrison wird zum Sprachrohr einer ganzen Generation. »Ich denke wirklich«, sagt sie selbst dazu, »dass die Spanne von Emotionen und Empfindungen, zu denen ich als eine schwarze Person und als eine weibliche Person Zugang gehabt habe, größer ist als die von Leuten, die nichts davon sind ... Es scheint mir also, dass meine Welt nicht kleiner wurde, weil ich eine schwarze Schriftstellerin bin. Sie wurde nur größer.« Toni Morrison wird am 18. Februar 1931 als Chloe Anthony Wofford in Lorain, Ohio geboren und wächst wie so viele Schwarze in ärmlichen Verhältnissen auf.

Das Ende der Rassentrennung

Der Vater, ein Schweißer, der oft bis zu drei Jobs ausüben muss, um seine Familie zu ernähren, bringt Toni schon früh bei, stolz auf sich und ihre Arbeit zu sein. Er ist es, der ihr die traditionellen Geschichten und Mythen ihres Volkes näherbringt. Die Familie ist stolz auf ihre Herkunft. Gleichzeitig verschlingt Toni Morrison aber auch die Werke von Jane Austen, Gustave Flaubert und Leo Tolstoi. Die Lust an der breiten epischen Darstellung wird später auch ihren eigenen Stil als Autorin prägen. In Toni Morrisons Jugend herrscht in Amerika noch immer die Rassentrennung. Das kluge Mädchen darf als einzige schwarze Schülerin die Lorain High School besuchen, der Weg zur Universität beschränkt sich allerdings auf die einzige Hochschule, die Schwarzen vorbehalten ist: die Howard Universität in Washington D.C.

Im Jahr 1953 erhält Chloe, die sich der leichteren Aussprache wegen nun »Toni« nennt, ihren »Master of Arts« in Englisch.

Wichtige Stimme des schwarzen Amerika: Toni Morrison erhält als erste schwarze Frau den Nobelpreis für Literatur.

Toni Morrison arbeitet als Dozentin, zunächst an einer Universität in Texas, dann zurück in Washington an der Howard Universität. Sie heiratet den jamaikanischen Architekten Howard Morrison, von dem sie zwei Kinder bekommt. Die Rolle der Hausfrau und Mutter ist ihr zu wenig, sie setzt ihre Lehrtätigkeit auch nach der Geburt der Kinder fort. Die Ehe aber hält nur sechs Jahre. Noch während sie mit dem zweiten Sohn schwanger ist, verlässt sie ihren Mann und lässt sich später von ihm scheiden. »Ich mag die Ehe«, sagt sie und fügt ironisch hinzu: »Das Konzept«.

Ihre beiden Kinder zieht sie größtenteils alleine auf. Toni geht nach New York und arbeitet dort als Lektorin für den Random House Verlag. Nun verhilft sie einer ganzen Reihe afroamerikanischer Autoren zu größerer Popularität, die Bücher von Toni Cade Bambara, Andrew Young und Angela Davis setzt sie durch.

Die Stimme des schwarzen Amerika

Neben Job und Familie beginnt sie endlich mit ihrem eigenen Schreiben. 1970 erscheint ihr erster Roman unter dem Titel »The Bluest Eye«. Die Protagonistin ist ein schwarzes Mädchen, das sich nichts sehnlicher wünscht, als blaue Augen zu haben und damit den Schönheitsidealen der weißen Gesellschaft zu entsprechen. Das Verlangen treibt sie in den Wahnsinn. Der Konflikt zwischen Schwarzen und Weißen ist auch Thema ihres nächsten Romans »Sula«. Ihren Durchbruch schafft Toni Morrison mit ihrem dritten Roman »Song of Solomon«, für den sie bedeutende amerikanische Literaturpreise erhält.

Auch wenn in ihren Erzählungen immer schwarze Protagonisten im Mittelpunkt stehen, so behandeln ihre Bücher universelle Themen wie Freundschaft, Liebe und Hass und sind somit nicht nur für Schwarze gedacht. »Mir als Schriftstellerin ist die Unterscheidung fremd«, sagt sie. »Ich setze mich nicht an ein Manuskript und murmele vor mich hin: ›Jetzt schreibst du für deine schwarzen Schwestern und Brüder.‹ Aber ich wehre mich emphatisch gegen die Kategorisierung von außen.« Toni Morrison versteht sich auch nicht als Feministin. Als schwarze Frau schreibt sie eben aus der Perspektive schwarzer Frauen, deren Schicksal es ist, in zweifacher Hinsicht um Emanzipation und Anerkennung kämpfen zu müssen. Der Roman »Beloved« (1987), der auf der Geschichte der Sklavin Margaret Garner basiert, markiert ihren bis dahin größten Erfolg.

Roman auf der Leinwand: Szene aus der Verfilmung von »Menschenkind« (»Beloved«)

Der Nobelpreis für Literatur

Als das Werk sowohl für den National Book Award als auch für den National Book Critics Circle Award nominiert wird, aber keinen der Preise gewinnt, führte das zu Protesten anderer afroamerikanischer Schriftsteller. Nur wenig später erhält »Beloved« die wichtigste amerikanische Auszeichnung, den Pulitzer-Preis. Die Schriftstellerin Toni Morrison erfährt immer größere Popularität, und das, obwohl ihre Romane nicht leicht zu lesen sind. Als Oprah Winfrey sie einmal fragt, ob ihre komplexen Strukturen den Leser nicht manchmal

zwängen, Sätze mehr als einmal zu lesen, antwortet sie nur: »Das, meine Liebe, nennt man lesen.«
1986 entsteht ihr erstes Theaterstück, »Dreaming Emett«, das von Gilbert Moses inszeniert wird. Auch für ihr Debüt als Dramatikerin erhält sie eine Auszeichnung, den New York State Governor's Award. Alles in allem gewinnt Toni Morrison für ihre Veröffentlichungen die wichtigsten Preise der amerikanischen Literaturszene. 1989 wird sie zur Professorin an der renommierten Princeton-Universität ernannt und hält Vorlesungen im Fachbereich African American Studies. Vier Jahre später wird Toni Morrison der Nobelpreis für Literatur zugesprochen, sie erhält diese Auszeichnung »für ihre literarische Darstellung einer wichtigen Seite der US-amerikanischen Gesellschaft durch visionäre Kraft und poetischer Prägnanz«. Sie ist die erste und bisher einzige schwarze Frau, die diesen Preis entgegennehmen darf. »Toni Morrisons Romane«, so heißt es in der Laudatio von Professor Sture Allén, »laden den Leser ein, auf vielen Ebenen und unterschiedlichen Graden der Komplexität teilzuhaben. Dennoch, der bleibendste Eindruck, den sie hinterlassen, ist einer von Empathie, Mitgefühl mit den Mitmenschen.«

Vielfach ausgezeichnet: »Song of Solomon« in einer englischen Originalausgabe

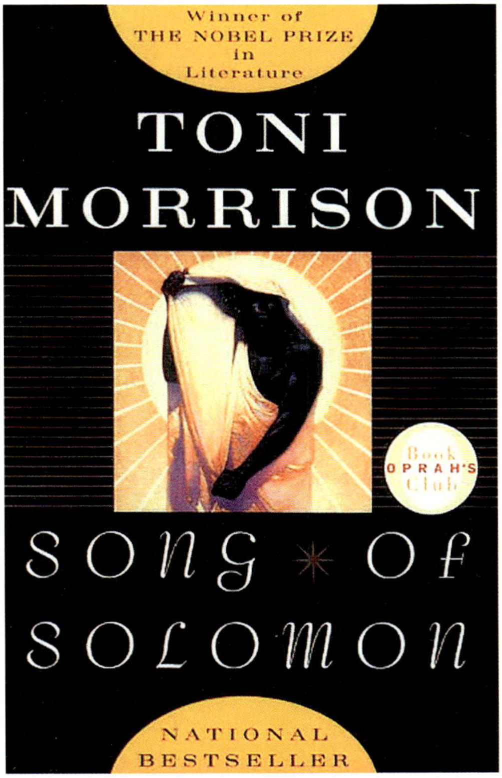

Leben und Werk

- **Geburtsdatum:** 18. Februar 1931
- **Geburtsort:** Lorain, Ohio
- **Leben:** Afroamerikanische Schriftstellerin, die in ihren Romanen die Situation der Schwarzen in Amerika darstellt. Sie erhält sowohl den Pulitzer-Preis als auch den Nobelpreis für Literatur.
- **Werke (Auswahl):** The Bluest Eye, 1970. Sula, 1973. Song of Solomon, 1977. Tar Baby, 1981. Dreaming Emmet, (aufgeführt 1986, nicht veröffentlicht). Beloved, 1987. Jazz, 1992. Paradise, 1998. Love, 2003. A Mercy, 2008

Germaine Greer

»Revolution ist das Festival der Unterdrückten.«

Männer haben immer noch nicht bemerkt, dass dadurch, dass sie die Frauen so viel Arbeit für so wenig Gegenleistung tun lassen, ein Mann im Haus eher ein teurer Luxusartikel ist als eine Notwendigkeit.«

Bei Germaine Greer haben Männer nichts zu melden. Die australische Intellektuelle und Journalistin setzt Zeichen. Provokanter und medienwirksamer als andere protestiert sie früh gegen die Betrachtung der Frau als Sexobjekt und gegen die Entfremdung der Frau von sich selbst. Durch ihr revolutionäres Buch »Der weibliche Eunuch« und durch ihre oft sehr direkte Ausdrucksweise wird sie zu einer der bekanntesten und wichtigsten Feministinnen des 20. Jahrhunderts.

Viele vermuten, dass ihre negative Einstellung zu Männern aus ihrer eigenen schwierigen Vaterbeziehung resultiert. In ihrem Buch »Daddy, wir kannten dich kaum« legt sie diese privaten Hintergründe offen. Der Vater hat als Nachrichtenoffizier im Zweiten Weltkrieg gedient und sich nach seiner Rückkehr zunehmend von seiner Familie zurückgezogen. Germaine Greer besucht in ihrer Jugend die von Nonnen geleitete Klosterschule »Star of the Sea« bei Melbourne. Die strengen Reglementierungen der religiösen Erziehung dort sind ihr zuwider.

Nach ihrem Abitur geht sie als Stipendiatin an die Universität Melbourne, um dort englische und französische Literatur zu studieren. Ihren Master of Arts macht sie 1961 an der Universität Sydney. Während ihrer Zeit in der australischen Metropole kommt sie mit der linksorientierten Gruppierung »The Push« in Berührung. Ihre zukünftige politische Einstellung wird hier maßgeblich geprägt. »Ich war schon eine Anarchistin«, sagt sie selbst über den Einfluss der Gruppe. »Ich wusste nur noch nicht, warum ich eine Anarchistin war. Sie haben mich mit den grundlegenden Texten in Berührung gebracht, und ich fand heraus, was die innere Logik war, in dem, was ich fühlte und dachte.« Von nun an bezeichnet sich Germaine Greer selbst als »anarchistische Kommunistin«.

Feministin, Anarchistin, Journalistin und Provokateurin: Germaine Greer, 1960er-Jahre

Nackt im Erotikmagazin

In ihrem Politikverständnis bleibt sie kompromisslos. Politisches Handeln darf kein Selbstzweck sein, es legitimiert sich allein aus einem »konstanten Prozess von Kritik, Erneuerung, Protest und so weiter«. 1964 geht sie nach England. In Cambridge schreibt sie eine alles andere als traditionelle Doktorarbeit über Shakespeare, in der sie seine frühen Komödien auf die darin enthaltene »Ethik der Liebe und Ehe« untersucht. Diese Arbeit ist ein erster Schritt in Richtung der feministischen Literatur, mit der sie später großes Aufsehen erregen wird. Nach ihrer Promotion wird sie Dozentin für englische Literatur an der University of Warwick. Darüber hinaus beginnt sie, als Journalistin zu arbeiten, und schreibt unter dem Pseudonym Rose Blight regelmäßig Kolumnen in dem satirischen Magazin »Private Eye«. Als »Dr. G.« steuert sie regelmäßig Beiträge für die Londoner Untergrundzeitschrift »Oz« bei; außerdem wird sie Redakteurin des Erotikmagazins »Suck«, für das sie sich sogar nackt ablichten lässt. 1968 heiratet sie den Australier Paul du Feu. Doch die Beziehung ist nicht von langer

Dauer. Die Feministin gibt selbst zu, ihren Ehemann mehrfach betrogen zu haben, und so wird die Ehe nur fünf Jahre später wieder geschieden.

Weltbekannte Feministin

1970 veröffentlicht Germaine Greer ihr Werk »Der weibliche Eunuch«, das für weltweites Aufsehen sorgt. Polemisch und ohne ein Blatt vor den Mund zu nehmen, verurteilt sie die Unterdrückung der weiblichen Sexualität. Germaine Greer kritisiert, dass Frauen zu Stereotypen degradiert werden und es ihnen nicht möglich ist, sie selbst zu sein. »Wenn eine Frau sich selbst nie gehen lässt, wie kann sie jemals wissen, wie weit sie gekommen wäre?«, fragt sie. »Wenn sie nie ihre Stöckelschuhe auszieht, wie kann sie jemals wissen, wie weit sie laufen und wie schnell sie rennen kann?«

In Europa, Australien und den USA verschlingen unzählige Frauen Germaine Greers Buch, auch wenn sie es, laut Christine Wallace, der unautorisierten Biografin Germaine Greers, vor ihren Ehemännern versteckt halten müssen. Schlagartig wird Germaine Greer berühmt. In ihrem nächsten Werk geht sie kunsthistorischen Fragen nach. In »Das unterdrückte Talent« analysiert sie, warum kaum eine Malerin die Möglichkeit hatte, den gleichen Bekanntheitsgrad wie ihre männlichen Kollegen zu erreichen. 1980 tritt sie eine Professur an der University of Tulsa in Oklahoma an. Dort gründet und leitet sie ein Studienzentrum für feministische Literatur. 1984 veröffentlicht sie »Die geheime Kastration«. Darin stellt sie die Haltung der westlichen Industrienationen gegenüber Kindern den Lebensweisen in den Entwicklungsländern gegenüber und lehnt die westliche Einmischung in das Reproduktionsverhalten anderer Länder und Kulturen entschieden ab.

Provokation ist ihr Leben

Germaine Greers Stellungnahme zugunsten der Familienpolitik in den Entwicklungsländern führt zu kontroversen Diskussionen. 1989 erhält sie einen Lehrstuhl an der Newnham-Universität in Cambridge, den sie noch immer innehat. Zehn Jahre später erscheint »Die ganze Frau«. »Diese Fortsetzung zu ›Der weibliche Eunuch‹ ist das Buch, von dem ich gesagt habe, dass ich es niemals schreiben würde«, sagt Germaine Greer über ihr Werk. Einmal mehr provoziert sie und stößt damit vielfach auf ablehnende Reaktionen. Ihr Buch wird als »grob vereinfachend und beleidigend«

Reifer, aber nicht müde geworden: Germaine Greer bleibt ihren Überzeugungen treu.

kritisiert. Die heftigen Reaktionen, die die Feministin mit ihren Ausführungen auslöst, werden deutlich, als eine junge Studentin in das Haus der Australierin einbricht und sie dort als Geisel nimmt. Nach ihrer Befreiung sagt Germaine Greer deutlich: »Ich bin nicht wütend, ich bin nicht beleidigt, ich bin nicht verletzt. Mir geht es gut. Ich habe meinen Humor nicht verloren. Ich bin hier nicht das Opfer.« Sie lässt sich, getreu ihrer Empfehlung an alle Frauen, weder durch Kritik noch durch Lob in dem, was sie tut, beeinflussen. Der Akademiker und Journalist Peter Conrad schreibt über sie: »Die Welt wäre ein ärmerer, (…) schüchternerer Ort ohne sie.«

Leben und Werk

- **Geburtsdatum:** 29. Januar 1939
- **Geburtsort:** Melbourne
- **Leben:** Australische Akademikerin, Journalistin und Feministin. Sie provoziert durch ihre Ansichten über die weibliche Sexualität und die Unterdrückung der Frau, für die sie die erzwungene Selbstverleumdung der Frau verantwortlich macht.
- **Werke (Auswahl):** Der weibliche Eunuch, 1970. Das unterdrückte Talent, 1979. Die heimliche Kastration, 1984. Daddy, 1989. Wechseljahre, 1991 . Die ganze Frau, 1999. Der Knabe, 2003

Angela Davis

»Die Straße zur Freiheit wurde schon immer vom Tod belauert.«

»Radikal bedeutet nur ›Dinge an der Wurzel fassen‹.« Angela Davis ist bereit, genau das zu tun. Die politische Aktivistin kämpft als erste Schwarze mit Beharrlichkeit und gezielten öffentlichen Aktionen in Amerika für Bürgerrechte, Freiheit und Gleichheit.

Eine Zeit lang gehört sie zu den zehn meistgesuchten Verbrechern auf der Liste des FBI. Angela Davis ist Trägerin des Lenin-Friedenspreises, Kandidatin für die Vizepräsidentschaft der USA und politische Gefangene. Ihre Festnahme löst in ganz Europa die Bewegung »Free Angela« aus. Auf den Plakaten der Studentenbewegung von 1968 ist sie die einzige abgebildete Frau neben den Revolutionären Che Guevara und Mao Tse Tung.

Bürgerrechtlerin und Philosophin

Für viele gilt die Bürgerrechtlerin und politische Philosophin als die Symbolfigur der Bürgerrechtsbewegung in den USA. Aufgewachsen zur Zeit der Rassentrennung im US-amerikanischen Südstaat Alabama, lernt die junge Angela früh von ihrer politisch engagierten Mutter, was es heißt, Widerstand zu leisten. In ihrem Geburtsort Birmingham kommt es häufig zu Übergriffen des rassistischen Ku-Klux-Klan, weswegen das Städtchen auch »Dynamite Hill« genannt wird. Als Fünfzehnjährige erhält die hochbegabte Schülerin ein Stipendium und kann so an einer Privatschule in New York studieren. Endlich wird die Rassentrennung aufgehoben, erstmals dürfen dort Weiße und Schwarze gemeinsam unterrichtet werden. Hier in New York trifft Angela zum ersten Mal auf die Theorien des Kommunismus und

Marxismus, die ihre politischen Aktivitäten prägen werden. Ein weiteres Stipendium ermöglicht Angela Davis das Französisch-Studium an der Brandeis University in Massachusetts.

Während sie ihr Studium an der Sorbonne in Paris fortsetzt, wird in ihrem Heimatort Birmingham eine Kirche in Brand gesetzt. Die Täter entstammen dem Ku-Klux-Klan. Vier junge Mädchen, alle Bekannte von Angela Davis, kommen dabei ums Leben. Zurück in den USA. begegnet sie auf einer Demonstration dem Linkstheoretiker Herbert Marcuse. Die Theorien des deutsch-amerikanischen Philosophen faszinieren sie. Er ist der Auffassung, das Individuum müsse gegen das System rebellieren, und beeinflusst mit dieser Einstellung die junge Studentin. 1965 legt Angela bei Herbert Marcuse ihre Philosophieprüfung ab und besteht mit »magna cum laude«. Erneut zieht es Angela Davis nach Europa. Sie geht nach Westdeutschland und nimmt an der Johann Wolfgang Goethe-Universität in Frankfurt an den Vorlesungen von Theodor W. Adorno teil.

Ein Leben für den Kampf um Bürgerrechte: Angela Davis

Die Utopie des Sozialismus

Während ihres Europa-Aufenthaltes besucht sie auch die DDR. Sie nimmt in der Bundesrepublik begeistert an Aktionen des radikalen »Sozialistischer Deutscher Studentenbund« (SDS) teil, dem auch einige ihrer Kommilitonen angehören. Zurück in den USA, unterrichtet sie an der University of California in Los Angeles, wo mittlerweile auch der von ihr bewunderte Herbert Marcuse lehrt. Sie tritt nun politischen Organisationen bei, die ihre Ideale vertreten. Zunächst dem »Student Nonviolent Coordinating Committee«, einem Zusammenschluss aus weißen und schwarzen Studenten, die gewaltfrei gegen Unterdrückung demonstrieren, und der »Black Panther Party«, einer afroamerikanischen Partei gegen den Rassismus; später auch der kommunistischen Partei der USA (CPUSA).

Dieses offene Bekenntnis zum Kommunismus führt dazu, dass sie vom Universitätsaufsichtsrat unter dem kalifornischen Gouverneur Ronald Reagan gefeuert wird. Doch davon lässt sich Angela Davis nicht entmutigen. Sie kämpft nicht nur für Frauen und für Schwarze, ein besonderes Anliegen sind ihr auch die Bedingungen in den Gefängnissen.

»Strafanstalten und Gefängnisse«, so sagt sie, »sind dazu angelegt, Menschen zu brechen, die Bevölkerung zu Exemplaren in einem Zoo zu machen – gehorsam gegenüber unseren Wärtern, aber gefährlich füreinander.« Die Ereignisse, die sie

Protest gegen die Inhaftierung von Angela Davis

berühmt machen, kommen ins Rollen, als sie zwei in Kalifornien inhaftierte Mitglieder der Black Panther Party besondere Aufmerksamkeit schenkt. Einer der beiden, W. L. Nolan, wird von einem Wärter getötet. Es kommt zu keiner Gerichtsverhandlung. Als später ein Wärter ermordet aufgefunden wird, wird George Jackson, das zweite Mitglied der Partei, des Mordes aus Rache verdächtigt.

Falsche Verdächtigung

Während der Gerichtsverhandlung gegen ihn versucht sein 17 Jahre alter Bruder vergeblich, ihn zu befreien, und richtet dabei ein Blutbad an. Die Waffen, die er dazu verwendet, sind unter dem Namen »Angela Davis« gekauft worden. Sofort wird sie auf die FBI-Liste der »10 Most Wanted« gesetzt. Zwei Jahre lang kommt sie in Untersuchungshaft, ihr wird »Unterstützung des Terrorismus« vorgeworfen. Angela Davis droht die Todesstrafe. Sowohl in den USA als auch in Europa kommt es zu massiven Protesten gegen ihre Gefangennahme. Die »Free Angela«-Bewegung ist überaus erfolgreich und entwickelt sich später sogar zur Organisation »National Alliance Against Racist and Political Oppression« weiter. Sie rückt die Verhandlungen um Angela Davis in den internationalen Fokus. 1972 wird die Bürgerrechtlerin in allen Punkten freigesprochen. Doch Ronald Reagan versucht, die Gelegenheit zu nut-

Bürgerrechtlerin, Schriftstellerin, Philosophin: Angela Davis 1973 bei den Weltjugendspielen in Ostberlin/DDR

zen und ihr endgültig die Lehrerlaubnis zu entziehen, sodass sie an keiner staatlichen Schule mehr unterrichten darf. Er bleibt erfolglos.

Angela Davis unterrichtet weiterhin, zunächst am Claremont College, dann an der San Francisco State University, wo sie noch heute lehrt. In den Achtzigerjahren kandidiert sie zweimal als Vizepräsidentin für die CPUSA. Später tritt sie aus der Partei aus, bezeichnet sich aber weiterhin als »demokratische Sozialistin«. Als sie in die Sowjetunion reist, wird sie dort mit dem Lenin-Friedenspreis geehrt. »Revolution«, so sagt sie, »ist eine ernste Sache, die ernsteste Sache im Leben eines Revolutionärs. Wenn man sich dem Kampf widmet, muss es ein Leben lang sein.«

Dementsprechend kämpft Angela Davis, die sich mittlerweile als lesbisch geoutet hat, auch im fortgeschrittenen Alter gegen Rassismus, Diskriminierung von Minderheiten, politische Gefangennahmen und die Todesstrafe. Angela Davis widmet ihr ganzes Leben dem Kampf. »Die Arbeit eines politischen Aktivisten«, sagt sie, »beinhaltet unvermeidlich eine gewisse Spannung zwischen der Aufgabe, Position zu aktuellen Belangen zu beziehen, wenn sie aufkommen, und dem Wunsch, dass der eigene Beitrag den Zahn der Zeit irgendwie überlebt.«

Leben und Werk

- **Geburtsdatum:** 26. Januar 1944
- **Geburtsort:** Birmingham, Alabama
- **Leben:** Afroamerikanische Bürgerrechtlerin. Die überzeugte Kommunistin kämpft für ethnische und politische Minderheiten und für bessere Zustände in Gefängnissen.
- **Werke (Auswahl):** If They Come in the Morning: Voices of Resistance, 1971. Angela Davis. An autobiography, 1974. Women, Race & Class, 1981. Women, Culture and Politics, 1989. Are Prisons Obsolete?, 2003. Abolition Democracy, 2005

Von modernen Frauen wird heutzutage viel erwartet: Gut ausgebildet sollen sie ein, erfolgreich im Beruf und nebenbei möglichst auch noch perfekte Mütter.

Das neue Jahrtausend

Frauen heute

Wo stehen die Frauen heute, zu Anfang des 21. Jahrhunderts? Nach knapp vierzig Jahren neuer Frauenbewegung in der westlichen Welt?
Was haben sie erreicht, welche Erfolge können die Feministinnen für sich verbuchen? Ist ihr Ziel – die Hälfte des Himmels und der Erde für die weibliche Hälfte der Menschheit – erreicht? Nein? Auch nicht, wenn man den Himmel mal wegen seiner Unübersichtlichkeit beiseitelässt?
Es sieht tatsächlich nicht danach aus. Die Mädchen stürmen heute zwar die Gymnasien und die Universitäten, sind dort oft schon in der Überzahl und absolvieren beides mit besseren Noten als die Jungen. Aber an den Universitäten unterrichten dennoch nur 13% Professorinnen. 86 Jahre nach der ersten Hochschullehrerin in Deutschland nicht gerade ein großer Fortschritt. In den Medien ist der Frauenanteil zwar auf 40% angewachsen, aber auf den entscheidenden Posten, in den Chefredaktionen und Intendanzen, sind die Männer weitgehend unter sich. In der Wirtschaft, in den Vorständen und Aufsichtsräten sowie im Top-Management der Unternehmen sieht es in Deutschland besonders düster aus, da finden sich noch weit weniger Frauen als etwa in Frankreich oder in den USA. Auch verdienen Frauen etwa 20% weniger als Männer und damit liegt Deutschland im europäischen Vergleich mit an letzter Stelle. Aber war das nicht die Forderung, mit der Frauen schon vor hundert Jahren auf die Barrikaden gegangen sind – gleicher Lohn für gleiche Arbeit?

Frauen sind erfolgreich – wenn man sie lässt

Die Unternehmen lernen gerade, wie wichtig es ist, den Angestellten familienfreundliche Strukturen bereitzustellen, weil sie merken, dass sie nur so die gut ausgebildeten Frauen halten können. Überhaupt lernt die Wirtschaft, wie wichtig ihr die Frauen sein müssen, die gerade als Familienmütter eine Menge Kompetenzen mitbringen und statt des starren Blicks auf die Rendite eher den Blick aufs Ganze haben. Und: Unterneh-

Bildung ist der Schlüssel zum sozialen Aufstieg, das gilt besonders für Frauen.

men mit Frauen in verantwortungsvollen Posten sind messbar erfolgreicher, wie Untersuchungen belegen. Gerade in der derzeitigen Wirtschaftskrise zeigt sich besonders anschaulich: Frauen in Spitzenjobs jonglieren weniger riskant mit Finanzprodukten, wirtschaften solider und legen deshalb auch weniger Pleiten hin.

Es besteht also die Chance, dass der alte deutsche Glaubenskrieg, ob eine Mutter nicht doch ins Haus zu ihren Kindern gehöre statt an den Arbeitsplatz, langsam abgelöst wird von anderen Überlegungen zur Zukunft unseres Zusammenlebens. Zum Beispiel der, wie wichtig Väter bei der Erziehung sind. Und dass wir in der Arbeitswelt generell bei aller Flexibilität viel mehr Rücksicht auf Familien nehmen müssen, die nun mal Zeit für sich brauchen. Dass aber Kinder zu kriegen und trotzdem seinen Beruf auszuüben für alle möglich sein sollte, schon gar in solch unsicheren Zeiten, weil sich sonst nämlich kaum jemand mehr darauf einlassen wird, Kinder in die Welt zu setzen.

Vorbild: Bundeskanzlerin

In Deutschland wird immerhin 2005 eine Bundeskanzlerin gewählt – die erste in der Geschichte, und das ist ähnlich bahnbrechend wie 2008 die Wahl Barack Obamas zum ersten schwarzen Präsidenten der Vereinigten Staaten. Da haben viele Afroamerikaner ihren Kindern gesagt: »Nun könnt auch ihr alles erreichen, wenn ihr es wollt!« Und bei uns wachsen kleine Mädchen auf und

Angela Merkel behauptet sich auch gegenüber selbstbewussten Staatenlenkern wie dem französischen Präsidenten Nicolas Sarkozy.

begreifen: Auch Frauen können es bis ganz nach oben schaffen, wie man an Angela Merkel sieht.

Das wird nicht ohne Wirkung bleiben. Ohnehin sind junge Mädchen heute selbstbewusster, wachsen weithin ohne Einschränkungen auf und haben fast durchweg dieselben Chancen wie Jungen. Ihr Erfolg ist entsprechend groß – so groß, dass inzwischen die Jungen als benachteiligtes Geschlecht gelten, das von den starken Mädchen ausgebootet wird.

Das gilt – bisher – allerdings nur so lange, bis Frauen schließlich doch an den alten Strukturen scheitern und durch die Geburt von Kindern an die berühmte »gläserne Decke« stoßen, während die jungen Männer dann an ihnen vorbeiziehen. Und deshalb sollte man den Kampf um die Gleichberechtigung nicht vorschnell für beendet erklären und Feministinnen für so überflüssig halten wie Pferdekutschen im Straßenverkehr.

Muslimische Tradition kontra Emanzipation

Zumal die Deutschen nicht allein auf der Welt sind – nicht mal in ihrem eigenen Land sind sie es, denn da leben inzwischen mit ihnen Millionen eingewanderter Familien aus anderen Kulturkreisen, hauptsächlich Muslime, die meisten aus der Türkei.

Und bei diesen Einwandererfamilien sieht die Sache wieder ganz anders aus.

Zum Glück nichts Ungewöhnliches mehr: Frauen in Führungspostionen in der Wirtschaft

Da gelten andere Gesetze, die mit unserem Rechtsstaat und der im Grundgesetz festgeschriebenen Gleichberechtigung von Frauen und Männern nicht selten kollidieren: Mädchen werden frühzeitig von der Schule genommen, auch wenn sie begabt sind, sie verschwinden in der Pubertät von der Straße, werden ins Haus verbannt und unter dem Schleier versteckt. In ein Leben »hinter dem Fenster«, wie es die türkischstämmige Politikwissenschaftlerin Necla Kelek beschreibt.

Die islamischen Parallelgesellschaften, die sich ebenfalls in den letzen Jahrzehnten herausgebildet haben – unberührt von der Debatte um die Frauenemanzipation – bereiten nicht nur ihr Sorge: Hier aufgewachsene Mädchen werden nach Anatolien zwangsverheiratet, gewalttätige Brüder und Väter schrecken manchmal auch vor der Ermordung von

Tochter, Schwester oder Cousine nicht zurück, wenn die Mädchen sich nicht der muslimischen Tradition und dem überkommenen Familienbild unterwerfen, sondern nach westlichem Stil leben wollen. Auch das gehört zum Frauenbild im neuen Jahrtausend in Europa.

Nach der umstrittenen Wahl 2009 im Iran bricht der Volkszorn aus. Besonders Frauen haben genug von der Unterdrückung.

Unbeugsame Frauen kämpfen weltweit für ihre Rechte

Und außerhalb Europas? Da werden auch im 21. Jahrhundert noch Ehebrecherinnen gesteinigt, werden Mädchen beschnitten und so um ihr sexuelles Leben betrogen, dürfen Frauen, wie im Iran, nicht an öffentlichen Veranstaltungen teilnehmen oder ins Fußballstadion gehen.

Doch vieles ist in Bewegung. Während dieses Kapitel geschrieben wird, tobt im Iran eine Revolte gegen die sehr wahrscheinlich gefälschte Präsidentenwahl im Juni 2009. Und es ist vor allem die junge Generation, die auf die Straße geht, es sind besonders viele Frauen, die es satthaben, im Namen der islamischen Revolution unterdrückt zu werden. Sie demonstrieren – und riskieren dabei ihr Leben für die Freiheit. Für die Freiheit, demokratisch wählen zu können, für die Gleichheit von Mann und Frau.

Auch die unbeugsame Aung San Suu Kyi kämpft in der Militärdiktatur von Birma im fernen Osten für die Freiheit, zu wählen und gewählt zu werden. Und nimmt dafür eine fast 20 Jahre währende Gefangenschaft in Kauf.

Und die ebenso mutige Rigoberta Menchú kämpft für die Emanzipation ihres unterdrückten Volkes, den Quiché-Indianern in Guatemala in Mittelamerika.

Beispiele für viele, die alles riskieren für die Freiheit.

Zum erfolgreichen Zusammenleben von Männern und Frauen gehört auch ein neues männliches Rollenverständnis.

Und die Europäer? Schauen diesem Freiheitskampf fasziniert zu – und bleiben bei ihren eigenen demokratischen Europa-Wahlen im selben Monat in ihrer Mehrheit zu Hause. Die Welt ist durch Globalisierung und digitale Vernetzung eng zusammengerückt, doch gleichzeitig leben Frauen unter extrem unterschiedlichen Bedingungen. In Europa wird die Integration der Einwandererfamilien die wichtigste Aufgabe der nächsten Jahrzehnte sein.

Bildung und Freiheit

Der Schlüssel zu Freiheit und Selbstständigkeit aber ist Bildung. Das haben schon die Frauenrechtlerinnen des 19. Jahrhunderts gewusst. Deshalb haben sie dafür gekämpft, dass Mädchen aufs Gymnasium durften und auf die Universitäten. Dass ihnen dieselben Berufe offenstanden wie Männern und dass sie wählen durften und selbst gewählt werden konnten.

Hier schließt sich der Kreis. Denn das alles muss jetzt wieder erkämpft werden. Damit die Kinder aus den zugewanderten Familien, damit vor allem die Muslimas in Europa eine Chance auf Emanzipation und Gleichberechtigung bekommen. Wir stehen wieder ganz am Anfang.

Alice Schwarzer

»Ich bin diese peinliche Feministin, die ständig etwas anzettelt.«

Der deutsche Feminismus trägt ihren Namen: Alice Schwarzer.

Es gibt die Theorie, dass erfolgreiche Frauen oft Vater-Töchter sind. Weil sich kleine Mädchen, die dem Vater gefallen wollen, früh an männlichen Leistungsstandards orientieren und deshalb mehr erreichen als jene, die sich die Mutter zum Vorbild nehmen.

Alice Schwarzer ist nicht nur eine erfolgreiche Frau, sondern wahrscheinlich die erfolgreichste Frau in Deutschland überhaupt – wenn man Erfolg am gesellschaftspolitischen Einfluss misst. Und welche Frau hätte mit ihren Aktionen mehr bewegt und mehr erreicht als sie? Die Sache der Frauen – den Kampf um die Gleichberechtigung, um sexuelle Selbstbestimmung, um die Befreiung von der jahrtausendelangen Vorherrschaft der Männer – hat sie zu ihrer gemacht: Die Frauenemanzipation seit Anfang der Siebzigerjahre ist in Deutschland ohne Alice Schwarzer schlicht nicht zu denken.

Dennoch ist Alice Schwarzer keine Vater-Tochter, im Gegenteil: Sie wächst – wie viele Kriegskinder – sogar ganz ohne Vater, als uneheliches Kind einer blutjungen Mutter im Haus der Großeltern auf, die von einem kleinen Tabakladen in Wuppertal-Elberfeld leben. Ihr Einfluss auf das Einzelkind ist größer als der der Mutter. Von geordneten bürgerlichen oder gar großbürgerlichen Verhältnissen wie bei der privilegierten Simone de Beauvoir keine Spur. Aber genau daraus zieht Schwarzer ihre Stärke: »Ich stamme aus einem Milieu, wo bürgerlicher Anspruch und proletarischer Hungerlohn nicht übereinstimmten. Außerdem bin ich unehelich geboren – was sich im nachhinein für mich jedoch als Glücksfall erwiesen hat. Denn so wurde ich von einem Großvater erzogen, der mich weder auf ›Mädchen‹ noch auf ›Junge‹ drillte, sondern einfach als Mensch groß werden ließ«, sagt sie 1975. Den Großvater wird sie immer wieder liebevoll erwähnen, als die große gütige Instanz in ihrem Leben, und es sieht so aus, als verdanke die Frauenrechtlerin doch einem Mann, nämlich dieser positiven Großvater-Figur einen Großteil ihrer Stärke.

DIE Feministin: Alice Schwarzer, eine Symbolfigur der deutschen Frauenbewegung

Wie alles anfing – bewegte Jahre

Diese Stärke ist es, die sie nach einer kaufmännischen Lehre und ein paar unbedeutenden Jobs in jungen Jahren ins Ausland treibt, nach Paris, wo sie sich als Au-pair durchschlägt, studiert und Journalistin wird. Das entscheidende, ihr Leben bestimmende Ereignis wird sein, als sie Simone de Beauvoir kennenlernt und »Das andere Geschlecht« liest. Das Buch über die Rolle der Frau in einer Männergesellschaft ist zwar schon 1949 erschienen, aber erst jetzt scheint die Zeit dafür reif zu sein. Jetzt, Anfang der Siebzigerjahre, gärt es überall, rebellieren die Studenten gegen autoritäre Strukturen, propagieren die sexuelle Revolution und ziehen lustvoll gegen bigotte Moralvorstellungen der Elterngeneration zu Felde.

Die jungen Frauen rebellieren mit, machen dabei aber die kuriose Erfahrung: Flugblätter werden zwar gemeinsam entworfen, aber sie sind es, die sie tippen. Sie sind es auch, die den Kaffee kochen und das Geschirr spülen. Da beginnt ihnen zu dämmern: 5000 Jahre Patriarchat hat seine Spuren hinterlassen. Auch linke Männer sind Machos, sie denken gar nicht daran, der »Frauenfrage« denselben Rang einzuräumen wie dem Klassenkampf, da dürfen sich Frauen nicht so wichtig nehmen.

Der Kampf gegen den § 218

Doch »die Herrschaft der Schwänze hat ihre Grenze«, befinden die Frauen und machen ihre eigene Politik. Und Alice Schwarzer ist mittendrin, abwechselnd in Frankreich und Deutschland. Eines Tages bringt sie aus Paris eine geniale Kampagne mit, und am 6. Juni 1971 bekennen zwei Dutzend Frauen auf dem Titel des Stern: »Wir haben abgetrieben.« Darunter Prominente wie Romy Schneider und Senta Berger, die damit besonders viel Mut beweisen. Im Heft die Namen von 374 weiteren Frauen, die Schwarzers Aufruf gefolgt sind. Der Kampf gegen den über 100 Jahre alten § 218, der Abtreibung bei Zuchthausstrafe verbietet, wird zum Symbol der neuen Frauenbewegung, seine Abschaffung für Schwarzer zur Voraussetzung für alles andere: »Erst wenn die Frau nicht mehr unter der Demütigung der heimlichen Abtreibung und der lähmenden Angst vor der unerwünschten Mutterschaft leben muss, kann sie den Kopf erheben und weiterblicken.«
Die Aktion ist erfolgreich, das Thema in aller Munde. Berühmt wird Alice Schwarzer aber erst ein paar Jahre später: »Der ›kleine Unterschied‹ und seine großen Folgen« wird ihr Bestseller für die Frauenbewegung, sein Titel ein geflügeltes Wort. Sie lässt darin Frauen über ihre Sexualität und ihre Beziehung zu Männern erzählen und sorgt mit der Darstellung der bürgerlichen Ehe als Ort der Ausbeutung und Unterdrückung der Frau für einen kollektiven Aufschrei in Deutschland.

Von Frauen für Frauen: Alice Schwarzer mit ihrer Frauenzeitschrift »EMMA«

EMMA, die erste Zeitschrift »von Frauen für Frauen«

Alice Schwarzer, nun ständig in Deutschland, wird die bekannteste Feministin und Buhfrau der Nation. Öffentlich beschimpft und als »frustrierte Emanze« geschmäht, beschließt sie, in Köln ihr eigenes Blatt zu gründen. Die erste EMMA erscheint am 26. Januar 1977. Heute, nach mehr als drei Jahrzehnten, gibt es sie immer noch, und auch die Herausgeberin ist noch dieselbe.

In diesen 30 Jahren aber gelingt es Alice Schwarzer gegen alle Widerstände, die Idee der Gleichberechtigung bis in bürgerlichste Kreise hineinzutragen und zum unumstrittenen politischen Ziel zu erheben. Auch wenn das lange noch nicht erreicht ist – sie kämpft weiter und zettelt eine Kampagne nach der anderen an: Die Reform des Ehe- und Familienrechts 1976 – Frauen müssen ihren Ehemann nicht mehr um Erlaubnis fragen, wenn sie arbeiten und damit ökonomisch unabhängig sein wollen – gelingt. Eine Klage gegen die sexistischen Titelbilder des »Stern« 1978 verliert sie, gewinnt aber die Sympathie von Millionen von Frauen. Auch mit ihrer PorNo-Kampagne für ein Verbot der Pornografie scheitert sie 1987, das Thema aber bleibt – ebenso wie ihr Kampf gegen die Zwangsprostitution.

Seit 1979 schreibt Alice Schwarzer auch über den Islam, der zunehmend mit seinem »Männlichkeitswahn« und der Rechtlosigkeit muslimischer Frauen in ihr Blickfeld rückt: Sie prangert das öffentlich getragene Kopftuch als »Flagge der islamistischen Kreuzzügler« und die Frauenverachtung an, die mit den Immigranten zunehmend auch hier die so hart erkämpfte Emanzipation wieder in Frage stellen. Vor allem aber ist es ein Kampf gegen die falsche Toleranz auf deutscher Seite und er wird nicht ihr letzter sein.

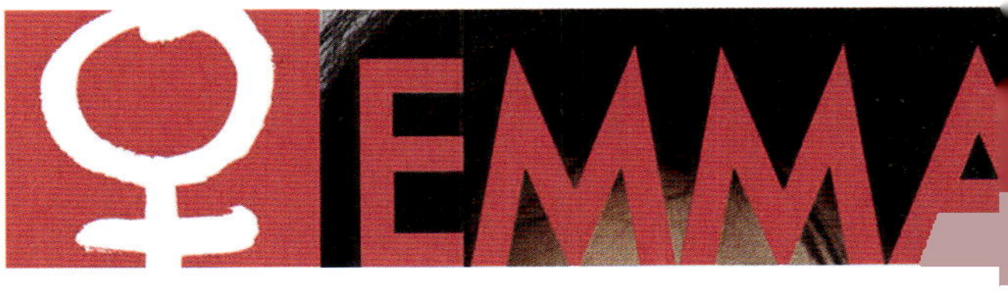

Leben und Werk

- **Geburtsdatum:** 3. Dezember 1942
- **Geburtsort:** Wuppertal-Elberfeld
- **Leben:** Alice Schwarzer hat ihre ganze journalistische und publizistische Arbeit dem Kampf für die Gleichberechtigung der Frauen gewidmet.
- **Werke (Auswahl):** Frauen gegen § 218, 1971. Der »kleine Unterschied« und seine großen Folgen, 1975. So fing es an, 1981. Simone de Beauvoir heute, 1991. Eine tödliche Liebe – Petra Kelly + Gerd Bastian, 1994. Marion Dönhoff - ein widerständiges Leben, 1997). Romy Schneider – Mythos und Leben, 1998. Alice im Männerland, 2002. Die Antwort, 2007

Aung San Suu Kyi

»Furcht ist nicht der natürliche Zustand zivilisierter Menschen.«

»Frieden als Ziel ist ein Ideal, das von keiner Regierung oder Nation, nicht einmal der aggressivsten, angefochten werden kann.« Dennoch steht Aung San Suu Kyi für dieses Ziel in Birma unter Hausarrest.

Nein, Aung San Suu Kyi soll vor den Wahlen 2010 keine Chance erhalten, das politische Geschehen in Birma, das von der Militärregierung in Myanmar umbenannt wurde, zu beeinflussen. Mehrfach wird ihre Gefangenschaft durch die Junta ihres Heimatlandes unter fadenscheinigen Vorwänden verlängert – zuletzt im August 2009 um weitere 18 Monate. Die »Lady«, wie sie von ihren Landsleuten genannt wird, betrachtet sich selbst als rechtmäßige politische Führerin Birmas. Unter ihrer Führung haben die Gegner des Militärregimes bereits 1990 die Wahlen in Birma mit überwältigender Mehrheit gewonnen. Doch das Ergebnis der National League for Democracy (NLD) wurde von der amtierenden diktatorischen Regierung nicht anerkannt. Seitdem kämpft Aung San Suu Kyi für Gerechtigkeit und Freiheit in Birma und ist bereit, dafür große Opfer zu bringen.

Tochter politischer Aktivisten

Das Schicksal der politischen Aktivistin ist Aung San Suu Kyi in die Wiege gelegt geworden. Ihre Mutter, Khin Kyi, ist als Politikerin in Birma sehr aktiv, ihr Vater, Aung San, ist ein birmanischer Nationalheld. Als Birma noch von Großbritannien besetzt ist, kämpft er für die Freiheit des Landes, und fast wäre es ihm gelungen, der erste gewählte Präsident Birmas zu sein. »Als Tochter meines Vaters«, sagt sie später, »fühlte ich, dass es meine Aufgabe war, mich zu engagieren.« Ihren Vater lernt sie allerdings kaum kennen. 1947, als sie gerade einmal zwei Jahre alt ist, wird Aung San ermordet. Seine Ideale aber begleiten seine Tochter ihr Leben lang. Im Alter von 15 Jahre verlässt Aung San Suu Kyi mit ihrer Mutter die Heimat. In Dehli, wo sie Indira Ghandi kennenlernt, schließt sie die Highschool ab, während ihre Mutter als birmanische Botschafterin arbeitet. Dann zieht es sie nach England. In Oxford studiert Aung San Suu Kyi Politik, Wirtschaft und Philosophie. Nach ihrem Abschluss arbeitet sie in New York für das UN-Sekretariat. 1972 ehelicht sie den Briten Micheal Aris und geht mit ihm eine Zeit lang nach Bhutan, wo er als Privatlehrer der königlichen Familie arbeitet. Sie selbst wird Beraterin des bhutanischen Außenministers. Ihre beiden Söhne werden in England geboren.

Während dieser Zeit beschäftigt sie sich auch eingehend mit der neueren Geschichte Birmas und insbesondere der Rolle ihres Vaters darin. Das Ergebnis ihrer Recherchen veröffentlicht sie in einem Buch über Aung San und zwei weiteren Werken, die das Land Birma selbst zum Thema haben, darunter auch ein Buch für Jugendliche. Als ihre Mutter, die inzwischen in die Heimat zurückgekehrt ist, erkrankt und sich wünscht, ihre Tochter bei sich zu haben, kehrt Aung San Suu Kyi 1988 nach langer Zeit in ihre Heimat zurück. Eher zufällig wird sie dort in Aufstände verwickelt, die sich gegen den Diktator Ne Win richten. Ne Win selbst kann zwar gestürzt werden, doch an seine Stelle tritt sofort eine neue Militärdiktatur, die hart gegen die Rebellen durchgreift. Trotzdem engagiert sich Aung San Suu Kyi für die Aufständischen.

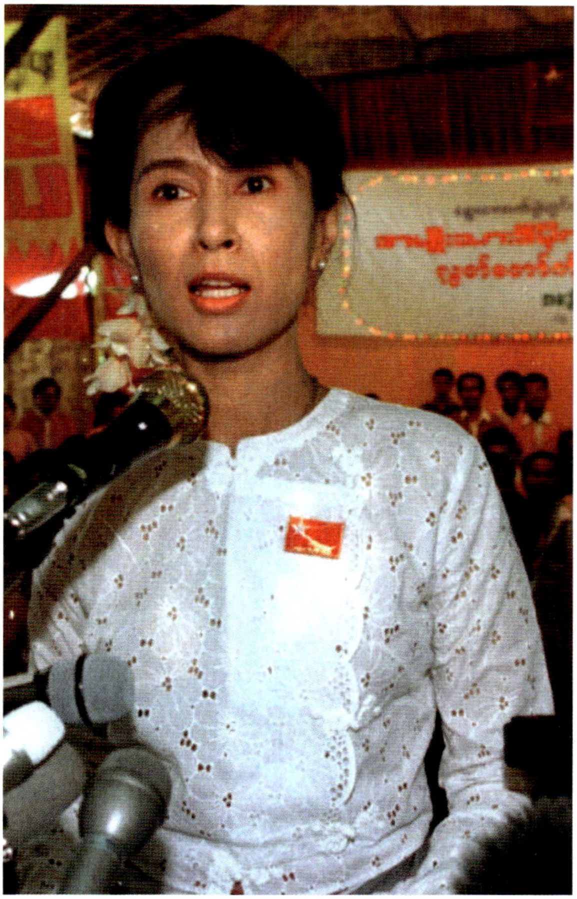

Mutig und unerschrocken gegen die Diktatur der Generäle: Aung San Suu Kyi eröffnet am 26. Mai 1996 den Parteikongress der Nationalen Liga für Demokratie auf dem Grundstück ihres Hauses in Rangun.

Juni 2009: Ein birmanischer Junge neben einem Herz aus Kerzen mit einem Foto Aung San Suu Kyis

Wann, wenn nicht jetzt?

Wann, wenn nicht jetzt, ist der Zeitpunkt zum Handeln gekommen? Für sie ist klar: »Der Prozess der Demokratie gewährleistet politische und soziale Veränderungen ohne Gewalt.« Vor der Shwedagon-Pagode, dem Wahrzeichen Birmas, hält sie eine flammende Rede, die die Gegner der Diktatur aufrüttelt. Viele schließen sich der Tochter des berühmten Freiheitskämpfers Aung San an, vor allem Studenten kämpfen für eine demokratische Regierung. Aus den Demonstrationen entsteht die NLD mit Aung San Suu Kyi als Parteivorsitzender. Doch die Junta verbietet alle demokratischen Bewegungen und die »Lady« kommt das erste Mal unter strengen Hausarrest. Niemand darf sie besuchen, nicht einmal ihr Mann und ihre Kinder. Dennoch hört sie nicht auf zu kämpfen. Um das Versprechen zu erwirken, dass den Studenten, die gemeinsam mit ihr verhaftet wurden, keine Gewalt angetan wird, tritt sie in den Hungerstreik. Die Junta rechnet nicht damit, dass die NLD bei den darauffolgenden Wahlen 1990 Aussicht auf einen Sieg haben. Als sich das Volk dennoch deutlich für die Opposition entscheidet, wird die Wahl nicht anerkannt und die Militärdiktatur bleibt trotz allem bestehen.

Ein hoher Preis

Für ihre gewaltlosen Bemühungen um Freiheit und Frieden erhält Aung San Suu Kyi 1991 den Friedensnobelpreis. Ihre Söhne müssen ihn für sie entgegennehmen, denn sie ist sich sicher, dass ihr, wenn sie einmal aus Birma ausreist, die

Aung San Suu Kyi eröffnet zusammen mit der damaligen amerikanischen Außenministerin Madeleine Albright 1995 die Weltfrauenkonferenz.

Rückkehr nicht erlaubt sein wird. Lieber lebt sie in ihrer Heimat in Gefangenschaft, als das Land, das sie liebt, ganz zu verlassen. »Das einzig wahre Gefängnis ist Furcht«, sagt sie, »und die einzig wahre Freiheit ist Freiheit von Furcht.« Unerschrocken gibt sie der Regierung, so gut es ihre Situation erlaubt, Kontra. 1995 wird ihr Hausarrest nach sechs Jahren aufgehoben, dennoch wird sie nach wie vor streng bewacht. Um weiterhin in Birma kämpfen zu können, schlägt sie sogar das Angebot aus auszureisen, um ihren krebskranken Ehemann noch ein letztes Mal zu sehen.

Im Jahr 2000 führt die Regierung Gespräche mit Aung San Suu Kyi, dennoch wird sie erneut für zwei Jahre unter Hausarrest gestellt. Kaum ein Jahr nach Auslaufen ihrer Freiheitsstrafe wird sie erneut festgenommen und eingesperrt. Das birmanische Regime versucht, sie in ihren Möglichkeiten einzuschränken. In der nationalen Presse wird gegen Aung San Suu Kyi Propaganda gemacht, eine »Giftschlange« wird sie genannt. Doch für die Bevölkerung Birmas ist sie längst eine Heldin.

In der westlichen Welt wird Aung San Suu Kyi ebenfalls als Friedensstifterin und unbeugsame Kämpferin für Menschenrechte gefeiert.

Der neu gegen sie aufgenommene Prozess wird außerhalb Birmas als Farce bezeichnet. Aber Aung San Suu Kyi wird weiterkämpfen und sich vom Militärregime Birmas nicht daran hindern lassen. »Der Kampf um Demokratie und Menschenrechte in Birma«, sagte sie, »ist ein Kampf um Leben und Würde.«

Leben und Werk

- **Geburtsdatum:** 19. Juni 1945
- **Geburtsort:** Rangun, Birma
- **Leben:** Tochter des verehrten birmanischen Nationalhelden Aung San. Sie kämpft gegen die Militärdiktatur in Birma und setzt sich für Demokratie und Menschenrechte ein. Von der birmanischen Regierung wird sie dafür immer wieder verhaftet oder unter Hausarrest gestellt. 1991 erhält sie für ihre Bemühungen den Friedensnobelpreis.
- **Werke (Auswahl):** Freedom from Fear and Other Writings, 1995. Letters from Burma, 1997

2001 beten Aktivisten in Bangkok bei einer öffentlichen Aktion für Aung San Suu Kyi.

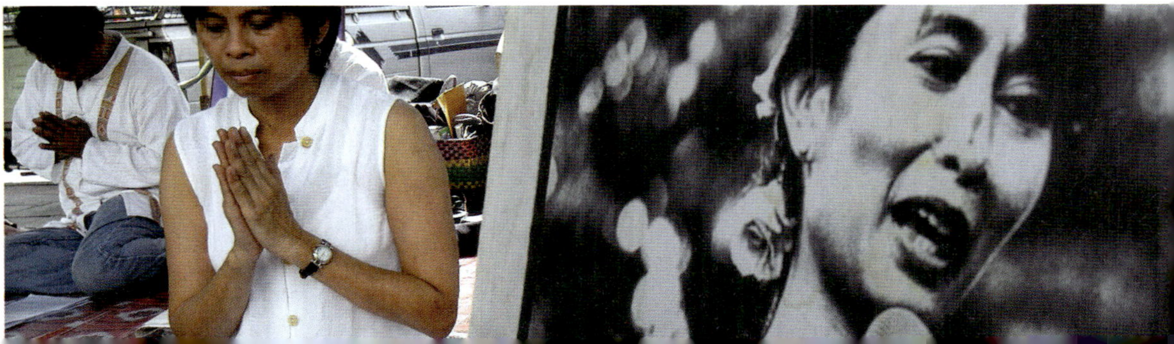

Monika Hauser

»Ich möchte Alternativen schaffen in einer Welt, in der Männer Kriege entfachen, Milliarden versenken und mit dem Leben von Frauen und Kindern spielen.«

Wenn man von Monika Hauser erzählen will, muss man zunächst vom Krieg sprechen.

Es ist ein blutiger Krieg auf dem Balkan, der im letzten Jahrzehnt des letzten Jahrhunderts zeigt, dass die Welt auch nach dem Fall des Eisernen Vorhangs keine friedlichere sein würde als zuvor.

Dort, im zerfallenden Jugoslawien mit seinem Völkergemisch, fühlt sich ein größenwahnsinniger Nationalist, Slobodan Milosevic, berufen, den alten Traum von Großserbien zu verwirklichen. Für alle, die nicht serbisch sind und dieser Idee im Weg stehen, wird es die Hölle: Zigtausende Jungen und Männer werden gefoltert, getötet oder deportiert, zigtausende Mädchen und Frauen, zumeist Musliminnen, vergewaltigt. Gräueltaten, für die Namen wie Vukovar, Srebrenica und die vieler anderer Dörfer des Kosovo stehen.

Vergewaltigung als Kriegsstrategie

Dass die Medien im September 1992, ein Jahr nach Kriegsbeginn, auch über diese Vergewaltigungen berichten, ist neu. So etwas zählte bisher gar nicht, galt als Naturgesetz: Im Krieg wird eben vergewaltigt – aus.

Was ist nun anders? Vielleicht, dass diesmal Frauen hinschauen und erkennen: Die Vergewaltigungen sind Teil der Kriegsstrategie. Sie geschehen massenhaft und systematisch, ihr »Zweck« hat nichts mit Sexualität zu tun. Die ist nur das Vehikel, die Art Gewalt, die eine Frau nicht tötet, sondern so demütigt, dass sie sich davon nicht mehr erholt. Vor allem, wenn sie Muslimin ist. Dann kommt zum Schock die »Schande« und die Verstoßung durch den Ehemann, die Familie. Vergewaltigt, geächtet, ausgestoßen – das sind die drei Kreise der weiblichen Hölle in Bosnien und später im Kosovo.

Doch auch damit ist die serbische Kriegsstrategie noch nicht erschöpft. Milosevic und seine Männer verfolgen ein noch infameres Ziel: Sie wollen die vergewaltigten Frauen zwingen, kleine Serben zu gebären – im Dienst des großserbischen Gedankens. Und nennen dies zynisch »ethnische Säuberung« – die »saubere« Alternative zum Völkermord.

Will Krieg und Gewalt nicht tatenlos akzeptieren: Monika Hauser

Vor allem Frauen in den Medien berichten

Die Welt erfährt davon zuallererst durch die Frauenzeitschrift »EMMA«, die Filmemacherin Helke Sander und das ZDF-Frauenmagazin ML-Mona Lisa. Am 15. November 1992 erzählen Bosnierinnen in einem Zagreber Flüchtlingslager der ML-Reporterin, was ihnen serbische Soldaten antun. Drei Millionen sehen zu und spenden sofort eine Million Mark. Zwei Wochen später zieht der »Stern« nach. Die Öffentlichkeit ist schockiert.

Eine junge Frau aber ändert ihr ganzes Leben: die Ärztin Monika Hauser. Nach den Berichten sei etwas in ihr aufgebrochen, sagt sie. »Von einer Woche auf die andere hab ich alles mobilisiert.«

»Alles« ist wörtlich zu nehmen. Sie hat gerade ihre Klinik-Stelle aufgegeben, um sich im Ausland zu bewerben. Jetzt weiß sie, wohin sie gehen wird: zu den traumatisierten Frauen mitten ins bosnische Kriegsgebiet. Denn dorthin, wo gekämpft wird, gelangt bisher keine Hilfe. Und sie sucht Verbündete. Die großen Hilfsorganisationen winken ab, halten sie für verrückt. Also macht sie es allein.

Mit Berufsausbildungen (oben) und Alphabetisierungskursen hilft Medica Mondiale Frauen, sich im Leben selbst zu behaupten.

Die bosnische Stadt Zenica ist voller Flüchtlinge, zwei Drittel davon Frauen. Dort will sie hin und aufbauen, was ihr vorschwebt: ein Therapiezentrum für vergewaltigte Frauen.

Der Anfang von Medica Mondiale

Aber wie geht so etwas? Wer Monika Hauser einmal zugehört hat, spürt ihr inneres Brennen, wenn sie ihre neue Lebensaufgabe beschreibt: »Ich möchte als Gynäkologin Frauen unterstützen, die sexualisierte Gewalt erlebt haben, und mich mit ihnen solidarisch zeigen.« Damit überzeugt sie Freunde, Journalistinnen, ihren Lebensgefährten und – die richtigen Geldgeber. Die Arbeiterwohlfahrt, die auch die Spenden von Mona Lisa verwaltet, stattet Hauser schließlich mit 250000 Mark Startkapital aus. Auf das Geld der Caritas verzichtet sie, weil die katholische Kirche es ablehnt, dass vergewaltigten Frauen auch mit Abtreibung geholfen werden soll.

Mit einem Lastwagen voller Nahrungsmittel, Medikamente, Gynäkologie-Stühle, OP-Ausrüstungen, Sanitärartikel, Computer und Büromöbel macht sich Hauser im März 1993 auf den lebensgefährlichen Weg ins von ringsum beschossene Zenica. Dort sucht sie sich ein Team von zwanzig Fachfrauen zusammen, Ärztinnen, Psychologinnen, Krankenschwestern, eine Köchin – dann geht die Arbeit los, in einem umgebauten Kindergarten. *Medica 1* entsteht. *Medica 2* und *3* folgen im selben Jahr.

Doch das Schwierigste kommt erst – die muslimischen Frauen, die im Schweigen über das, was sie gesehen und erlebt haben, zu erstarren drohen, zum Reden zu bringen. Allein das Wort Vergewaltigung ist schon tabu. Das zu brechen, das Unsagbare zu sagen, das Verbrechen zu benennen – damit beginnt der Kampf gegen die zerstörerische Kraft von Wort und Tat. Überall habe sie das Tabu-Wort ausgesprochen, erzählt Hauser: »Wir haben es von Anfang an entstigmatisiert.« Denn erst dann können die Wunden heilen.

Persönliche Krise und Neubeginn

Wie aber hält die junge Frau es aus, tagaus, tagein die entsetzlichsten Geschichten anzuhören? Manchmal sitzt sie ja noch in der Nacht bei einem schreienden jungen Mädchen, das aus einem Vergewaltigungslager der Serben kommt. Sitzt und hält das Mädchen fest, das nicht nur mehrfach vergewaltigt worden ist, sondern auch seine kleine Schwester im Lager verloren hat.

Monika bricht, durch die körperlichen und seelischen Strapazen vollkommen erschöpft, zusammen. Sie klinkt sich nach einem Jahr im Krieg aus, beendet in Köln ihre Facharztausbildung, sammelt weiter Geld und Unterstützung für *Medica Mondiale* und lernt, ihre Erfahrungen zu verarbeiten. Die Teams in Bosnien funktionieren jetzt ohne sie. 1996 kommt Sohn Luca auf die Welt. Doch bald wütet der Krieg im Kosovo. Ihr Mann nimmt vier Jahre unbezahlten Urlaub, bleibt bei Luca. Sie bricht 1998 auf, um auch dort ein Medica-Team einzurichten, das – wie in Bosnien – neben der Hilfe penibel dokumentiert, was den Frauen geschehen ist; für das Kriegsverbrechertribunal in Den Haag.

Im neuen Jahrtausend erweitert sich der Radius, kommen Afghanistan und Afrika hinzu. Aber das Thema Vergewaltigung als Kriegstrauma ist auch in Deutschland noch virulent: 2005 startet Monika Hauser eine Kampagne über das

Alternativer Nobelpreis für die Arbeit mit »Medica Mondiale«: Monika Hauser

Schicksal deutscher Frauen im Zweiten Weltkrieg – für viele nach 60 Jahren die erste Chance, darüber zu sprechen.

Monika Hauser erhält viele Auszeichnungen. Die höchste ist der Alternative Nobelpreis 2008, den sie als Anerkennung für alle 150 *Medica-Mondiale*-Mitarbeiterinnen sieht. Im selben Jahr erkennt der UN-Sicherheitsrat sexuelle Gewalt als Kriegstaktik und vergewaltigte Frauen als Kriegsopfer an – ein großer politischer Erfolg für Monika Hauser.

Leben und Werk

- **Geburtsdatum:** 24. Mai 1959
- **Geburtsort:** Thal (Schweiz) als Tochter Südtiroler Eltern.
- **Leben:** Die Frauenärztin Monika Hauser gründet ihr internationales Frauenhilfsprojekt Medica Mondiale, das sich um Frauen in Kriegsgebieten kümmert, die durch sexuelle Gewalt traumatisert sind. Sie hilft, das gesellschaftliche Tabu aufzubrechen und zu überwinden.

Necla Kelek

»Ich trete für die Menschen ein, die klar für sich sagen, ich will in Deutschland leben. Die sagen, ich bin zwar Türke oder Muslim, aber ich möchte über mein Leben selbst bestimmen. Vor allem Frauen möchte ich einen Weg aufzeigen.«

Was passiert mit einem zehnjährigen Kind, das aus seiner vertrauten Umgebung gerissen wird und in die Fremde gerät? In eine andere Kultur, eine andere Sprache, eine andere Religion?

Es ist ja kein Einzelschicksal, das die aus der Türkei stammende Tscherkessin Necla Kelek im Jahr 1966 aus Istanbul in eine norddeutsche Kleinstadt versetzt. Nein, es sind Millionen von Menschen, die es im Laufe der zweiten Hälfte des 20. Jahrhunderts in die Bundesrepublik verschlägt. Weil die deutsche Wirtschaft sie braucht und weil sie sich hier ein besseres Auskommen erhoffen.

Die ersten »Gastarbeiter

Man nennt sie »Gastarbeiter« – und darin steckt der Irrtum. Vorübergehende Anwesenheit. Nicht nur die Deutschen denken das, auch die Ausländer. Dann bleiben sie doch länger als gedacht, viele für immer. Doch niemand kümmert sich darum, ob auch die Frauen der türkischen Arbeiter Deutsch lernen und ob sich ihre Kinder mit deutschen Kindern anfreunden. So bleiben sie fremd, bleiben unter sich. Soweit es eben geht.

Die Schule aber ist deutsch und die kleine Necla freut sich aufs Lernen. Und weil sie ein helles Mädchen ist, wird sie schnell zur türkischen Vorzeigeschülerin. Bis die Pubertät einsetzt und ihr gesagt wird: Du bist eine Türkin und darum gelten für dich die Regeln der alten Heimat. Nicht die der liberalen Großstadt Istanbul, wo sie aufgewachsen ist, sondern die Anatoliens, dem ihre Eltern wie die meisten der türkischen Einwanderer entstammen.

In ihrer Autobiografie »Die fremde Braut« erinnert sich Necla Kelek, wie sie beim Einkaufen plötzlich von türkischen Männern mit Blicken abgestraft wird, weil sie nach deren Ansicht »in der Öffentlichkeit nichts mehr zu suchen« hat. Während die Brüder machen, was sie wollen, verschwindet Necla in ein »Leben hinter dem Fenster«: Sie darf nicht mehr am Sport- und Schwimmunterricht teilnehmen, keine deutschen Freundinnen haben und soll vor allem früh verheiratet werden – wie die türkischen Mädchen um sie herum, die nach dem Urlaub in der Heimat plötzlich nicht mehr nach Deutschland zurückkommen.

Zeigt Frauen den Weg zur Selbstbestimmung, auch im Islam: Necla Kelek

Die alten Regeln sind den »Deutschländern« eisernes Gesetz. Doch Necla registriert noch etwas: Ihre Lehrer auf dem Gymnasium interessiert es gar nicht, dass sie, die Vorzeigetürkin, nun immer schlechter wird. Dass sie nicht schwimmen lernen darf wie die anderen, dass sich ihre Eltern nie in der Schule blicken lassen – all das wird einfach hingenommen.

Da läuft etwas gründlich falsch. Was, wird die spätere Migrationsforscherin Kelek als Folgen einer fehlenden Integrationspolitik erklären, die bewirkt, dass »aus den Gastarbeitern Türken und aus den Türken Muslime« werden. Muslime, die Deutschland, das Land der »Ungläubigen«, auch noch nach Jahrzehnten ablehnen – mit fatalen Folgen vor allem für die Mädchen und Frauen. Denn mit der westlichen Kultur wird auch ihr Fundament, die Demokratie, negiert. Und damit auch die Menschenrechte, die bekanntlich für Männer und Frauen gelten: das Prinzip, dass jeder Mensch – unabhängig von Geschlecht, Herkunft und Religion – gleich viel wert ist.

Islam und Demokratie

Es ist dieses Thema, das uns heute in Deutschland mehr denn je beschäftigt, und es ist das Lebensthema der Necla Kelek. Sie jedenfalls sieht früh, was man in Deutschland lange nicht sehen will: den engen Zusammenhang zwischen der Unterdrückung der Frauen und der Verachtung für die Demokratie. Begründet in der Religion, im Islam: »Die Muslime glauben, der Koran kommt von Gott und steht über den Gesetzen der Menschen«, sagt Kelek. Deshalb akzeptieren viele von ihnen unsere Gesetze nicht als letzte Instanz, sondern nur soweit sie der Scharia, der islamischen Vorstellung von Recht und Gesetz, nicht widersprechen.

Demokratie hingegen beruht ja gerade auf der Trennung von Politik und Religion – eine Errungenschaft der Aufklärung. Jeder kann glauben, was er will, aber keiner darf sich anmaßen, allein im Besitz der Wahrheit zu sein. Und: Recht und Gesetz gelten für alle gleichermaßen, gläubig oder ungläubig, Mann oder Frau.

Necla Kelek erkennt in dieser Demokratie ihre Chance: die Chance einer Freiheit, die für sie eigentlich nicht vorgesehen ist. Woher aber stammt ihr Freiheitsdrang? Woher die Kraft, gegen die so mächtigen Traditionen anzukämpfen?

Die Freiheit ist nicht für uns gemacht

Vielleicht wird ein Satz der Mutter ihr Schlüsselerlebnis, die einmal auf die Frage, wann sie, Necla, endlich für sich selber entscheiden könne, antwortet: »Die Freiheit ist nicht für uns gemacht.« Der Satz verstört sie, obwohl sie es ja erlebt: Vater und Brüder kommen und gehen, wie es ihnen gefällt, Mutter und Töchter aber warten und dienen schweigend, immer in Furcht vor dem Zorn des Herrn. »Effendi« – mein Herr – spricht ihn die Mutter auch noch nach 30 Jahren Ehe an. Vielleicht ist der entscheidende Moment aber auch der, als ihr Vater die Kinderzimmertür mit einem Beil einschlägt, als Necla es erstmals wagt, sich einzuschließen – da ist sie 17 und fast schon erwachsen.

Necla Kelek sieht Kopftuch und Schleierzwang als Ausdruck von Macht und Herrschaft.

Von Münchens Oberbürgermeister Ude erhält Necla Kelek den Geschwister-Scholl-Preis.

In diesem Moment versteht sie, dass sich Frausein und Freisein im Islam ausschließen. Und dass ihr Weg ein anderer sein wird. Sie holt das Abitur nach, studiert und promoviert über den »Islam im Alltag«. Und lernt, »neue Fragen zu stellen«. Zum Beispiel, warum die islamische Gesellschaft »es dem weiblichen Geschlecht verweigert, für sich selbst zu sein«. Warum man Frauen immer versteckt. Warum die »Familienehre« von Jungfräulichkeit abhängt und warum die Verteidigung dieser »Ehre« manchmal bis zum Mord geht. Warum man Frauen überhaupt vor Männern beschützen muss und Männer vor Frauen. Warum Kopftuch und Schleierzwang nichts mit Religion oder dem Koran zu tun haben, aber viel mit Macht und Herrschsucht. Warum blutjunge Importbräute aus der Türkei bei Männern so gefragt und Schwiegermütter so mächtig sind. Warum es auch in einer Demokratie wie Deutschland Sklaverei, Zwangsehen und Vielweiberei gibt und warum viele Deutsche das dulden. Warum sie lieber ihr Grundgesetz verraten, als solche »kulturellen Eigenheiten« von Einwanderern anzuprangern.

Es gibt weltweit Musliminnen, die laut und mutig auf die Unterdrückung der Frauen hinweisen. Necla Kelek ist die prominenteste Vorkämpferin in Deutschland, wo sie zum Beispiel in der Islamkonferenz der Bundesregierung dem aufgeklärten und demokratischen Islam eine Stimme verleiht.

Leben und Werk

- **Geburtsdatum:** 1. Januar 1957
- **Geburtsort:** Istanbul
- **Leben:** Die Soziologin kämpft gegen islamische Parallelgesellschaften und für die Integration der Muslime in Deutschland, vor allem für die Rechte der Frauen.
- **Werke:** Islam im Alltag, 2002. Die fremde Braut, 2005. Die verlorenen Söhne, 2006. Bittersüße Heimat, 2008

Rigoberta Menchú

»Meine Worte sind meine Waffen.«

»Ich heiße Rigoberta Menchú. (...) Meine Lebensgeschichte soll lebendiges Zeugnis ablegen vom Schicksal meines Volkes. Es ist keine Geschichte aus Büchern, sondern gemeinsam mit meinem Volk gelebte Geschichte...«

Die Autobiographie der bisher jüngsten Friedensnobelpreisträgerin, Rigoberta Menchú Tum, wird in ihrem Heimatland Guatemala verboten. Ihre Erinnerungen sorgen im Rest der Welt für großes Aufsehen. Rigoberta Menchú kämpft gegen das menschenrechtsverachtende Militärregime ihres Landes, sie setzt sich für die Rechte der guatemaltekischen Eingeborenen ein, denn sie ist eine von ihnen.

Grausame Unterdrückung der Maya

Als Angehörige der Quiché-Maya erfährt sie die grausame Unterdrückung und Diskriminierung der Eingeborenen, die harte Arbeit, die Armut und den Hunger am eigenen Leib. Im Alter von acht Jahren muss sie bereits auf den Plantagen der Großgrundbesitzer arbeiten, und das 15 Stunden am Tag! Nie besucht sie eine Schule, erst im Alter von 23 Jahren lernt sie lesen und schreiben. Rigoberta muss miterleben, wie einer ihrer Brüder verhungert und ein anderer an Vergiftung stirbt, weil Plantagenbesitzer von einem Flugzeug Pestizide auf den Feldern verteilen, während die Indios dort arbeiten. Die junge Rigoberta Menchú arbeitet als Dienstmädchen. Sie tritt zum katholischen Glauben über und vergisst darüber doch nie ihre Herkunft. Der Kultur der Maya bleibt sie treu.

Die unerträglichen Zustände unter den

Arbeitern und der Landbevölkerung lassen eine Widerstandsbewegung entstehen, das »Comité de Unidad Campesina« (»Komitee für die Einheit der Bauern«). Rigobertas Vater, Vicente Menchú, ist einer der Anführer. Er leistet Widerstand, um eine Verbesserung der Lebensbedingungen für die Eingeborenen zu erreichen. Ein Jahr nach Gründung der Organisation tritt auch Rigoberta Menchú bei. Ihre Familie gerät ins Visier des Militärs. Bei einer öffentlichen Bestrafung von Indios muss die Familie mit ansehen, wie Rigobertas 16-jähriger Bruder Petrocina gefoltert und anschließend bei lebendigem Leib verbrannt wird. Als ihr Vater mit anderen Mitgliedern der CUC friedlich die spanische Botschaft in der Landeshauptstadt besetzt, wird diese vom Militär in Brand gesetzt. Vicente Menchú kommt im Feuer um. Nur wenige Monate später wird die Mutter Rigoberta Menchús entführt, vergewaltigt und ermordet.

Nach dem Tod ihrer Angehörigen engagiert sich Rigoberta Menchú zunehmend im CUC und organisiert Demonstrationen gegen die Militärdiktatur Guatemalas.

Auch wenn sie kurzzeitig überlegt, eine Waffe in die Hand zu nehmen und der Guerilla beizutreten, bleiben ihre Aktionen stets gewaltfrei. »Ich denke«, sagt sie, »dass Gewaltlosigkeit eine Art ist zu sagen, dass es auch andere Wege gibt, das Problem zu lösen, nicht nur durch Waffen und Krieg. Gewaltlosigkeit bedeutet auch anzuerkennen, dass die Person auf der einen Seite des Grabens und die Person auf der anderen Seite des Grabens beides Menschen mit den gleichen Fähigkeiten sind. Irgendwann müssen sie beginnen, sich zu verstehen.«

Vom Analphabetismus bis zum Nobelpreis: Rigoberta Menchú, Kämpferin gegen die Diktatur

Der Kampf aus dem Exil

1981 flieht sie nach Mexiko. Wie es bei den Eingeborenen üblich ist, hat sie bisher nur den Dialekt ihres eigenen Volkes gesprochen. Um aber mehr bewirken zu können, muss sie eine Sprache sprechen, damit sie national und international verstanden wird. Rigoberta Menchú bringt sich selbst Spanisch bei. Nun arbeitet sie aus dem Exil weiter, kämpft von dort aus für die Rechte der Indios und gegen die Militärdiktatur Guatemalas.

Doch sie weiß, dass sie alleine nicht viel ausrichten kann. »Eine Person ändert nichts«, sagt sie. »Es sind viele, die an der Entwicklung ihrer Völker arbeiten.« Und so gründet sie die »Vereinigte Vertretung der Guatemaltekischen Opposition«, die sich für Menschenrechte starkmacht, die im mühevollen Friedensprozess mit der Regierung von der UNO unterstützt wird. In Mexiko entsteht auch ihre Autobiographie »Ich, Rigoberta Menchú«. »Wir brauchen keine Ratschläge, keine Theorien, keine Bücher«, heißt es darin, »denn das Leben selbst ist unser Lehrer.«

Guatemala, 2005: Ein achtjähriger Junge hilft seinem Vater, einem Landarbeiter, bei der Zuckerrohrernte. Ribogerta Menchú erlebt 40 Jahre zuvor dasselbe.

Auch wenn manche an der Wahrheit einiger Passagen zweifeln, so bleibt es ein sehr einflussreiches Werk. Ein Buch, das die Verbrechen anklagt, die – von der Regierung gebilligt – den Eingeborenen angetan wurden.

1986 wird das Militärregime in Guatemala endlich von einer demokratisch gewählten Regierung abgelöst. Doch denen, die Verbrechen an den Indios begangen haben, wird vollkommene Amnestie gewährt. Die Untaten werden nicht geahndet, die Situation der Eingeborenen verbessert sich kaum. Zwei Jahre später wagt es Rigoberta Menchú, ihr Land zu besuchen, obwohl sie dort noch immer nicht willkommen ist. Aber »zu den glücklichsten Augenblicken, die ein Menschenherz erleben kann«, sagt sie, »gehört der Moment, in dem man in sein Land zurückkehrt«. Durch das kulturelle Erbe der Maya ist sie stark mit der Natur verbunden und liebt ihr Land

Anerkennung für mutige Arbeit: Verleihung des Friedensnobelpreises am 10. Dezember 1992

trotz der Grausamkeiten und Ungerechtigkeiten, die dort geschehen.

Der Friedensnobelpreis

1990 erhält sie den UNESCO-Preis für Friedenserziehung; dem folgt nur zwei Jahre später der Friedensnobelpreis »in Anerkennung ihrer Arbeit für soziale Gerechtigkeit und ethno-kulturellen Ausgleich, basierend auf dem Respekt für die Rechte indigener Völker«. Mit dem Preisgeld gründet sie eine Stiftung für Menschenrechte, die den Namen ihres Vaters trägt. Während das guatemaltekische Volk Rigoberta Menchú feiert, agiert die Regierung ihr gegenüber sehr zurückhaltend. Als sie 1999 versucht, drei guatemaltekische Generäle aufgrund ihrer begangenen Verbrechen vor dem Nationalen Gerichtshof in Spanien anzuklagen, wird sie umgehend des Hochverrats beschuldigt.

Noch immer kann die guatemaltekische Regierung die Verbrechen an den Indios nicht aufarbeiten, Rigoberta Menchús Arbeit wird nicht anerkannt, sondern stattdessen als feindlich betrachtet. International aber würdigt man ihren Mut und ihr Engagement. Sie wird zur UNESCO-Botschafterin ernannt und zur Vorsitzenden der Eingeborenen-Initiative für den Frieden. Doch als sie 2007 für die guatemaltekische Präsidentschaft kandidiert, erhält sie nur entäuschende 3% der Stimmen. Ein deutliches Anzeichen dafür, dass es zu den Zielen Rigoberta Menchús noch ein langer Weg ist. Und auch ein Beweis für ihre Überzeugung: »Niemand macht Geschichte allein.«

Leben und Werk

- **Geburtsdatum:** 9. Januar 1959
- **Geburtsort:** Chimel, Guatemala
- **Leben:** Eingeborene Guatemaltekin, die für die Menschen- und Bürgerrechte der Indios eintritt. Sie erfährt selbst das Leid der indianischen Arbeiter. Als sie gewaltlosen Widerstand leistet, muss sie nach Mexiko fliehen. Auch im Exil kämpft sie gegen die guatemaltekische Regierung. Sie ist bis heute die jüngste Trägerin des Friedensnobelpreises.
- **Werke:** Rigoberta Menchú. Leben in Guatemala, 1984. Enkelin der Maya, 1999

Angela Merkel

»Nein, ich habe im engen Sinne keine politischen Vorbilder. Ich gehe meinen eigenen Weg. Ich bin ich.«

Es ist fast schon ein Klischee: Frauen müssen, um etwas zu erreichen, Männer übertreffen.

Ihr müsst besser sein als die anderen,« hämmert auch die Mutter von Angela Merkel ihren drei Kindern ein – nur hat das nichts damit zu tun, dass Angela, ihre Älteste, ein Mädchen ist. Nein, die Kinder des evangelischen Pfarrers Kasner müssen deshalb besser sein als die anderen, weil sie als aktive Christen in der DDR einen schweren Stand haben. »Wir sind immer die Außenseiter gewesen«, sagt Angela Merkel rückblickend, und das beginnt schon mit ihrer Geburt 1954 in Hamburg.

Denn während die Menschen in diesen Jahren aus der sogenannten Ostzone nach Westen strömen, geht Familie Kasner den umgekehrten Weg, von Hamburg nach Quitzow, später nach Templin in die künftige DDR. Aber nicht, weil sie das sozialistische System vorzieht, sondern weil es in Brandenburg an Pfarrern mangelt: »Man wollte dahin gehen, wo man gebraucht wurde.« In ihrer Stasi-Akte wird sie später lesen: »Kasner kam 1954 aus Hamburg/Westdeutschland und ist ein Gegner unseres Arbeiter- und Bauernstaats.«

Geborgenheit und kritische Distanz

Vielleicht ist sogar genau das – die Außenseiterposition – bei einem überdurchschnittlich intelligenten Mädchen, das wie Angela Merkel an Russisch- und

Mathematik-Olympiaden teilnimmt, die Voraussetzung für ihre außergewöhnliche Laufbahn. Sie ist immer die Beste, Sprachgenie, Mathematik-Ass. Abitur mit 1,0. Das macht selbstbewusst. Außenseiter mit solchen Fähigkeiten beobachten und analysieren ihre Umwelt schärfer als solche, die mit dem Strom schwimmen. Und wahrscheinlich immunisiert sie ihr Anderssein auch besser gegen Kritik. Zumindest wenn das Elternhaus dem Kind Halt gibt und ihm feste Werte wie Anstand, Moral, Glauben und den Willen, etwas zu leisten, einpflanzt. Die Geborgenheit des evangelischen Pfarrhauses und die kritische Distanz zum Staat DDR prägen den Lebensweg der Angela Merkel.

Das macht es ihr später, im Jubiläumsjahr 2009, leicht, gelassen auf die komplizierte deutsche Geschichte der letzten 60 Jahre zurückzublicken. Auch wenn ihr manche vorwerfen, dass sie in den DDR-Jugendorganisationen, bei den Pionieren und der Freien deutschen Jugend, mitgemacht hat, sogar »FDJ-Sekretärin für Agitation und Propaganda« war. Das sei ihr »Schutzprogramm« gewesen, wird sie jedoch erklären und feststellen, wie schwer es für Westdeutsche ist, »aktive Mitgestaltung am sozialistischen System von notwendiger Anpassung« zu unterscheiden. Dass sie Widerstand geleistet hätte, behauptet sie ja nicht. Schließlich will Angela Kasner Physik studieren und erfolgreiche Naturwissenschaftlerin werden: »Grundrechenarten und Naturgesetze konnte selbst die DDR nicht außer Kraft setzen. Zwei mal zwei musste auch unter Honecker vier bleiben.«

Souverän und machtbewusst bis an die Spitze vorgekämpft: Angela Merkel

Mauerfall und Entdeckung der Politik

Da denkt sie natürlich noch nicht an Politik – so wenig wie an die Möglichkeit eines wiedervereinten Deutschlands. Doch scheint das klare analytische Denken eine gute Voraussetzung für die Politik zu sein. Jedenfalls weiß Angela Merkel sofort, was sie will, als die Mauer gefallen ist. Drei Wochen nach der friedlichen Revolution, an der sie nicht teilhat, beginnt

sie, sich im Demokratischen Aufbruch zu engagieren – für die Wiedervereinigung und gegen eine demokratische Erneuerung der DDR: »Ich wollte in den Bundestag. Ich wollte eine schnelle deutsche Einheit. Und ich wollte die Marktwirtschaft.«

Ihr politisches Talent wird früh erkannt: Im März 1990 wird sie stellvertretende Regierungssprecherin der ersten und letzten demokratisch gewählten Regierung der DDR unter Lothar de Maizière, dann geht alles sehr schnell. Erst entsteht die Währungsunion, dann wird der Einigungsvertrag unterschrieben, am 2. Oktober der erste gesamtdeutsche Bundestag gewählt. Am 3. Oktober 1990 ist Deutschland wieder vereint und Angela Merkel Mitglied des Deutschen Bundestags.

Schon ein Jahr später nominiert Bundeskanzler Helmut Kohl, ihr großer Förderer, das »Mädchen« aus dem Osten überraschend zur neuen Bundesministerin für Frauen und Jugend, von da wechselt sie ins Bundesumweltministerium, bis die Regierung Kohl 1998 abgewählt und die Union in die Opposition geschickt wird. Für Angela Merkel der nächste Karriereschritt: Sie wird Generalsekretärin der CDU.

Doch die entscheidende Schlacht auf dem Weg an die Spitze schlägt sie 1999, als sie bei der Spendenaffäre der CDU Mut und Willen zur Macht beweist: In der »Frankfurter Allgemeinen Zeitung« nimmt sie den Kampf gegen die eigene Parteiführung auf, setzt sich an die Spitze der Aufklärung und sorgt dafür, dass Helmut Kohl als Ehrenvorsitzender der CDU zurücktreten muss. »Es war das größte politische Risiko, das Angela Merkel in ihrer bisherigen Karriere eingegangen ist«, schreibt ihre Biografin Evelyn Roll. Sie tut, was andere in der Partei nicht wagen – eben, weil sie von außen kommt, nicht zum »System Kohl« gehört, nicht in ein Netz aus Abhängigkeiten und gegenseitigen Verpflichtungen verstrickt ist.

Der Weg an die Spitze

Kurz darauf stolpert auch Wolfgang Schäuble über die Spendenaffäre und macht den Weg an die Spitze frei. Angela Merkel, die geschiedene Protestantin aus dem Osten, wird Anfang 2000 die erste Chefin der CDU. Bei den nächsten, wenig aussichtsreichen Bundestagswahlen überlässt sie es CSU-Chef Stoiber, gegen Bundeskanzler Schröder zu scheitern. Doch als der 2005 überraschend Neuwahlen ansetzt, tritt sie an. Das Ergebnis ist knapp. Sehr knapp. Und der Wahlabend wird in die Geschichte eingehen. Denn die Art, wie sich Noch-Kanzler Schröder da Angela Merkel gegenüber aufführt, kann auch als ein Menetekel gesehen werden für eine untergehende Ära – die »Ära des demonstrativen Machismo«, wie sie der Politikwissenschaftler Jürgen Falter nennt. Wenn bisher die Macht den lauten, durchsetzungsstarken männlichen Alphatieren gehörte, wie sie zuletzt Helmut Kohl, Gerhard Schröder und Joschka Fischer in Reinkultur verkörperten, so zieht jetzt mit Angela Merkel eine andere Politkultur im Kanzleramt ein – die Kultur einer »neuen Sachlichkeit«. Dass Angela Merkel trotz des enttäuschenden Wahlergebnisses Bundeskanzlerin einer Großen Koalition wird, hat sie auch dem Auftritt Schröders zu verdanken, der die Reihen der Union hinter ihr schließen half.

Unvernetzte Frau aus dem Osten

Auch das gehört zum Phänomen Merkel und ihrem unaufhaltsamen Weg an die Macht: Sie wird immer unterschätzt – »weil sie aus dem Osten kam, weil sie keine Seilschaften hatte und, ja, doch, vor allem, weil sie eine Frau ist«, schreibt Evelyn Roll. Dieses Unterschätztwerden – gepaart mit ihrer Intelligenz, ihrer Selbstsicherheit, ihrer Fähigkeit zu schweigen und abzuwarten, wie sich die Dinge entwickeln, und sich dann entschlossen an die Spitze der Bewegung zu setzen – hat ihr vor allem geholfen, die ganze Riege machtwilliger Männer in der CDU, von Roland Koch bis Friedrich Merz, hinter sich zu lassen.

So wird sie die erste Bundeskanzlerin Deutschlands und damit die mächtigste Frau, die dieses Land je hervorgebracht hat. Das wird ihr niemand streitig machen können, unabhängig davon, wie lange und wie erfolgreich sie dieses Amt führt.

Leben und Werk

- **Geburtsdatum:** 17. Juli 1954
- **Geburtsort:** Hamburg, aufgewachsen in Templin, Brandenburg
- **Leben:** Nach dem Studium in Leipzig seit 1978 als Diplom-Physikerin an der Akademie der Wissenschaften in Ost-Berlin (Promotion 1986).Politisch aktiv seit 1989, zuerst im Demokratischen Aufbruch, dann in der CDU. Von 1991–1998 Ministerin im Kabinett von Helmut Kohl. Erste Ehe mit dem Physiker Ulrich Merkel 1977–1982, die zweite Ehe geht sie 1998 mit dem Chemieprofessor Joachim Sauer ein. In den Oppositionsjahren erst Generalsekretärin der CDU, dann Parteichefin und schließlich auch Fraktionsvorsitzende und Oppositionsführerin. 2005 Bundeskanzlerin.

Literatur (Auswahl)

Barbara Becker-Cantarino, Der lange Weg zur Mündigkeit. Frauen und Literatur in Deutschland von 1500-1800, München 1989

Emmy Beckmann (Hrsg.), Die Entwicklung der höheren Mädchenbildung in Deutschland 1870–1914, dargestellt in Dokumenten, Berlin 1936

Renate Berger, Malerinnen auf dem Weg ins 20. Jahrhundert. Kunstgeschichte als Sozialgeschichte, Köln 1982.

Silvia Bovenschen, Die imaginierte Weiblichkeit. Exemplarische Untersuchungen zu kulturgeschichtlichen und literarischen Präsentationsformen des Weiblichen, Frankfurt 1979

Gisela Brinker-Gabler, Deutsche Literatur von Frauen. Vom Mittellalter bis zum Ende des 18. Jahrhunderts, München 1988

Judith Butler, Das Unbehagen der Geschlechter, Frankfurt 1991

Südwestfunk Stuttgart (Hrsg.), Frauen. Portraits aus zwei Jahrhunderten. 1982

Ute Frevert, Mann und Weib, und Weib und Mann. Geschlechter-Differenz in der Moderne, München 1995

Friedrich Creuzer, Symbolik und Mythologie der alten Völker, besonders der Griechen. Leipzig/Darmstadt, 1842

Neue Gesellschaft für Bildende Kunst e.V. (Hrsg.), Das verborgene Museum. Dokumentation der Kunst von Frauen in Berliner öffentlichen Sammlungen, Berlin 1987

Hiltrud Gnüg und Renate Möhrmann (Hrsg.), Frauen. Literatur. Geschichte, Stuttgart 1985

Kristine von Soden, Maruta Schmidt (Hrsg.), Neue Frauen. Die zwanziger Jahre, Berlin 1988

Olwen Hufton, Frauenleben. Eine europäische Geschichte 1500-1800, Frankfurt/M. 1998

Rosemarie Nave-Herz, Die Geschichte der Frauenbewegung in Deutschland. Niedersächsische Landeszentrale für politische Bildung, 1982

Staatliche Antikensammlungen München (Hrsg.), Starke Frauen. Katalog zur Ausstellung, München 2008

Stoll, Andrea u. Verena Wodtke–Werner (Hrsg.): Sakkorausch und Rollentausch. Männliche Leitbilder als Freiheitsentwürfe von Frauen, Dortmund 1997

Maike Vogt-Lüerssen, Der Alltag im Mittelalter, Mainz 2001

Register

Kursiv gesetzte Ziffern verweisen auf Bildunterschriften.

Namen

Orte

Sachbegriffe

Bildnachweis:

S.6: pm/TopicMedia; S.8: Beba/AISA; S.10: aic/TopicMedia; S.11: Bildarchiv Hansmann/Interfoto; S.12: aic/TopicMedia; S.13: aic/TopicMedia; S.15: Mary Evans Picture Library; S16: Mary Evans Picture Library; S.19: Archivio Milano/TM; S.20: AISA; S.21: Mary Evans Picture Library; S.23: Sammlung Rauch; S.24: Digitalshoot/TM; S.26: TopFoto/De Agostini; S.28: TopFoto/TM; S.29: Alinari; S.30: Science Museum / SSPL; S.31: Bildarchiv Hansmann; S.33: Sammlung Rauch; S.34: ZeitBild; S.37, 38: C.Werfel/TM; S. 41: Bizet; S.42: DTCL/TopFoto; S. 44: AISA; S. 46: TopFoto; S.47: Bildarchiv Hansmann; S. 48: Alinari, S. 49: TopFoto; S.51: Sammlung Rauch; S. 52: Mary Evans Picture Library; S.53: Archivo Milano/TM; S.55,56: Alinari; S. 57: Sammlung Rauch; S.59,60: D.Rochard/TM; S.61,63,64: Sammlung Rauch; S.65: PPA/Imago; S.67,68,69: Archivo Milano/TM; S.71: Sammlung Rauch; S.72: Topic Media / Michael Zegers; S.75: Urania-Archiv; S. 76: FVA Schweidnitz/TM; S. 77: NASA ; S. 79,80,81: TopFoto/TM; S.83,84: Adelsarchiv Austria/TM; S.85: avil/TopicMedia; S.87: DTCL/TopFoto; S.88: PPA/public; S. 89: DTCL/TopFoto; S. 90: AISA; S.92: TopFoto; S.93: NG Collection/Interfoto; S.94: Mary Evans Picture Library; S.95: Sammlung Rauch/Interfoto; S.97,98,101: TopFoto; S. 102: DTCL/TopFoto; S.103: digiphot/TF; S. 105,106,107: Mary Evans Picture Library; S.109: DTCL/TopFoto; S.110: aic/TopicMedia; S.113: Sammlung Rauch; S.114: TopFoto; S.115: IFPAD; S.117 li.:Sammlung Rauch, re.: TopFoto/TM; S118: Städt. Museum/TM; S. 121: Adelsarchiv Hamburg; S.122: picture-alliance / akg-images; S.123: picture-alliance / ZB; S.125,126: DTCL/TopFoto; S.127: Digitalstock/JJP; S.129,130: Yale Library/TM; S.133: TopFoto; S.134: PPA/United; S. 135: Topic Media / Foto Beck; S. 137,138: TopFoto; S.139: Dieter Schütz; S. 140: DTCL/TopFoto; S.142: TM/imagine; S.143,144: Sammlung Rauch; S.147,148: TopicMedia; S.149: privat/TM; S.151,152: DTCL/TopFoto; S. 155: Archiv Friedrich; S.156: TV Yesterday/Interfoto; S.159: TopFoto; S.160: Pulfer; S.163: Karger-Decker; S.164: Sammlung Rauch; S.171: LoC/TM; S.172: DTCL/TopFoto; S.173: Leberecht Music Collection; S.175: Archiv Friedrich; S. 176, 177: TopFoto; S.178: Friedrich; S.180: mova/Rosseforp; S.181,182: HERMANN HISTORICA; S.183: awkz; S.185: Sammlung Rauch/Interfoto; S. 186: Mary Evans Picture Library/Interfoto; S.187: Science Museum/SSPL/Interfoto; S.189,190,191: DTCL/TopFoto/Archiv Kluge; S.193: Archiv Friedrich; S.194: Illustrated London News Ltd / Mary Evans Picture Library; S.195 o.: Nachbarschaftsschule Roddahn/CC; S.197: AISA; S.198,199: TM/CC; S.201: TopFoto/Science Library; S.202: DTCL/fifot; S.203: Luidger/GNU/FDL; S.205, 207: IFPAD; S.209: Friedrich; S.210: Sammlung Rauch; S.211: DTCL/Uniphot; S. 213,214: IFPAD; S. 215: wp/pd; S.216: TV-yesterday; S218 o.: Alba; 218 u.: Sammlung Heidelberg; S.219: Marco Bertram; S.220: Friedrich; S.221: Wolfgang-Maria Weber/Interfoto; S.223: Barbara Morgan/DTCL; S.224: V&A Images; S.227: TopFoto; S.228: Archiv Friedrich/Interfoto; S.231: Henri Cartier-Bresson/Magnum Photos/Agentur Focus; S.232: picture-alliance / akg-images; S.233: PPA/pandas media; S.235: Friedrich; S.236: TopFoto; S.237: acg; S.239: PPA/AP Photo; S.240: NG Collection; S.241: Magmabild; S.243: Brown; S.244, 245: Bulingame Public Library; S.247: Nick Wiebe/GNU/CC; S.248: Nicholas DeWolf/GNU; S.249: picture-alliance / Sven Simon; S.250: picture-alliance/dpa; S.252 o.: TopicMedia/pm, 252 u.: Reto Zimpel; S.253: TopicMedia/pm; S.254: picture-alliance/dpa; S.255: TopicMedia/pm; S. 257: Moore/Interfoto; S.258, 261,262o., 262u., 263, 267,269,270,271: picture-alliance / dpa; S.265: Medica Mondiale; S.266o.: Sybille Fezer/Media Mondiale; S.266u.: Cornelia Suhan/Media Mondiale; S.273: La Stampa; S.274: picture-alliance/ dpa/dpaweb; S.275: picture-alliance / dpa; S.277: www.angela-merkel.de / L. Chaperon; S.278: picture-alliance / dpa

Umschlagfotos (von oben links nach unten rechts): AKG-Images: 1 (Wittenstein), 5, 9 (N. N.), 12 (Erich Lessing); Corbis: 3 (Bettmann), 10 (Alexandre Cabanel); Picture Alliance: 2 (dpa/Thomas Schulze), 4 (dpa/Martin Gerten), 6 (dpa/EPA/AFP), 7 (dpa/Tim Brakemeier), 8, 11 (AKG). Foto Schutzumschlag: ZDF/Rico Rossival